Le music-hall au XXe siècle avec
JEAN SABLON
premier chanteur moderne
The French Crooner who Charmed the World

« Tant court chanson qu'elle est apprise. »
"So popular is the song that we know it by heart."
François Villon

Conception et réalisation :
PAPIER AND CO pour les Éditions Gourcuff Gradenigo
http://www.gourcuff-gradenigo.com
Traduction : Barbara Mellor

ISBN : 978-2-35340-164-2
Dépôt légal : 1ᵉʳ trimestre 2014
© 2014. Gourcuff Gradenigo – 8 rue des Lilas, 93189 Montreuil Cedex

Toute reproduction, même partielle, de cet ouvrage, est interdite.
La copie ou reproduction, par quelque procédé que ce soit,
ne peut se faire sans l'accord écrit de l'éditeur.

Le music-hall au XXe siècle avec
JEAN SABLON
premier chanteur moderne
The French Crooner who Charmed the World

Philippe Jadin
Charles Langhendries

CONTENTS SOMMAIRE

PREFACE **PRÉFACE**
by Philippe Meyer par Philippe Meyer **6**

INTRODUCTION **INTRODUCTION 8**

CHILDHOOD AND EARLY CAREER **L'ENFANCE ET LES DÉBUTS**
French Chanson in the "Belle Epoque" La chanson au début du siècle **12**
A Musical Family Une famille de musiciens **14**
The Age of Operetta Au temps de l'opérette **18**
Cabaret Le cabaret **23**

A SINGER AHEAD OF HIS TIME **UN CHANTEUR MODERNE FÉRU DE NOUVEAUTÉS**
Jazz Erupts into the French Chanson L'irruption du jazz dans la chanson **30**
Romance and Myth: The Boeuf sur le Toit Le roman d'un lieu mythique, le Bœuf sur le Toit **39**
The Recording Industry L'industrie du disque **56**
Radio: The First Medium of Universal Broadcasting La radio, premier média universel **60**
Mireille and Jean Nohain: The Revival of the French Chanson Mireille et Jean Nohain, le renouveau de la chanson française **68**
The Microphone Invents the Modern Singer Le micro a inventé le chanteur moderne **75**

THE AMERICAS **LES AMÉRIQUES**
"France's Number One Modern Singer" The «France's number 1 modern singer» au nouveau monde **81**
The French Crooner Le crooner français **92**
The Cinema: A Missed Opportunity Un rendez-vous manqué avec le cinéma **97**
Los Angeles and Hollywood Los Angeles et Hollywood **102**
The Dark Years Sombres années **110**
South America L'Amérique du Sud **116**

THE AGE OF GLOBALIZATION **À L'HEURE DE LA MONDIALISATION**
The Television Explosion L'explosion de la télévision **128**
The Flying Frenchman The Flying Frenchman **134**
From Clubs to Stadiums Des cabarets aux grandes salles **138**
Importer of Foreign Rhythms... Un importateur de rythmes étrangers... **156**
...And Exporter of the French Chanson ...Et un exportateur de chansons françaises **160**
Songwriter and Composer L'auteur et le compositeur **168**

OFF STAGE **À L'ÉCART DE LA SCÈNE**
A Perfect Gentleman Un parfait gentleman **172**
"Je tire ma révérence": Bowing Out Gracefully «Je tire ma révérence»... **178**
Jean Sablon Today Jean Sablon aujourd'hui **185**

AFTERWORD **POSTFACE 187**

DISCOGRAPHY AND FILMOGRAPHY **DISCOGRAPHIE ET CINÉMA 188**

PREFACE

"My old man, who was nimble on his feet taught me the Shimmy and tap and all the rest and told me, 'To earn your living there's dancing, nothing else.' It's in my nature to do as I am told, so I took his advice and my calling's in my blood, and my life is the life of an artist: on stage, all the time..."
If René Rouzaud and Philippe-Gérard had written about singing rather than dancing in their song *Un Enfant de la balle,* they might have had Jean Sablon in mind (although he was no mean dancer too). Born into a family of artists –his father, two brothers and a sister were also gifted musicians and singers– Jean Sablon seemed destined for success. While some of his songs were only fleeting successes, others still live on, nearly three-quarters of a century after he first sang them.

Some songs endure because their melodies carry on running through our heads down the years; others we remember because the lyrics are passed down from one generation to the next. With Jean Sablon, it is his interpretations that linger on so memorably. Even when we hear songs such as *Syracuse*, *Miss Otis Regrets*, *Puisque vous partez en voyage*, *Je tire ma reverence*, *These Foolish Things*, *Depuis que je suis à Paris* and *Le Pont d'Avignon* being sung –and sung well– by other singers, it is his voice, his phrasing and his style that we remember, with all their suave elegance and nonchalant lightness, and the ability he had to make every audience member feel that he was singing for them alone. This was what his striking skill with the microphone enabled him to do. Where other singers exploited the microphone –and still do– to show off their voices through slick tricks and superficial effects, Jean Sablon had a finer and subtler understanding of what was seemly and fitting, of keeping things in proportion.

His curiosity took him to the four corners of the globe and ensured that he tried his hand at every genre, except those to which he would not have been suited; for he was always modest, and never believed that his art made of him anything other than an artist. It was this modesty that prompted him to decline the award of the Légion d'Honneur: his brothers and sister had been awarded the same honour for their military conduct in wartime, and it was important to him to retain, as far as was possible, a sense of proportion.

Sablon never took singing seriously as a profession, although he exercised it with impeccable integrity and rigour, and was recognized and distinguished by his fellow musicians throughout the world. He took from it all the best that it had to offer, the joys of making new discoveries and friendships, of offering surprises and gifts, and of being appreciated and valued. His repertoire, and doubtless his temperament, ensured that as an artist he remained a free spirit. Hic concern was making people happy. He had the grace to make everyone believe that happiness came naturally to him, and he was inspired and generous enough to spread it around him, to both his friends and his audiences. There is something in the Sablon style that almost compels us to believe that life is good – or that at any rate we have it in us to make it better.

Philippe Meyer

PRÉFACE

Son paternel qui n'avait pas les pieds plats lui apprit le shimmy, les claquettes et caetera et lui dit «Pour gagner ta pitance, la danse, y a que ça». Son naturel, c'était d'être obéissant, il suivit ces conseils; son métier, il l'eut dans le sang; et sa vie fut la vie des artistes : en piste, tout le temps...
J'en demande pardon aux mânes de René Rouzaud – et à celles de Philippe-Gérard –, mais, à peine détournée, leur chanson *Un Enfant de la balle*, trace un portrait instantané de Jean Sablon, à condition de remplacer la danse par la chanson, quoiqu'il gambillât aussi bien que pas beaucoup d'autres. Venu au monde au milieu d'artistes – un père, deux frères et une sœur également doués pour la musique ou le chant –, on peut aussi supposer que Jean Sablon naquit coiffé, tant les succès – j'allais écrire les bonnes fortunes mais l'expression prête à confusion – fleurirent sous ses pas. Certains furent éphémères et ne méritaient pas mieux que trois petits tours avant de s'en aller, d'autres sont toujours dans les mémoires, près de trois-quarts de siècle après leur création.

Il est des ritournelles qui restent vivantes parce que leur air trotte dans les têtes à travers les années, d'autres dont les paroles passent d'une génération à l'autre. De Jean Sablon, ce sont les interprétations qui demeurent mémorables. Des chansons comme *Syracuse, Miss Otis regrets, Puisque vous partez en voyage, Je tire ma révérence, These foolish things, Depuis que je suis à Paris, Le Pont d'Avignon*, même lorsqu'elles ont été chantées – et bien chantées – par d'autres que lui, c'est «dans sa voix» que nous nous en souvenons, dans sa manière, avec son élégance, sa légèreté et ce sentiment qu'il donnait de s'adresser à chacun, à chacune... C'est cela que lui permit l'usage du micro qu'il sut utiliser avec une justesse impressionnante. D'autres profitèrent de ce micro – certains en profitent toujours – pour se vautrer dans leur voix, multiplier les effets faciles, *fishing for compliments*, comme on dit dans l'une des nations qui lui réserva un accueil durablement affectueux. Jean avait, dans tous les sens toutes les acceptions du mot, le sens de la mesure.

Sa curiosité le conduisit aux quatre coins du monde et lui fit s'essayer à tous les genres, sauf ceux qui ne lui auraient pas convenu, parce qu'il était modeste et qu'il ne pensait pas que son art fît de lui autre chose qu'un artiste. Sa modestie le poussa à décliner la Légion d'honneur, parce que ses frères et sa sœur l'avaient reçue à titre militaire pour leur conduite pendant la guerre et qu'il faut garder autant qu'on le peut... le sens de la mesure.

Le métier, il ne le prit pas au sérieux, quoiqu'il l'exerçât avec une impeccable probité et toute la rigueur nécessaire, reconnu et distingué par la profession à travers le monde. Il en prit le meilleur : les découvertes, les amitiés, les surprises, le plaisir d'offrir, la joie d'être apprécié. Son répertoire et, sans doute, son tempérament firent de lui un artiste dégagé. Son affaire, c'était sans doute le bonheur. Il fut assez bien élevé pour laisser croire qu'il lui était familier, assez inspiré et assez généreux pour en distribuer autour de lui, à ses amis comme à ses auditeurs. Il y a dans la manière Sablon quelque chose qui forcerait presque à croire que la vie est belle, en tout cas qu'il nous appartient de l'embellir.

Philippe Meyer

INTRODUCTION

The story of Jean Sablon's life and career encapsulates some of the major changes in twentieth-century society, transformations that reshaped the art of the French chanson while also opening up hitherto undreamed-of possibilities for entertaining an ever-wider public.
One of the very first recording stars, Jean Sablon rapidly became a radio personality and was the first French singer to use a microphone in his stage act, so helping to usher in a new era in the world of cabaret singing.
Thanks to new developments in modern travel, he was able to perform on every continent, so finding worldwide fame and becoming the best-known French popular singer of his generation. It was Jean Sablon who came to represent the art of French chanson throughout the world.
The lengthy periods he spent away from France and his intimate, languorously sensual voice, heard on records and on the radio, made him a figure who was both close and distant, creating a paradox, and even incomprehension among some of his contemporaries, further accentuated by a style that was inspired simultaneously by the traditional French repertoire and by American, British and Latin influences. Even at the height of his fame, it was difficult to place him. At the same time as he was triumphing on the world's great stages, he was also often to be found in unexpected places, spanning boundaries of every kind, geographical, historical and stylistic. Despite his classic appearance in many ways, he had an insatiable curiosity about the world and was impervious to convention. And his unprecedented use of the microphone shocked his audience out of their expectations. Jean Sablon is not easy to define. Nor is it easy today to perpetuate the memeory of a multi-faceted career that defies reduction to a few simple formulas. His curiosity and his travelling made him many-sided, hard to pin down. His profound modesty accomplished the rest.
"There are some songs about which it is impossible to be objective," declared the distinguished writer Bertrand Poirot-Delpech, "Camus used to say that nobody can be objective about their mother. Similarly, we cannot possibly be objective about Jean Sablon: his chansons are freighted with memories and emotion." While the art of French chanson may have suffered from the vagaries of fashion more than perhaps any other art form, the reader is invited in these pages to restore it to the place of central importance that it held in the daily lives of earlier generations; to an age before the triumph of English-speaking variety, when the French chanson, with all its unique vitality, variety and charm, seduced the whole world.
At the same time, the simplicity and naturalness of Sablon's chansons still reach across the decades, their impact undimmed, and a new generation of crooners and romantic singers are now rekindling our nostalgia for the art of the French chanson, and for the inimitable charms of Jean Sablon's unique style.

INTRODUCTION

Raconter Jean Sablon, c'est s'attacher à retracer quelques-unes des mutations du XXe siècle, qui ont à la fois modifié l'art de la chanson et lui ont ouvert des perspectives de diffusion jusqu'alors inconcevables.

Comptant parmi les premières vedettes du disque, Jean Sablon devient rapidement une personnalité de la radio et se saisit le premier d'un micro sur une scène française, contribuant ainsi à une profonde métamorphose de la chanson.

Il représente la chanson française sur les cinq continents grâce aux moyens de transport modernes et aux nouvelles destinations désormais possibles, et devient le chanteur français de sa génération le plus connu dans le monde.

Ses absences prolongées de France et sa voix charnelle, intimiste, entendue sur les disques ou à la radio le rendent à la fois proche et lointain, créant un paradoxe, voire une incompréhension de certains de ses contemporains, désorientés par un style à la fois inspiré par le répertoire traditionnel et nourri d'influences anglo-saxonnes ou latines. Même au faîte de sa gloire, il est difficile de le situer. Si l'on sait qu'il triomphe sur les scènes du monde, il se trouve souvent où on ne l'attend pas, à cheval entre plusieurs frontières géographiques, historiques et stylistiques. C'est qu'en dépit de ses apparences classiques, il est curieux, affranchi des conventions. Et son usage inédit du micro ne conforte pas davantage ses auditeurs dans leurs habitudes. Jean Sablon ne se laisse pas facilement définir. Il n'est donc pas aisé de perpétuer aujourd'hui le souvenir d'une carrière multiforme qui ne se réduit pas à quelques définitions simples et toutes faites. Sa curiosité et ses voyages l'ont rendu multiple, voire dispersé. Et son extrême modestie a fait le reste.

Bertrand Poirot-Delpech déclarait : « Il y a des chansons qu'on ne peut pas juger. Camus disait qu'on ne peut pas juger sa mère. Pour les mêmes raisons, on ne peut pas juger Jean Sablon : il y a la charge du souvenir et de l'émotivité. » En effet, si la chanson pâtit plus que d'autres arts du phénomène de mode, le lecteur est ici invité à replacer celle-ci dans le quotidien de ses aînés. Celui d'une époque où la chanson française, d'une vitalité et d'une diversité exceptionnelles, charmait le monde entier plus que toute autre, la variété anglo-saxonne n'étant pas encore la référence universelle.

Mais au-delà des décennies, c'est la simplicité et le naturel de Jean Sablon qui continuent de le rendre actuel. Tout comme sont redevenus actuels ses accents nostalgiques, popularisés par les nouveaux *crooners* et autres chanteurs dits « romantiques ».

L'ENFANCE ET LES DÉBUTS
CHILDHOOD AND EARLY CAREER

LA CHANSON AU DÉBUT DU SIÈCLE

FRENCH CHANSON IN THE "BELLE EPOQUE"

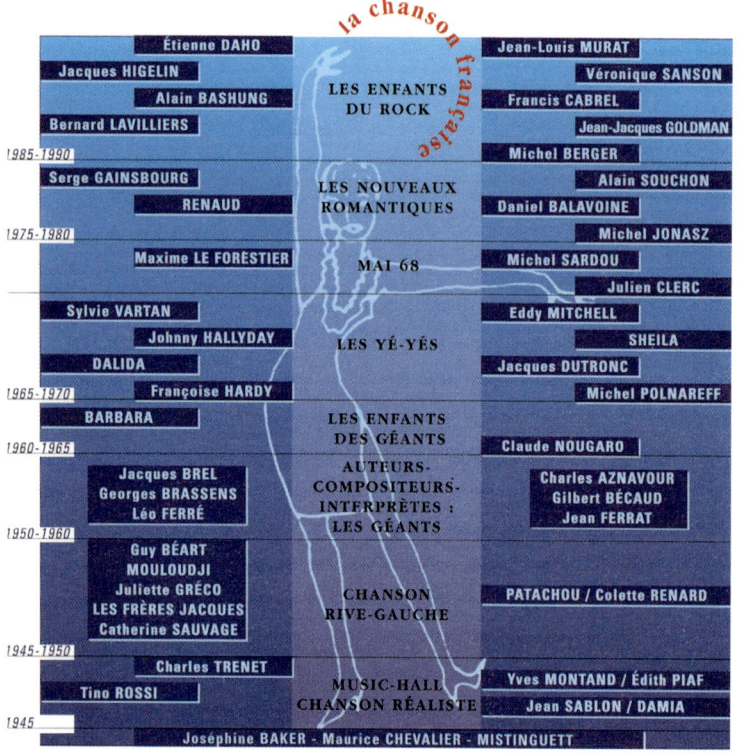

Extrait de la « Chanson Mondiale depuis 1945 », sous la direction de Yann Plougastel, Dictionnaire Larousse, © Larousse, 1996.
Taken from "Chanson Mondiale depuis 1945", edited by Yann Plougastel, Dictionnaire Larousse, © Larousse, 1996.

Damia, dédicace à Jean Sablon, vers 1929.
Signed photograph of Damia with dedication to Jean Sablon, c.1929.

Le XXᵉ siècle n'a que six ans lorsque naît Jean.

C'est encore le règne du caf'conc' et des cabarets de chansons dans la tradition du XIXᵉ siècle. Leur grande vitalité et leur perpétuel besoin de renouvellement font vivre les éditeurs spécialisés qui, établis non loin des théâtres, diffusent les « petits formats », partitions des chansons au goût du jour popularisées par les nombreux chanteurs des rues.

Jean Sablon was born in 1906.

In the world into which Jean Sablon was born in 1906, the café-concerts and cabarets of the nineteenth century still reigned supreme. So full of vitality was the French chanson, and so great the demand for a constantly fresh supply, that specialist music publishers sprang up near theatres and cabarets to sell *petits formats*, small-format scores of the latest songs to be popularized by a host of street singers.

La famille Sablon vers 1911. De gauche à droite : au 1ᵉʳ rang : 1ᵉʳ Jean, 3ᵉ Germaine Sablon; au 2ᵉ rang : 2ᵉ Madame Sablon mère ; au 3ᵉ rang, 1ᵉʳ Marcel Sablon, 3ᵉ Adhémar (Charles) Sablon, 4ᵉ André Sablon.
The Sablon family, c.1911. Front row, first and third from left: Jean and Germaine; middle row, second from left: Madame Sablon, mother; back row, first, third and fourth from left: Marcel, Adhémar (Charles) and André.

L'on court au Chat-Noir à Montmartre ou au Moulin Rouge, place Blanche. Ainsi qu'à l'Olympia, qui a ouvert ses portes en 1893. Premiers chanteurs populaires, le chansonnier Aristide Bruant, Yvette Guilbert, Thérésa et Paulus attirent un large public. La guerre de 1870 aidant, d'aucuns imprègnent leur répertoire d'un franc patriotisme.

L'apparition du phonographe, à la fin du siècle, multiplie les interprètes. Par son truchement, le public s'attache à leur personnalité, ce qui contribue au renforcement du phénomène de vedettariat.

Parallèlement, la multiplication des salles nécessite toujours plus d'artistes, plus de créativité. Un public constitué de toutes les couches de la société, populaire comme bourgeoise, ne dédaignant ni l'humour ni la gaudriole, se presse pour aller entendre le comique Dranem ou, dans une veine plus sentimentale, Mayol.

Jean a douze ans à la fin de la « Grande Guerre ». La population est plus que jamais avide de gaîté. Les premiers rythmes venus d'Amérique se propagent. Le charleston fait rage. Ce qui n'empêche pas la chanson réaliste, veine dramatique inspirée de la vie populaire, de culminer avec Fréhel, Damia, Yvonne George et Berthe Sylva.

Gaby Deslys, première meneuse de revue de l'histoire, en consacre le genre, caractérisé par ses attractions multiples, mettant en scène actualités et scandales et présenté dans un décor chaque année plus somptueux. Les Folies-Bergère et le Casino de Paris en sont les temples, affichant en lettres de feu les noms de légende de Mistinguett – accompagnée de Maurice Chevalier, jeune débutant – ou de Joséphine Baker, *sex symbol* à la peau d'ébène. Jean ignore pour l'heure qu'il aura un jour le privilège de se produire aux côtés de l'incomparable « Miss ». Quant au légendaire Maurice Chevalier, il deviendra un jour son modèle.

Dans les années vingt, l'essor de la radio et l'arrivée du disque accroissent la notoriété des vedettes. Au faîte de leur gloire, Marie Dubas et Damia tentent les premières la formule du récital, où l'artiste, du fait de sa notoriété, peut se permettre d'assurer seul les deux parties du spectacle.

Dédicace de Maurice Chevalier, 1932.
Signed photograph of Maurice Chevalier, 1932.

Gouache de James Rassia.
Gouache by James Rassia.

Audiences flocked to the Chat-Noir in Montmartre, to the Moulin Rouge on place Blanche, and to the Olympia, which opened in 1893. The first popular singers –Aristide Bruant, Yvette Guilbert, Thérésa and Paulus– attracted a large public. And with the outbreak of war with Prussia and the siege of Paris in 1870, performers were unabashed in injecting a note of jingoism into their repertoires.

The advent of the gramophone, or phonograph, at the end of the century meant that the number of performers grew, and through this new medium the public became attached to their personalities, which fostered the emergence of stars.

At the same time, the increasing number of performance spaces available meant that new artists and fresh talents were constantly in demand. Audiences drawn from every level of society, from both the working classes and the middle classes, with a taste for both humour and bawdiness, flocked to see the comic singer Dranem or the more romantic Mayol.

By the time the Great War had ended, when Jean was twelve, the public's appetite for gaiety and entertainment was more insatiable than ever. The rhythms of American popular music began to be heard, and the Charleston was all the rage. In parallel, the French chanson, with its realism inspired by the daily life of the working classes, reached its heyday in the acts of Fréhel, Damia, Yvonne George and Berthe Sylva.

Gaby Deslys rose from the obscurity of the chorus line to become the foremost proponent of the genre, deploying her many charms and including the latest news and scandals in an act that she performed on new and more sumptuous sets with each passing year. The Folies-Bergère and the Casino de Paris were by now the temples of variety in Paris, blazoning in lights such legendary names as Mistinguett –accompanied by the young Maurice Chevalier, then just starting out– and Josephine Baker, the sensational young black dancer. Little could Jean have known then that he would one day enjoy the privilege of performing with the incomparable Mistinguett, or "Miss", and that Maurice Chevalier would be his model and inspiration.

With the spread of the wireless and the arrival of gramophone records in the 1920s, singing stars grew even more celebrated. At the height of their fame, Marie Dubas and Damia were the first to try out the new formula of solo billing, in which a famous star performed both before and after the interval.

13

UNE FAMILLE DE MUSICIENS
A MUSICAL FAMILY

C'est dans un foyer mélomane que Jean voit le jour à Nogent-sur-Marne, le 25 mars 1906. Le domicile familial comporte deux pianos et un harmonium, témoins d'une passion musicale partagée par toute la maisonnée.

L'on doit à Adelmar – ou Adhémar –, dit Charles Sablon (1871-1929), époux de Jeanne Labourier, compositeur et chef d'orchestre, la musique de l'opéra comique « *La Ribaude* », joué aux Folies-Dramatiques avec la cantatrice Anna Tariol-Baugé pour vedette. C'est également sur un air de sa composition, « *Bonsoir m'Amour* », que s'improviseront les paroles de la Chanson de Craonne, lors de la première guerre.

Le couple a quatre enfants. L'aîné, Marcel, prendra des cours de comédie auprès de Charles Dullin. Comédien, il deviendra directeur artistique du Palais de la Méditerranée à Nice et des ballets de Monte-Carlo.

André, chef d'orchestre et compositeur sous les noms d'André Sab ou d'Eugène Sablon, écrira de nombreuses chansons pour Marie Dubas, Arletty et Édith Piaf, et dirigera l'orchestre du Casino de Monte-Carlo.

Germaine débutera quant à elle par le chant lyrique avec Bora Levy comme professeur, puis se tournera vers le cinéma et la chanson. Elle restera dans les mémoires comme la créatrice d'*Ici l'on pêche* et, surtout, fervente résistante, du *Chant des partisans*.

Jean, le cadet, s'initiera au spectacle en apparaissant dans diverses opérettes avant de devenir un interprète à part entière, ainsi, à ses heures, qu'auteur et compositeur.

It was into a very musical family that Jean Sablon was born on March 25, 1906, in Nogent-sur-Marne. The family home contained two pianos and a harmonium, and everyone in the house played and sang.

Jean's father, Adelmar or Adhémar, but invariably known as Charles (1871-1929), was a composer and conductor who wrote the music for the comic opera *La Ribaude*, performed at the Folies-Dramatiques with the soprano Anna Tariol-Baugé in the leading role. It was to the melody of one of his compositions, *Bonsoir m'Amour*, that the words of the anti-war song *La Chanson de Craonne* were improvised during the First World War.

Charles Sablon and his wife Jeanne Labourier had four children. The eldest, Marcel, took acting lessons from Charles Dullin and became an actor. He was later artistic director of the Palais de la Méditerranée in Nice and Les Ballets de Monte Carlo. André, a conductor and composer under the names of André Sab and Eugène Sablon, wrote numerous songs for Marie Dubas, Arletty and Edith Piaf, and conducted the orchestra of the Casino de Monte Carlo. Germaine trained as an opera singer under Bora Levy, before turning to cinema and cabaret. She is remembered as the original interpreter of *Ici l'on pêche*, and above all as a dedicated member of the Resistance and first performer of the *Chant des Partisans*.

Jean, the youngest of the family, started out with appearances in a variety of operettas before launching a solo career as a singer, and later as a writer and composer.

Au premier rang, de gauche à droite: André Sablon, Jean, Germaine Sablon, Marcel Sablon, Nice, 1946.
Front row, left to right : André, Jean, Germaine and Marcel Sablon, Nice, 1946.

La Chanson de Craonne, hymne du désespoir

Quant au bout d'huit jours le r'pos terminé
On va reprendre les tranchées
Notre place est si utile
Que sans nous on prend la pile
Mais c'est bien fini, on en a assez
Personne ne veut plus marcher
Et le cœur bien gros, comm' dans un sanglot
On dit adieu aux civ'lots
Même sans tambours, même sans trompettes,
On s'en va là-haut en baissant la tête.

Refrain :
Adieu la vie, adieu l'amour
Adieu toutes les femmes
C'est bien fini, c'est pour toujours
De cette guerre infâme
C'est à Craonne sur le plateau
Qu'on doit laisser sa peau
Car nous sommes tous condamnés
C'est nous les sacrifiés

Huit jours de tranchées, huit jours de souffrances,
Pourtant on a l'espérance
Que ce soir viendra la r'lève
Que nous attendons sans trêve
Soudain dans la nuit et le silence
On voit quelqu'un qui s'avance
C'est un officier de chasseurs à pied
Qui vient pour nous remplacer
Doucement dans l'ombre sous la pluie qui tombe
Les petits chasseurs vont chercher leur tombe

C'est malheureux d'voir sur les grands boulevards
Tous ces gros qui font la foire
Si pour eux la vie est rose
Pour nous c'est pas la même chose
Au lieu d'se cacher tous ces embusqués
Feraient mieux d'monter aux tranchées
Pour défendre leur bien, car nous n'avons rien
Nous autres les pauv' purotins
Tous les camarades sont enterrés là
Pour défendr' les biens de ces Messieurs-là

Ceux qu'ont le pognon, ceux-là reviendront
Car c'est pour eux qu'on crève,
Mais c'est fini, car les troufions
Vont tous se mettre en grève.
Ce sera votre tour Messieurs les gros,
De monter sur l'plateau
Car si vous voulez la guerre
Payez-la de votre peau.

The Chanson de Craonne, hymn of despair

When our leave's over at the end of a week
We go back to the trenches,
We're so useful there
That without us we'd get a thrashing.
But that's all over now, we've had enough,
No one wants to march any more.
Our hearts are bursting as with a sob
We bid farewell to civvy street.
No pipes and drums for us
We head back to the front with bowed heads.

Farewell to life, farewell to love
Farewell to all the girls,
It's all over now, for good and all
This cursed war.

It's at Craonne on the plateau
That we'll leave our skins,
For we are all condemned,
We are the sacrifice.

A week in the trenches, a week of suffering,
And yet we still have hope
That tonight will come the relief
That we never stop looking for.
Suddenly in the silence of the night
An infantry officer will come
To take our place,
Quietly in the shadows under the driving rain
The young squaddies will go to seek their graves.

On the grands boulevards it's hard to watch
All the swells and toffs living it up,
For them life might be rose-tinted
But for us it's different.
Instead of hiding, all those shirkers
Would do better to go up to the trenches,
To defend what they have, since we have nothing,
All us poor wretches.
All our pals are buried here
For defending the wealth of those Gentlemen.

The rich ones, they'll come back,
Because it's for them that we're snuffing it,
But it's all over now, as the squaddies
Are all going on strike.
Now it's the turn of you Gentlemen fat cats
To go up on to the plateau,
And if you want to make war
You can pay for it with your own skins.

Petit format de *Bonsoir M'Amour*, dont la mélodie est devenue celle de la *Chanson de Craonne*.
Lyrics for of *Bonsoir M'Amour*, which gave its melody to the *Chanson de Craonne*.

Charles Sablon, père de Jean, connaît le succès avec *Bonsoir m'Amour,* romance éditée en 1911, créée par Emma Liébel et Karl Ditan. Les mutins désenchantés de la Grande Guerre s'en approprieront la mélodie qui, accompagnée de nouvelles paroles anonymes et collectives, deviendra la *Chanson de Craonne*.
S'y expriment toute la détresse et la désillusion des combattants du plateau de Craonne, situé sur le front de l'Aisne, lieu d'affrontements sanguinaires, de tueries infernales lors de l'offensive du général Nivelle au Chemin des Dames. ♪

The melody of the popular ballad *Bonsoir m'Amour*, composed and published by Jean's father Charles Sablon in 1911 and first performed by Emma Liébel and Karl Ditan, was borrowed by mutinous French troops in the First World War and given new lyrics, collectively composed and anonymously attributed, which became known as the *Chanson de Craonne*. It expresses all the suffering and disillusionment of the front-line soldiers on the Craonne plateau in the Aisne, the scene of appalling bloodshed and slaughter during the Chemin des Dames offensives of General Nivelle. ♪

15

Grand format de *Cœur de Parisienne*, musique d'André Sab, interprétée par Arletty.
Sheet music for *Cœur de Parisienne* sung by Arletty, music by André Sab.

Grand format de *Maya*, musique d'André Sab, interprétée par Marie Dubas.
Sheet music for Marie Dubas singing *Maya*, music by André Sab.

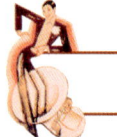 **Germaine Sablon**

La sœur aînée de Jean, née en 1899, grandit tout comme ses trois frères dans un environnement marqué par la musique. Formée dès son plus jeune âge à la comédie avec Charles Dullin, au chant (elle rêve de devenir cantatrice) et au piano, elle débute dans l'opérette en 1915, et dans quelques films muets, avant de se marier avec un baryton, Jean Legrand, et de donner naissance à deux enfants. Séparée de son mari, qui embrasse désormais une carrière au *Journal de Valence*, propriété familiale, elle revient au métier en 1931 comme actrice et en 1933 comme chanteuse au music-hall. Elle sera à l'affiche de l'ABC et du Théâtre de Paris.

Germaine acquiert une petite notoriété au cinéma parlant avec Lacombe, Cavalcanti ou Delannoy. Sur la scène, sa forte personnalité et une vraie nature lui assurent le succès de ses tours de chant. Si *Vous ne savez pas* (1932) ou *Un amour comme le nôtre* (1935), titres qu'elle chante en duo avec Jean, suscitent l'adhésion du public, *Ici l'on pêche* de Jean Tranchant, qu'elle crée en 1933 et enregistre en 1936, la signale particulièrement. Cocteau dit d'elle : « C'est un cœur qui chante » ou encore « C'est le charme qui passe. »

Jean Sablon's elder sister, born in 1899, grew up surrounded by music, like her three brothers. Trained in acting from childhood by Charles Dullin, as well as in singing (she dreamed of becoming an opera singer) and playing the piano, she made her debut in light opera in 1915, and acted in several silent films before marrying the baritone Jean Legrand and having two children. After separating from Legrand she returned to her career as an actress in 1931 and as a music hall singer in 1933, performing at the ABC and the Théâtre de Paris.

She achieved a degree of fame in talking films directed by Lacombe, Cavalcanti and Delannoy. On stage, her strong personality and genuine sincerity ensured the success of her singing act. *Vous ne savez pas* (1932) and *Un amour comme le nôtre* (1935), both duets with Jean, were popular successes, but her reputation was sealed with *Ici l'on pêche* by Jean Tranchant, which she gave its first performance in 1933 and recorded in 1936. Cocteau said of her, "It is her heart that sings," and "She is charm itself passing by."

Germaine had a distinguished wartime career. An active member of the Resistance, at her house at Agay

Germaine se distingue pendant la guerre. Elle entre dans la Résistance, accueille dans sa maison d'Agay des agents venus de Gibraltar porteurs de messages de Londres, qui accostent directement chez elle. Inquiétée, elle fuit l'avancée des Allemands, traverse seule les Pyrénées pour se rendre en Espagne puis à Londres, où elle crée le *Chant des Partisans*. On la retrouve infirmière en Tunisie, et en Lybie dans l'ambulance de Lady Hadfield and Mrs May Spears, puis elle fait les campagnes d'Italie et de France. Elle termine la guerre une fois encore comme infirmière avec la 1re DFL. Décorée, auréolée pour son patriotisme, elle est alors, avec Françoise Rosay, la Française la plus connue en Angleterre. Elle se produit en Suisse, retrouve l'ABC à Paris, puis rejoint son frère pour chanter à New York avant de tourner au Canada et au Brésil. Rentrée en France, elle fait de la radio et continue d'enregistrer jusqu'en 1956.

Établie à Camp Long, dans le Var, Germaine disparaît en 1985. Entre autres succès, elle demeure dans les mémoires la voix sentimentale, parfois réaliste, du *Galérien*, de *Mon Légionnaire, La Petite Île, Je sens en moi, Aux Marches du Palais*... ♪

on the Côte d'Azur she sheltered agents who had just landed from Gibraltar with messages for London. After the Germans occupied southern France she made the gruelling crossing over the Pyrenees alone and escaped to London via Spain. There she gave the newly composed *Chant des Partisans* its first performance. Subsequently she served as a nurse with the Free French in Tunisia and with the Hadfield-Spears Anglo-French ambulance unit in Libya, before joining the Allied advance through Italy and into France. She ended the war as a nurse once more, with the 1re Division Française Libre (DFL). Decorated and lauded for her patriotism and courage, she became one of the most celebrated Frenchwomen in Britain.

After the war she performed in Switzerland, returned to the ABC music hall in Paris and joined her brother to sing in New York, before setting off on tours of Canada and Brazil. On her return to France she performed on radio and continued to make recordings until 1956. She retired to Camp Long in the Var, and died in 1985. Among her other successes, she is remembered for her interpretations, romantic though also touched with realism, of *Le Galérien, Mon Légionnaire, Le Petite Ile, Je sens en moi* and *Aux Marches du Palais*. ♪

Affiche de Paul Colin, 1946.
Poster by Paul Colin, 1946.

Petit format d'*Ici l'on pêche*, créée par Germaine Sablon, 1933.
Sheet music for *Ici l'on pêche*, performed by Germaine Sablon, 1933.

AU TEMPS DE L'OPÉRETTE
THE AGE OF OPERETTA

Dans *Vive Leroy* avec Dranem, théâtre des Capucines, 1929.
With Dranem (Armand Ménard) in *Vive Leroy* at the Théâtre des Capucines, 1929.

Jean et son fidèle Benga, 1928.
Jean Sablon and his faithful dog Benga, 1928.

Lorsque cesse la guerre en 1918, le monde des arts et de la musique dite « légère » se transforme profondément. Après pareil traumatisme, le public rêve de divertissements joyeux remis aux goût du jour. Les rythmes anglo-saxons annonciateurs du jazz, à peine connus avant la guerre, font irruption en France.

L'opérette renaît tout en changeant de visage. De type viennois avant 1914, elle cède la place à une comédie musicale agrémentée de chansons, inspirée du monde contemporain et de ses sujets de société les plus divers, traités avec liberté et dérision. Les années folles et le début des années trente adorent cet esprit leste, parfois grivois.

Paris est la capitale mondiale de la comédie musicale, avant les métropoles anglo-saxonnes. Les plumes géniales de compositeurs tels Christiné, Moretti, Yvain, Messager ou d'auteurs comme Willemetz ou Rip apportent à ces œuvres toute leur qualité : Arthur Honegger ne déclare-t-il pas un jour : « Un final d'Yvain, c'est ficelé comme un final de Haydn. Ce petit musicien est un maître. » Paris attire jusqu'aux compositeurs étrangers, comme Moyses Simons, qui l'initie aux rythmes cubains.

Aux côtés de Mistinguett et Maurice Chevalier se retrouvent à l'affiche les vedettes Arletty, Simone Simon, Yvonne Printemps, Jeanne Aubert, Pauline Carton, Marie Dubas, Davia ou Milton, Dranem et Georgius. Et Joséphine Baker dont la tenue d'Ève scandalise tout Paris.

L'essor du cinéma parlant créera une concurrence croissante à ce type de spectacle, qui évoluera vers une surenchère de décors et de faste. Ce sera le monde du music-hall et de la revue, dont le Casino de Paris, les Folies-Bergère et le Moulin Rouge constitueront les temples.

De gauche à droite: Jean en 1927 / Jean Gabin vers 1925. Jean Sablon et Jean Gabin ont débuté ensemble dans l'opérette comme au cinéma / Petit format de *Continental*, issu de la revue *Femmes en Folie*, 1934 / *Au Temps de Gastounet*, avec Noreen Lesley, aux Bouffes Parisiens, 1927.
Left to right : Jean Sablon, 1927 / Jean Gabin, c.1925. Jean Sablon and Jean Gabin made their debuts together in both musicals and cinema / Sheet music for *Continental*, from the revue *Femmes en Folie*, 1934 / *Au Temps de Gastounet*, with Noreen Lesley, at Les Bouffes Parisiens, 1927.

La revue *Dix-neuf ans*, Théâtre Daunou, avec Jean Bastia, Reda Caire, Eliane de Creus et Viviane Romance, 1933.
The revue *Dix-neuf ans* at the Théâtre Daunou, with Jean Bastia, Reda Claire, Eliane de Creus and Viviane Romance, 1933.

Cocktail 328, avec Damia et Clara Tambour, Théâtre des Menus-Plaisirs, 1930.
Cocktail 328, with Damia and Clara Tambour, Théâtre des Menus-Plaisirs, 1930.

From 1918, the world of light entertainment and music underwent a fundamental transformation. After the traumas of war, the public longed for light-hearted distractions updated to modern tastes, and the first notes of American jazz riffs scarcely heard in France before the war now burst onto the scene.

Operetta was reborn in a new incarnations: the Viennese operettas of the pre-war years gave way to musical comedies inspired by the contemporary world, dealing with a huge variety of social themes with freedom and humour, and punctuated with songs. The Roaring Twenties and early thirties were in thrall to a spirit of frivolity, sometimes spiced with a touch of sauciness.

Before London and the great American cities, Paris was the world capital of musical comedy, with brilliant compositions flowing from the pens of composers such as Christiné, Moretti, Yvain and Messager and lyricists such as Willemitz and Rip. As Arthur Honegger declared, "A finale by Yvain is as tightly constructed as a Haydn finale. This little musician is a master." Paris also attracted foreign composers such as Moyses Simons, who introduced his native Cuban rhythms. Mistinguett and Maurice Chevalier now shared the billing with stars such as Arletty, Simone Simon, Yvonne Printemps, Jeanne Aubert, Pauline Carton, Marie Dubas, Davia and Milton, Dranem and Georgius. And of course Josephine Baker, whose scantily clad performances were the scandal of Paris.

In the face of the growing competition posed by the rise of the "talkies", musical comedies became ever more extravagant and flamboyant, with the Casino de Paris, the Folies-Bergère and the Moulin Rouge now the temples of music hall and variety shows.

  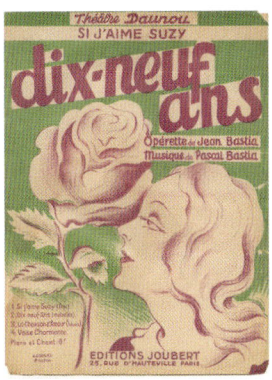  

De gauche à droite: dans le rôle de Jésus la Caille, revue *Ces Messieurs Dames*, au Studio de Paris, 1932/ Caricature par Georges Bastia/ grand format de *Dix-neuf ans*, Théâtre Daunou, 1933 / Fernand Gravey, partenaire de Jean dans *Lulu*, 1928 / avec Gloria Guzman, revue *Argentine* au Palace, 1931.
Left to right: In the role of Jésus la Caille in the revue *Ces Messieurs Dames* at the Studio de Paris, 1932/ Caricature by Georges Bastia / Sheet music for *Dix-neuf ans*, Théâtre Daunou, 1933 / Fernand Gravey, Jean Sablon's partner in *Lulu*, 1928 / With Gloria Guzman in the revue *Argentine* at the Palace, 1931.

Jean Sablon dans les opérettes, comédies musicales et revues

1

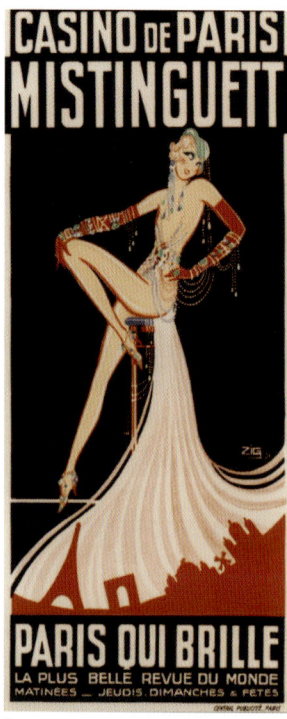

2

3

4

En 1923, à dix-sept ans, Jean fait ses débuts dans *La Dame en décolleté*, comédie musicale aux Bouffes-Parisiens, musique de Maurice Yvain, œuvre des auteurs Yves Mirande et Lucien Boyer, avec Dranem, Marthe Davelli et Lucien Baroux, en présence d'un autre débutant, Jean Gabin.

En 1924, reprise de *Madame*, «comédie-opérette» aux Bouffes-Parisiens, musique de Henri Christiné, sur un texte d'Albert Willemetz, avec Dranem, André Luguet, Gabin père, Davia et Suzette O'Nil.

Également en 1924, *En Chemyse,* «opérette-bouffe» aux Bouffes-Parisiens, musique de Raoul Moretti, des auteurs Albert Willemetz et Cami, avec Dranem, Lucien Baroux, Adrien Lamy et Alice Cocéa.

Toujours en 1924, *Troublez-moi,* «vaudeville» aux Bouffes-Parisiens, musique de Raoul Moretti, auteur Yves Mirande, avec Dranem, Gabin père et Christiane Dor.

En 1925, c'est au Vieux Colombier que le jeune Jean fait ses débuts au théâtre, dans *Simili*, pièce de Claude-Roger Marx, avec Falconetti et Charles Boyer. Ce théâtre, créé en 1913 par Jacques Copeau, a acquis une solide réputation par son parti pris de sobriété, de refus du décor et d'esthétisme épuré. C'est le lieu d'élection du théâtre dit «des Jeunes auteurs», dont le célèbre Gaston Baty, privilégiant les passions et mouvements du cœur au détriment d'une rhétorique ancienne. *Simili,* pièce tout de complications et d'illusions amoureuses, explore les détours de la personnalité. Jean y incarne un jeune premier chantant.

En 1925, *Trois Jeunes Filles nues,* comédie musicale aux Bouffes-Parisiens, musique de Raoul Moretti, des auteurs Yves Mirande et Albert Willemetz, avec Dranem, Éliane de Creus, Edmond Roze, Gabin père, Jean Gabin et Gaby Basset.

En 1927, *Au Temps de Gastounet,* revue d'actualités de Rip aux Bouffes-Parisiens, avec Dorville, Marguerite Deval, Sim-Viva, Jacqueline Delubac, Noreen Lesley, Gabin père, Edmond Roze et Koval. L'esprit satirique de Rip va durablement influencer le monde de la revue, fortement marqué par une actualité tournée en dérision.

En 1928, *Lulu,* opérette au Théâtre Daunou, de Georges Van Parys et Philippe Parès, de l'auteur Serge Veber, avec Fernand Gravey et Davia.

En 1929, *Vive Leroy,* opérette au Théâtre des Capucines, de Fred Pearly et Pierre Chagnon, des auteurs Henri Géroule et René Pujol, avec Jeanne Cheirel, Dranem, Suzette O'Nil et Jacqueline Delubac.

En 1929, *Music-Hall,* «pièce nouvelle» au Théâtre de la Renaissance, de l'auteur Charles Méré, avec Damia, Germaine Rouer et Lola Flabiano.

En 1930, *Cocktail 328,* «mélange parisien», au Théâtre des Menus-Plaisirs, des auteurs Jean Le Seyeux et Paul Clérouc, avec Damia, Clara Tambour, Missia et Carette.

En 1931, la *Revue Argentine* au Palace, des auteurs Manuel Romero et Bayon Herrera, avec Gloria Guzman, Sophia Bozan et Pedro Quartucci.

En 1931, *Parade de Femmes,* «grande revue de printemps», au Palace, des auteurs Henri Varna, Léo Lelièvre et Marc Cab, avec Carlos Gardel et Frank Pichel.

En 1931, *Paris qui brille,* «revue à grand spectacle» au Casino de Paris, des auteurs Henri Varna, Léo Lelièvre et Earl Leslie, avec Mistinguett et les Double Two.

En 1932, *Ces Messieurs Dames,* «revue réaliste» au Studio de Paris, de l'auteur Francis Carco, sur une musique de Vincent Scotto, avec Cora Madou, Habib Benglia, Paul Azais et Yvonne Legeay.

En 1933, *Dix-neuf Ans,* opérette «*sweet and hot*», au Théâtre Daunou, de l'auteur Jean Bastia, sur une musique de son fils Pascal Bastia, avec Jean Bastia, Reda Caire, Éliane de Creus, Viviane Romance, Alice Furt et Peddy Nyls.

En 1934, Jean se produit dans un sketch de Jean Bastia au Rex, avec Dolly Davis.

En 1934, *Femmes en Folie,* «revue aérodynamique» aux Folies-Bergère, des auteurs Maurice Hermitte et Jean Le Seyeux, avec Marguerite Pierry, Édith Mera, Randall, Spadaro, Betty Spell, Sonia Gansser et André, et Irène Hilda.

En 1935, *Pirouette 35,* «revue équestre», au Théâtre des Dix francs, des auteurs Fernand Rouvray et Max Eddy, musique d'Alec Siniavine, avec Loulou Hegoburu, Jean Granier et Pierre Dac.

En 1936, *Le Chant des Tropiques,* «opérette à grand spectacle» au Théâtre de Paris, des auteurs Sauvat et Champfleury, musique de Moyses Simons, avec Roger Bourdin, Hélène Regelly et Machin.

1. *Femmes en Folie,* Folies Bergère, 1934.
   Femmes en Folie, Folies Bergère, 1934.

2. Affiche de Zig, 1931.
   Poster by Zig, 1931.

3. *Parade de Femmes,* Palace, 1931.
   Parade de Femmes, Palace, 1931.

4. Jean, Carlos Gardel et Frank Pichel dans *Parade de Femmes,* 1931.
   Jean Sablon, Carlos Gardel and Frank Pichel in *Parade de Femmes,* 1931.

Jean Sablon's performances in operetta, musical comedy and variety

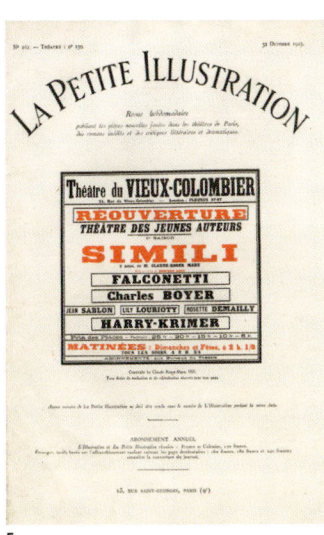

1923: aged seventeen, Jean Sablon makes his stage debut in *La Dame en décolleté*, a musical comedy at the Bouffes-Parisiens, with music by Maurice Yvain, book by Yves Mirande and Lucien Boyer, with Dranem, Marthe Davelli and Lucien Baroux, in the presence of another young debutant, Jean Gabin.

1924: revival of the "comic operetta" *Madame* at the Bouffes-Parisiens, music by Henri Christiné, book by Albert Willemetz, with Dranem, André Luguet, Gabin *père*, Davia and Suzette O'Nil.

1924: *En Chemyse*, "opera-bouffe" at the Bouffes-Parisiens, music by Raoul Moretti, book by Albert Willemetz and Cami, with Dranem, Lucien Baroux, Adrien Lamy and Alice Cocéa.

1924: *Troublez-moi*, "vaudeville" at the Bouffes-Parisiens, music by Raoul Moretti, book by Yves Mirande, with Dranem, Gabin *père* and Christiane Dor.

1925: Jean makes his theatre debut in *Simili* at the Vieux Colombier by Claude-Roger Marx, with Falconetti and Charles Boyer. Founded in 1913 by Jacques Copeau, this theatre had gained a formidable reputation through its espousal of a pared-back aesthetic of ascetic rigour. It was the favoured venue for avant-garde playwrights such as Gaston Baty, who abandoned the rhetoric of the classical canon in order to portray passions and feelings. In *Simili*, a play about the complications and illusions of love and human character, Sablon plays the juvenile singing lead.

1925: *Trois Jeunes Filles nues*, musical comedy at the Bouffes-Parisiens, music by Raoul Moretti, book by Yves Mirande and Albert Willemetz, with Dranem, Eliane de Creus, Edmond Roze, Gabin *père*, Jean Gabin and Gaby Basset.

1927: *Au Temps de Gastounet*, topical revue by Rip at the Bouffes-Parisiens, with Dorville, Marguerite Deval, Sim-Viva, Jacqueline Delubac, Noreen Lesley, Gabin *père*, Edmond Roze and Koval. The satirical spirit of Rip was to have an enduring influence on variety, with scathing mockery of current events.

1928: *Lulu*, operetta at the Théâtre Daunou, music by Georges Van Parys and Philippe Parès, book by Serge Veber, with Fernand Gravey and Davia.

1929: *Vive Leroy*, operetta at the Théâtre des Capucines, music by Fred Pearly and Pierre Chagnon, book by Henri Géroule and René Pujol, with Jeanne Cheirel, Dranem, Suzette O'Nil and Jacqueline Delubac.

1929: *Music-Hall*, a "new play" at the Théâtre de la Renaissance by Charles Méré, with Damia, Germaine Rouer and Lola Flabiano.

1930: *Cocktail 328*, a "Parisian miscellany" at the Théâtre des Menus-Plaisirs, by Jean Le Seyeux and Paul Clérouc, with Damia, Clara Tambour, Missia and Carette.

1931: *Revue Argentine* at the Palace, by Manuel Romero and Bayon Herrera, with Gloria Guzman, Sophia Bozan and Pedro Quartucci.

1931: *Parade de Femmes*, "grand springtime revue" at the Palace, by Henri Varna, Léo Lelièvre and Marc Cab, with Carlos Gardel and Frank Pichel.

1931: *Paris qui brille*, "revue à grand spectacle" at the Casino de Paris, by Henri Varna, Léo Lelièvre and Earl Leslie, with Mistinguett and Les Double Two.

1932: *Ces Messieurs Dames*, "revue réaliste" at the Studio de Paris, by Francis Carco to music by Vincent Scotto, with Cora Madou, Habib Benglia, Paul Azais and Yvonne Legeay.

1933: *Dix-neuf Ans*, a "hot and sweet" operetta at the Théâtre Daunou, by Jean Bastia to music by his son Pascal Bastia, with Jean Bastia, Reda Caire, Eliane de Creus, Viviane Romance, Alice Furt and Peddy Nyls.

1934: Sablon appears in a sketch by Jean Bastia at the Rex, with Dolly Davis.

1934: *Femmes en Folie*, "revue aérodynamique" at the Folies-Bergère, by Maurice Hermitte and Jean Le Seyeux, with Marguerite Pierry, Edith Mera, Randall, Spadaro, Betty Spell, Sonia Gansser and André, and Irène Hilda.

1935: *Pirouette 35*, "revue équestre" at the Théâtre des Dix Francs, by Fernand Rouvray and Max Eddy, music by Alec Siniavine, with Loulou Hegoburu, Jean Granier and Pierre Dac.

1936: *Le Chant des Tropiques*, "opérette à grand spectacle" at the Théâtre de Paris, by Sauvat and Champfleury, music by Moyses Simons, with Roger Bourdin, Hélène Regelly and Machin.

5. *Simili*, Théâtre du Vieux Colombier, 1925.
6. *Le Chant des Tropiques*, 1936.
7. Article from 1932.

Dans la loge de Mistinguett au Casino de Paris, 1931.
In Mistinguett's dressing room at the Casino de Paris, 1931.

Jean avec Joséphine Baker, Jo Bouillon et Mistinguett, Studio des Champs-Élysées, 1948.
With Josephine Baker, Jo Bouillon and Mistinguett, Studio des Champs-Elysées, 1948.

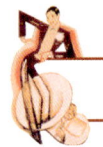 **Mistinguett**

Un jour de 1931, Mistinguett (1875-1956) se rend au Palace. Elle apprécie le numéro de danse acrobatique que Jean effectue avec sa partenaire et désire l'avoir à ses côtés dans l'«hyper revue» *Paris qui brille*, qui débutera le 17 octobre au Casino de Paris. Éprise du jeune premier, elle s'exclame : «Tous les deux on a les dents qui ravancent, si on s'embrasse, ça va faire des étincelles !» Elle devient pour lui un exemple d'énergie, de travail et de volonté. Gouailleuse et populaire, elle n'en est pas moins la princesse de Paris, célébrée comme telle dans le monde, dotée d'une personnalité et d'un charme qui parviennent à dépasser ses talents de chanteuse et de danseuse.

Dans *Paris qui brille,* Jean chante en duo sur scène avec elle. Il voit pour la première fois son nom apparaître en caractères gras sur les affiches. Les deux amis continueront de se voir jusqu'à la disparition de la «Miss», en 1956. Elle effectuera avec lui l'une de ses dernières sorties à l'occasion de la première du film *Moulin Rouge*. Toujours sensible aux acclamations, elle lui déclarera, à la vue du public nombreux, «Tout doux Jean», voulant jouir le plus longtemps possible de la reconnaissance de son fidèle public... ♪

One day in 1931, Mistinguett (1875-1956) went to a show at the Palace Theatre, where she admired the acrobatic dance performed by Jean Sablon and his partner. She wanted him to perform with her in the "*hyper revue*" *Paris qui brille*, to open at the Casino de Paris on 17 October. Smitten with this dashing juvenile lead, she declared: "We both have buck teeth, so if we kiss we'll make sparks!" For him she became an inspirational figure for her energy, her devotion to her work and her determination. Cheeky and popular, she was also the princess of Paris, celebrated throughout the world, whose charisma and charm overtook her talents as singer and dancer. In *Paris qui brille*, Sablon sang a duet with her. For the first time, he was given prominent billing. The two friends continued to see each other until the death of "Miss" in 1956. He accompanied her on one of her last outings, to the première of the film *Moulin Rouge*. Still eager for acclaim and wanting to enjoy the devotion of her faithful public for as long as she could, she addressed him as "*Tout doux Jean*" in front of the large crowd that had gathered for the occasion. ♪

Extrait du programme de *Cocktail 328*. Jean Sablon est «le Fou chantant». 1930.
Page from the programme for *Cocktail 328*. Jean Sablon played "*le Fou chantant*", 1930.

LE CABARET
CABARET

Le Café de Paris, juin 1936.
The Café de Paris, June 1936.

Parallèlement à ses rôles dans les opérettes, Jean, cherchant à être complet, travaille la danse pour se produire sur la scène des cabarets dont la place demeure importante. Ils sont la pépinière où débutent de nombreux artistes, parfois destinés à une grande carrière. Mais son but ultime sera de mettre au point son propre récital, plus conforme à l'indépendance qui le caractérisera toute sa vie.

Dès 1927, il demande à Piddock, danseur américain venu en France pour la création parisienne de *Mercenary Mary*, de lui donner des leçons. La partenaire irlandaise de Piddock, Noreen Lesley, demeure à Paris lorsque ce dernier regagne les États-Unis. Jean s'entraîne avec elle au gymnase Pons, rue Lepic, à la danse acrobatique et aux claquettes. Il aperçoit régulièrement Mistinguett qui vient s'y assouplir.

In parallel with his roles in operetta, Sablon also strove to perfect his skills by studying dance, so that he could perform in the cabarets and clubs that were still such an important hothouse for new performers, some of whom would go on to have distinguished careers. But his ultimate goal was to develop his own singing act, which would give him the independence that was so important to him throughout his life.

As early as 1927, he asked the American dancer Piddock, who had come to Paris to stage a French production of *Mercenary Mary*, to give him lessons. Piddock's Irish partner, Noreen Lesley, stayed on in Paris after he returned to America. With her, Sablon trained in tap and acrobatic dance at the Pons gymnasium on rue Lepic. Another regular client was Mistinguett, who went there to keep supple.

Le Café de Paris / The Café de Paris

Lieu emblématique du Tout-Londres, le Café de Paris voit le jour en 1924. Très vite, les visites régulières du prince de Galles lancent l'endroit où se côtoient personnalités, têtes couronnées et stars. La qualité de sa programmation et de la société qui s'y presse lui assurent une solide réputation à laquelle contribue, dans les années trente, l'assiduité de Lord Mountbatten ou de l'Aga Khan. Cole Porter y crée certaines de ses chansons.

Jean y tient la vedette pour onze jours à partir du 25 juin 1936. C'est la Britannique Béatrice Lillie qui lui succède sur scène.

Durant la guerre, la direction, confiante en la solidité de sa structure, obtiendra de ne pas fermer ses portes pendant le blitz. Hélas, un bombardement détruira le cabaret le 8 mars 1941, faisant trente quatre morts et quatre-vingts blessés...

Le Café de Paris retrouvera toute sa gloire après la guerre, sous l'impulsion de deux fidèles spectatrices, les princesses Elisabeth et Margaret. ♪

From its opening in 1924, the Café de Paris was one of the most chic and fashionable nightclubs in London, where crowned heads rubbed shoulders with prominent figures and stars, its success aided by regular visits from the Prince of Wales. Its reputation was assured by the high quality of its acts and the distinguished nature of its clientele, which in the 1930s included Lord Mountbatten and the Aga Khan. A number of Cole Porter's songs were first performed there. Sablon was given top billing there for eleven days from 25 June 1936, with the comedian and actress Beatrice Lillie appearing after him.

During the Second World War the club's management, confident that the building was of sufficiently solid construction, obtained permission to stay open through the Blitz. Tragically, a direct hit on the club left some thirty-four dead and eighty injured. It reopened after the war with all its former glamour, with the young princesses Elizabeth and Margaret now among its audiences. ♪

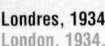

Londres, 1934.
London, 1934.

Léon Volterra, directeur du Casino de Paris, séduit par le fringant jeune premier et sa partenaire Noreen dans *Au Temps de Gastounet*, les engage pour le salaire inespéré de mille francs au Perroquet, lieu très élégant où se produisent de grands noms internationaux. Ils y exécutent chaque soir leur numéro de *yale*, nouvelle danse acrobatique américaine, accompagnés d'un phonographe portatif. Nanti de ses généreux appointements, Jean commande à l'artiste Paul Colin une belle affiche dans le goût de celle qu'il a réalisée pour la célèbre *Revue nègre* avec Joséphine Baker.

Le fondateur du Bœuf sur le Toit, Louis Moysès, pousse depuis longtemps Jean à franchir le pas qui le conduirait à organiser un tour de chant qui ne serait qu'à lui, «son» récital. En attendant l'ouverture du prochain «Bœuf», il lui propose de se produire au Rococo, rue de Marignan, salle qu'il a provisoirement louée et aménagée. La première a lieu le 7 février 1934. Accompagné d'un remarquable trio jazz, composé de Django Reinhardt, Alec Siniavine et André Ekyan, il s'adresse en spencer blanc à sa jolie partenaire Peddy Nils avant d'entamer un pas de danse avec elle.

Appelé en avril avec son trio en Angleterre pour un programme de la BBC à Londres, son succès y est tel que la grille des programmes est modifiée afin de lui permettre seconde prestation radiophonique. Il demeure à Londres pour se produire un mois au Monseigneur, cabaret des plus huppés de la capitale.

Trois mois plus tard, après un passage au printemps par Chez Elle, le cabaret de Lucienne Boyer, Jean

Léon Volterra, director of the Casino de Paris, charmed by the dashing juvenile lead and his partner Noreen in *Au Temps de Gastounet*, engaged them for the fee of a thousand francs –higher than they could ever have hoped for– to perform at the Perroquet, a very elegant venue where prominent international stars performed. There they performed their new acrobatic "Yale" dance every evening, to the accompaniment of a portable gramophone. With his generous fee, Sablon commissioned the artist Paul Colin to design a handsome poster in the style of his poster for the celebrated *Revue nègre* with Josephine Baker.

The founder of the famous Bœuf sur le Toit, Louis Moysès, had for some time been urging Sablon to take the bold step of organizing a solo singing tour, for himself alone. While awaiting the opening of the next "Bœuf", he suggested that he should perform at the Rococo on rue de Marignan, which he had hired and fitted out on a temporary basis. The first performance took place on 7 February 1934. To the accompaniment of a remarkable jazz trio consisting of Django Reinhardt, Alec Siniavine and André Ekyan, Sablon, wearing a white spencer jacket, sang and danced with his attractive partner Peddy Nils.

Le Monseigneur
Monseigneur

Les répétitions de Jean au Rococo, cabaret de Louis Moysès, suscitent l'enthousiasme de la chanteuse Dora Stroeva. Elle appelle sur-le-champ le major Robin Humphreys surnommé le «capitaine» Humphreys, directeur du Café de Paris à Londres, qui se rend dès le lendemain à Paris pour assister à la première… Il le fait débuter à la BBC et l'engage pour un mois au Monseigneur, cabaret le plus élégant de Londres, à partir du 12 avril 1934, jour de la première en présence du prince de Galles, futur Edward VIII. ♪

Sablon's rehearsals at Louis Moysès' cabaret the Rococo attracted the interest of the singer Dora Stroeva. She immediately called Major Robin Humphreys (often called "Captain"), manager of the Café de Paris in London, who travelled to Paris the following day for the opening night. It was Humphreys who arranged for him to appear on the radio and who booked him for a month-long run at Monseigneur, the most elegant nightclub in London, where his show opened on 12 April 1934 in the presence of the Prince of Wales, the future Edward VIII. ♪

inaugure le 29 juin le nouveau Bœuf sur le Toit, sans qu'il ne soit encore totalement aménagé. Il assurera la soirée d'ouverture du théâtre du « Bœuf » le 29 octobre avec son récital.

Sa réputation s'étant propagée outre-Manche, le Café de Paris le réclame pour une série de représentations, en juin 1936.

S'ensuivra une carrière internationale. En France, Jean ne renouera avec une scène de cabaret qu'en 1962, à la Tête de l'Art, avec Pia Colombo, et au Zèbre à Carreaux, avec Raymond Devos et Isabelle Aubret. Il tiendra la vedette en 1969 au Don Camillo dans un spectacle où apparaîtront Jean-Marie Proslier et Henri Tisot, puis, en 1975, à la Tour Eiffel pour ses quarante ans de chanson.

In April of that year Sablon was asked to go to London with his trio to make a radio programme for the BBC, which proved so successful that the schedule was rearranged in order to give him a second slot. He then stayed on in London for a month-long run at Monseigneur, one of the capital's most fashionable night spots.

Three months later, on 29 June, after a spring season at Lucienne Boyer's cabaret Chez Elle, Sablon opened the new and not yet finished Bœuf sur le Toit. On 29 October, he inaugurated the theatre at the "Bœuf" with his singing act. Now that his fame had spread across the Channel, Sablon was engaged by the Café de Paris in London for a series of performances in June 1936.

His international career now blossomed. He did not return to the French cabaret scene until 1962, when he performed at the Tête de l'Art with Pia Colombo and at the Zèbre à Carreaux with Raymond Devos and Isabelle Aubret. He was given star billing at the Don Camillo in 1969, where he performed with Jean-Marie Proslier and Henri Tisot, and in 1975 he celebrated forty years of his singing career at the Tour Eiffel.

Paris, 1962. Paris, 1962.

Célébration à la Tour Eiffel de 50 ans de carrière, 1975.
Celebration at the Eiffel Tower of fifty years of Jean Sablon's career, 1975.

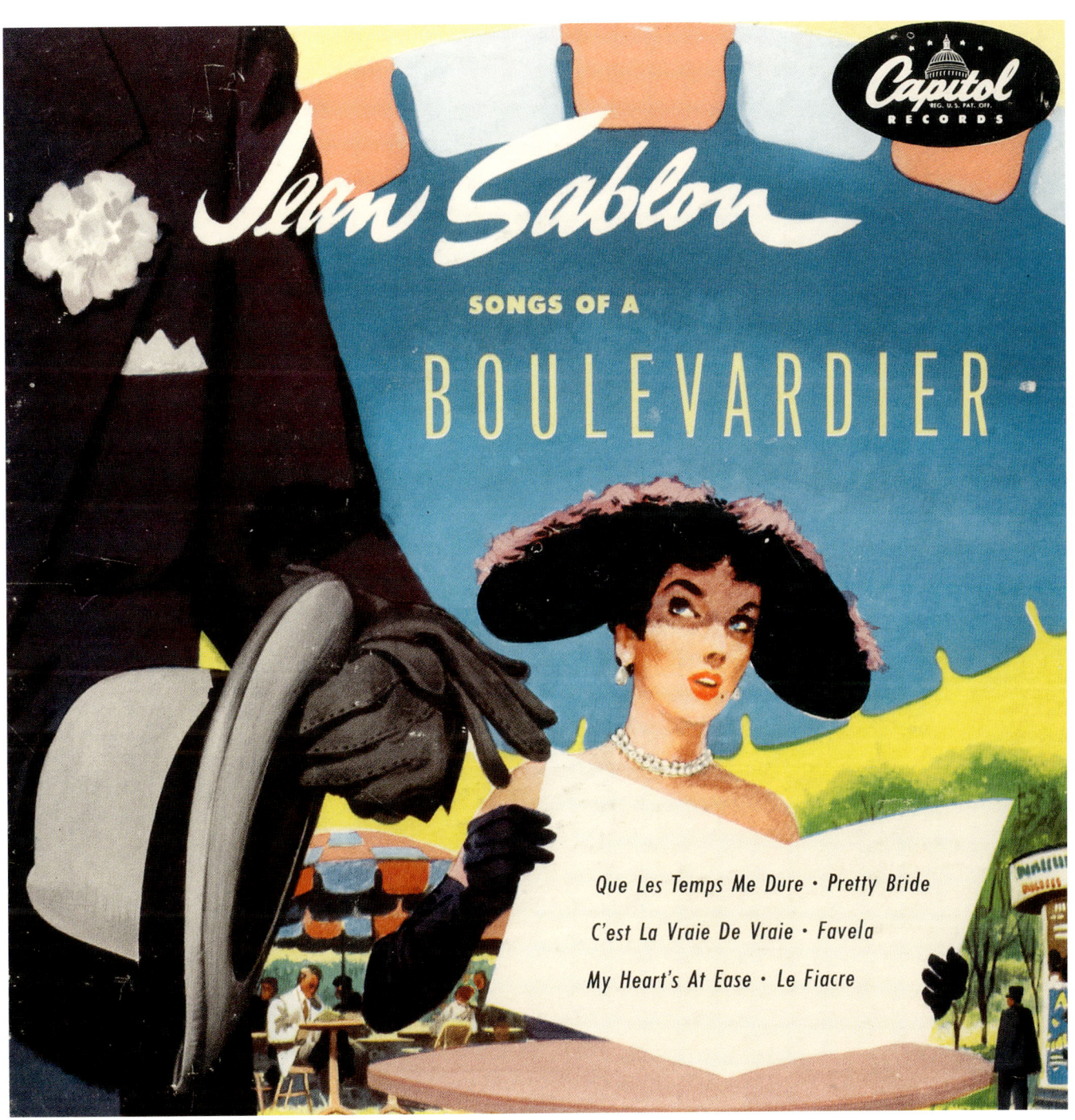

UN CHANTEUR MODERNE FÉRU DE NOUVEAUTÉS
A SINGER AHEAD OF HIS TIME

L'IRRUPTION DU JAZZ DANS LA CHANSON
JAZZ ERUPTS INTO THE FRENCH CHANSON

Carte postale publicitaire pour le magazine Jazz « revue de l'actualité intellectuelle » (sic) adressée par Mayol à Jean, 1934.
Postcard advertising *Jazz* magazine, "*revue de l'actualité intellectuelle*" ("the latest developments in the intellectual world") sent by Mayol to Jean Sablon, 1934.

L'origine du jazz en France remonte au début du XXᵉ siècle. Issu de l'évolution du *cake-walk*, danse déhanchée des noirs de Virginie des années 1870, il débarque en France au tournant du siècle. Le danseur Elkes fait connaître ce pas en 1902 au Nouveau Cirque à Paris. Et Debussy compose son *Golliwogg's cake-walk* en 1908.

Le *cake-walk* se mue bientôt en *ragtime* puis en jazz. Puisant aux sources des chants des esclaves noirs d'Amérique mâtinés de chants religieux (*negro spirituals*) et d'influences traditionnelles africaines, le jazz se répand en Amérique du Nord avant de rejoindre Paris à la fin de la guerre de 1914 par le truchement des jeunes militaires. Dans la capitale française, Gaby Deslys mène à partir du 12 décembre 1917 la première revue jazz, *Laisse-les Tomber*. Le lieutenant Jim Europe fait sensation avec ses musiciens, les Hellfighters, et le Paris de 1919 s'entiche du Will Marion Cook Southern Syncopated Orchestra, y découvrant le jeune Sidney Bechet.

Avant même l'ouverture en 1922 de son premier Bœuf sur le Toit, Louis Moysès accueille une petite formation de cette musique qualifiée de « convulsive », avec Jean Wiéner au piano, Jean Cocteau à la batterie et un saxophoniste noir.

L'attrait de la culture noire culmine. La Revue Nègre scandalise – et enthousiasme – Paris au Théâtre des Champs-Élysées en 1925. En vedette, Joséphine Baker qui enregistre des disques jazz dès 1926-1927.

Aux États-Unis, le cinéma s'empare de cette nouvelle fureur avec Al Jolson, vedette du *Chanteur de jazz* en 1927, importé en France en 1930.

Féru de rythmes et de nouveautés, Jean est marqué par cette mode révolutionnaire. Il se livre en 1927 à des démonstrations de *yale*, et, en 1930, incarne dans la revue *Cocktail 328* le rôle du « fou chantant », allusion probable au film homonyme avec Al Jolson, sorti deux ans auparavant.

The origins of jazz in France go back to the early years of the twentieth century. A development of the Cakewalk, the hip-swaying dance of the Virginia slave plantations in the 1870s, it is supposed to have been introduced to Paris by "M. et Mme Elkes" at the Nouveau Cirque in 1902. Debussy composed his "Golliwogg's Cake-Walk" in 1908.

Soon the Cakewalk had evolved into ragtime and then jazz. Inspired by American slave songs crossed with Negro spirituals and traditional African music, jazz spread through North America before being brought to Paris by young soldiers at the end of the First World War. On 12 December 1917, the first jazz revue in Paris, *Laisse-les Tomber*, opened, with Gaby Deslys in the lead. Lieutenant Jim Europe and his Hellfighters band took the city by storm, and in 1919 Paris became infatuated with Will Marion Cook's Southern Syncopated Orchestra, featuring a young clarinetist by the name of Sidney Bechet.

Even before the opening of his first Bœuf sur le Toit in 1921, Louis Moysès offered a platform to a trio to perform this "convulsive" music, with Jean Wiéner on piano, Jean Cocteau on drums and an unidentified black saxophonist.

Black culture was reaching the height of its appeal. In 1925 the *Revue Nègre* at the Théâtre des Champs-Elysées thrilled and scandalized Paris in equal measure. Its star, Josephine Baker, went on to record jazz records from 1926-7. In the cinema, meanwhile, Al Jolson caused a sensation in *The Jazz Singer*, released in America in 1927 and in France in 1930.

Always fascinated by new rhythms and styles, Sablon was greatly influenced by this revolutionary new fashion. In 1927 he began to give demonstrations of the Yale, and in 1930 he played the part of the *fou chantant* in the revue *Cocktail 328*, doubtless inspired by the Al Jolson film *The Singing Fool*, which had come out two years earlier.

Jean au piano vers 1928.
Jean Sablon playing the piano c.1928.

La version française de *Oh Mo'nah*, chanson jazz créée par Jean au Casino de Paris en 1931.
French version of *Oh Mo'nah*, the jazz song first performed by Jean Sablon at the Casino de Paris in 1931.

Les enregistrements de *Que Maravilla*, *Un Cocktail* et *Mieux que les Fleurs* (1931), réalisés chez Discolor avec Gaston Lapeyronnie et son Jazz Orchestra témoignent du même intérêt précoce de Jean Sablon pour le jazz, simultanément à la mode du tango. C'est là une des premières apparitions du jazz dans la chanson, facilitée par son goût du rythme et une curiosité qui l'entraînera tout au long de sa carrière à introduire dans la chanson française d'autres rythmes étrangers découverts au gré de ses voyages.

Il enregistre en 1932 *Vingt et Vingt* et *Quand on est au Volant*, compositions de Mireille. Mireille s'est familiarisée aux États-Unis avec les rythmes modernes, en 1928. La fraîcheur et l'espièglerie des chansons de l'opérette disquée *Un Mois de Vacances* qu'elle a composée sur des paroles de Jean Nohain, faites d'un style français traditionnel mêlé de jazz, apportent un réel changement, salué par la presse comme un «Renouveau». Mireille et Jean ainsi que Pills et Tabet sont les interprètes très modernes de ce petit chef d'œuvre. Jacques Pills, découvert au travers de son duo «Pills et Ward», forme désormais avec l'excellent jazzman Georges Tabet un couple musical à succès.

The recordings of *Que Maravilla*, *Un Cocktail* and *Mieux que les Fleurs* (1931) that he made for Discolor with Gaston Lapeyronnnie and his Jazz Orchestra also bear witness to Sablon's early interest in jazz, as well as in the tango that was also in vogue. This was one of the first introductions of jazz into the French chanson, prompted by Sablon's curiosity and love of rhythm that would lead him to include other foreign rhythms that he discovered on his travels.

In 1932 he recorded *Vingt et Vingt* and *Quand on est au Volant*, both written by Mireille, who had become familiar with the latest rhythms in America in 1928. The freshness and playfulness of the songs of the recorded light opera *Un Mois de Vacances*, which she composed to lyrics by Jean Nohain in a style that combined traditional French chanson with jazz, ushered in a genuinely novel approach, hailed by the press as a "renaissance". This minor masterpiece was given a thoroughly modern performance by Mireille and Sablon, Pills and Tabet. Jacques Pills, known for his performances in the double act "Pills & Ward", now teamed up with the fine jazz singer Georges Tabet to form a highly successful double act.

« La jeunesse même, un des premiers amateurs de jazz. En tout cas le premier à introduire le rythme dans la chanson française. »
(Jean-Christophe Averty)

"The embodiment of youth, one of the first lovers of jazz. The first, in any case, to introduce jazz rhythms into French chanson."
(Jean-Christophe Averty)

Autre duo, le Suisse Gilles et son compère français Julien, issu du monde du théâtre, participe aussi de ce « Renouveau de la chanson » avec leur interprétation de *Dollar*. Leur style, un registre chansonnier revisité, volontiers persifleur voire engagé, reste toutefois plus éloigné du jazz.

L'année suivante, en 1933, Jean crée au Bœuf sur le Toit *Ici l'on Pêche*, chanson que son auteur-compositeur Jean Tranchant a également confiée à sa sœur Germaine Sablon, laquelle la crée concomitamment. Jean la lui abandonnera.

Il enregistre en mars 1933 *Mimi* et *Plus Rien*, avec Clément Doucet, remarquable pianiste jazz, et les titres de l'opérette *Dix-neuf Ans*, accompagnés par Django Reinhardt à la guitare et Michel Emer au piano, avec l'orchestre du Théâtre Daunou.

Pour l'ouverture du Rococo, établissement provisoire que Louis Moysès crée en 1934 tandis que son nouveau Bœuf sur le Toit est en travaux, Jean apparaît sur scène entouré de son trio jazz (Alec Siniavine au piano, André Ekyan à la clarinette et Django Reinhardt à la guitare). Il choisit de faire jouer ses musiciens à ses côtés, nouveauté qui témoigne de l'importance accordée à ces derniers, traditionnellement confinés à la fosse d'orchestre des théâtres. Il s'attache sa propre formation et devient le premier chanteur de son temps à se consacrer réellement au jazz. On le surnomme *Monsieur Swing*, car il sait phraser comme un jazzman. Il incarne cette musique qui « balance ».

Another double act, the Swiss-born Gilles and his French partner Julien, formerly an actor, also contributed to this renaissance of chanson with their performance of *Dollar*, although their chanson-style delivery and mocking or even *engagé* tone distanced their work from jazz.

At the Bœuf sur le Toit the following year, 1933, Sablon gave his first performance of *Ici l'on Pêche*. The composer and lyricist Jean Tranchant also composed this song for Jean's sister Germaine Sablon, who first performed it at the same time. Jean was to give it to her.

In March 1933 he recorded *Mimi* and *Plus Rien*, with the outstanding jazz pianist Clément Doucet, as well as the songs from the light opera *Dix-neuf Ans*, on which he was accompanied by Django Reinhardt on guitar, Michel Emer on piano and the Théâtre Daunou orchestra.

For the opening of the Rococo, the temporary venue set up by Louis Moysès in 1934 while the work on his new Bœuf sur le Toit was being carried out, Sablon performed with his jazz trio: Alec Siniavine on piano, André Ekyan on clarinet and Django Reinhardt on guitar. He chose to have his musicians on stage with him, rather than consigning them to the orchestra pit in traditional fashion, a novel development that signalled the importance he attached to them. He also strove to develop his own repertoire and technique, and became the first French singer of the period to devote himself properly to jazz. So authentic was his phrasing that he became known as *Monsieur Swing*.

Première photo officielle du « quintette du Hot Club de France ». De gauche à droite: Stéphane Grappelli, Roger Chaput, Louis Vola, Django Reinhardt, Bert Marshall et Joseph Reinhardt, 1934.
First official photograph of the "Quintet of the Hot Club de France". From left to right: Stéphane Grappelli, Roger Chaput, Louis Vola, Django Reinhardt, Bert Marshall and Joseph Reinhardt, 1934.

« J'ai toujours témoigné beaucoup d'admiration pour Jean Sablon. Cette façon de chanter… révolutionnaire ! » (Georges Brassens)

"I've always hugely admired Jean Sablon. The way he sings is… revolutionary!" (Georges Brassens)

33

Parallèlement, certains orchestres imprégnés par cette musique font un malheur, tels Ray Ventura et ses Collégiens avec *Tout va très bien Madame la Marquise*. Certains orchestres sont même appelés des *jazz*, à l'instar de celui qui accompagne Mistinguett.

Toujours en 1934, Jean Tranchant, déjà auteur et compositeur, se signale comme un excellent interprète, dans la même veine moderne.

En 1937, après trois années de collaboration placées sous le signe du jazz, les jeunes et talentueux compagnons Charles et Johnny se séparent. Charles accède au succès à Paris sous le nom de Charles Trenet.

Quant à Jean, il a déjà quitté Paris depuis un an suite à un engagement aux États-Unis. Tout au long de sa carrière, il conservera une prédilection pour le jazz. Il saura s'entourer des musiciens de qualité que sont Stéphane Grappelli, Hubert Rostaing, Garland Wilson, Clément Doucet, Casper Reardon, Barney Kessel, Michel Warlop, Maurice Vander etc.

Leo Marjane ne tardera pas à partir pour les États-Unis qu'elle parcourra pendant des années et contribuera à la découverte du jazz en son pays.

Harry James partage l'affiche avec Jean au Cocoanut Grove de Los Angeles en 1952.
Harry James shared the billing with Jean Sablon at Cocoanut Grove in Los Angeles in 1952.

« *Jean Sablon m'a toujours fascinée. Il était à des années-lumière de son époque.* » (Line Renaud)
"*Jean Sablon has always fascinated me. He was light years ahead of his time.*" (Line Renaud)

Petit format d'une chanson inédite enregistrée en 1934 avec Django Reinhardt.
Sheet music for an unpublished song recorded in 1934 with Django Reinhardt.

In parallel, swing bands such as Ray Ventura et ses Collégiens were all the rage with hits such as *Tout va très bien Madame la Marquise*. Some bands, such as the musicians who accompanied Mistinguett, were even known as jazz orchestras.

Also in 1934, Jean Tranchant –already a lyricist and composer– emerged as an accomplished singer in the modern style.

In 1937, after a three-year partnership as jazz singers, the young and talented duo of Charles & Johnny split up. Charles was to find solo success in Paris as Charles Trenet. Meanwhile Jean Sablon had left Paris a year earlier, following a booking in America. He would retain his love of jazz throughout his career, surrounding himself with musicians of the calibre of Stéphane Grappelli, Hubert Rostaing, Garland Wilson, Clément Doucet, Casper Reardon, Barney Kessel, Michel Warlop and Maurice Vander, among others.

Leo Marjane lost no time in setting off for the United States, spending years touring the country and contributing to the introduction of jazz to France.

JEAN SABLON
avec DJANGO REINHARDT
et GARLAND WILSON

Rendez-vous sous la pluie
Je sais que vous êtes jolie
The continental
Un seul couvert, please, James...

emidisc

jean sablon, alec siniavine, andré ekyan et django reinhardt. (départ de sa première tournée en angleterre).

« D'autres titres me viennent à l'esprit que j'aurais aimé créer : (…) Miss Otis Regrette, que chantait si bien Jean Sablon. » (Édith Piaf)

"There are other songs that I would have liked to be the first to sing: […] Miss Otis Regrets, which Jean Sablon used to sing so beautifully." (Edith Piaf)

Avec Tommy Dorsey, USA, 1946.
With Tommy Dorsey, USA, 1946.

theatre DAUNOU
DIX-NEUF ANS
OPERETTE EN 3 ACTES
LIVRET de JEAN BASTIA
MUSIQUE de PASCAL BASTIA

AVEC
Jean Sablon
Vedette des disques
Columbia

35

Django Reinhardt

Sous le conseil d'Earl Leslie, danseur au Casino de Paris, Jean se rend le 17 novembre 1932 à la Boîte à Matelots, établissement de Léon Volterra. Parmi les musiciens qui s'y produisent, Jean est subjugué par Django Reinhardt avec lequel il se lie d'amitié. Souvent, il viendra chercher Django dans sa roulotte de la Porte de Châtillon pour aller entendre André Ekyan, clarinettiste jazz, et le pianiste Stéphane Grappely (sic), au violon pour les tangos.

Désireux de s'entourer de Django et d'André, Jean trouve en Alec Siniavine un excellent pianiste et se constitue de la sorte son trio jazz. En 1933, Django, qui accompagne Jean sur scène avec Michel Emer au piano dans l'opérette *Dix-neuf Ans*, enregistre avec lui les principales chansons de l'opérette. Il est au tout début de sa carrière phonographique et n'a encore jamais fait de disque avec un chanteur. Parmi les joyaux qu'il gravera avec Jean, c'est probablement *Le Jour où je te vis* (février 1934) dont Django sera le plus fier. C'est ce disque qu'il donnera à entendre à Duke Ellington quand il le rencontrera aux États-Unis. Pour sa part, Boris Vian, dans ses *Autres écrits sur le Jazz*, prend exemple sur cette chanson comme l'un des prémices du «vrai» jazz en France.

De retour de son premier voyage américain, Jean retrouve son trio. Ils partent désormais en tournée. Mais l'indiscipline de Django donne quelques sueurs froides à Jean. Il faut quotidiennement s'assurer de sa présence, comme le jour de son premier récital au Rococo.

Joséphine Baker, engagée en mars 1934 par Marcel, frère de Jean, réservera elle aussi quelques frayeurs au trio, bien malgré elle... Partis pour assurer la première partie de son spectacle à Nice, Jean et ses musiciens essuient un cuisant échec le soir de la première. C'est que le public, impatient de découvrir les galbes de Joséphine, n'a pas de temps à perdre et chahute Django avant que ne paraissent Jean, André et Alec, également sifflés.

Django et Jean se retrouveront à New York en 1946. Le guitariste y triomphera au Carnegie Hall aux côtés de Duke Ellington. Eloigné de sa femme, il demandera à Jean de lui lire ses lettres à cette dernière et d'y répondre!

Il reste de la collaboration du chanteur et du guitariste une bonne vingtaine d'enregistrements, dus à la volonté de Jean d'imposer le guitariste à la maison de disque Columbia. Django n'ayant pas appris la musique, la firme craignait de devoir multiplier le nombre de prises, alors fort coûteuses. ♪

On 17 November 1932, on the advice of Earl Leslie, a dancer at the Casino de Paris, Jean Sablon went to Léon Volterra's Boîte à Matelots. Among the musicians performing there, he was enthralled by Django Reinhardt, and soon they became friends. Often he would pick Reinhardt up from his gypsy caravan at the Porte de Châtillon to go and hear the jazz clarinetist André Ekyan, with the pianist Stéphane Grappelli on violin for the tangos. Wanting to work with Reinhardt and Ekyan, Sablon found an excellent pianist in Alec Siniavine, and the three of them thus formed his jazz trio. In 1933, Reinhardt and Sablon, who were performing together in the light opera *Dix-neuf Ans*, with Michel Amer on piano, made recordings of the main songs from the show. Reinhardt was then at the very beginning of his recording career, and this was the first time he had made a record with a singer. Among the many outstanding recordings he made with Sablon, he was probably proudest of *Le Jour où je te vis*, recorded in February 1934. This was the record that he gave to Duke Ellington when he met him in the United States. Boris Vian, in his *Autres écrits sur le Jazz*, held this song up as an example of the beginnings of "authentic" jazz in France.

On his return from his first American tour, Sablon returned to performing with his jazz trio, and they set off on tour together. But Reinhardt's unreliability was to cause Sablon many a headache, with daily worries about whether he would show up for that night's performance, as with his first appearance at the Rococo.

Josephine Baker, who was engaged in in March 1934 by Jean's brother Marcel Sablon, was also –though unwittingly– to cause problems for the trio. Billed as the supporting act for her show in Nice, Sablon and his musicians were a complete flop on the opening night. The audience, impatient to feast their eyes on Josephine's curves, had no time for any supporting acts, and booed and catcalled Reinhardt before greeting the appearance of Sablon, Siniavine and Ekyan with a barrage of whistles.

Reinhardt and Sablon were to perform together again in New York in 1946, where the guitarist received a rapturous welcome at the Carnegie Hall, alongside Duke Ellington. Having left his wife behind, Reinhardt –who had received very little formal education– had to ask Sablon to read her letters to him and to pen his replies.

Of this partnership between singer and guitarist there survive a good twenty or so recordings, the result of Sablon's insistence that Columbia –who were reluctant to risk taking on a musician who could not read music, fearing that this would multiply the number of extremely expensive recording sessions needed– should sign up this master of the guitar. ♪

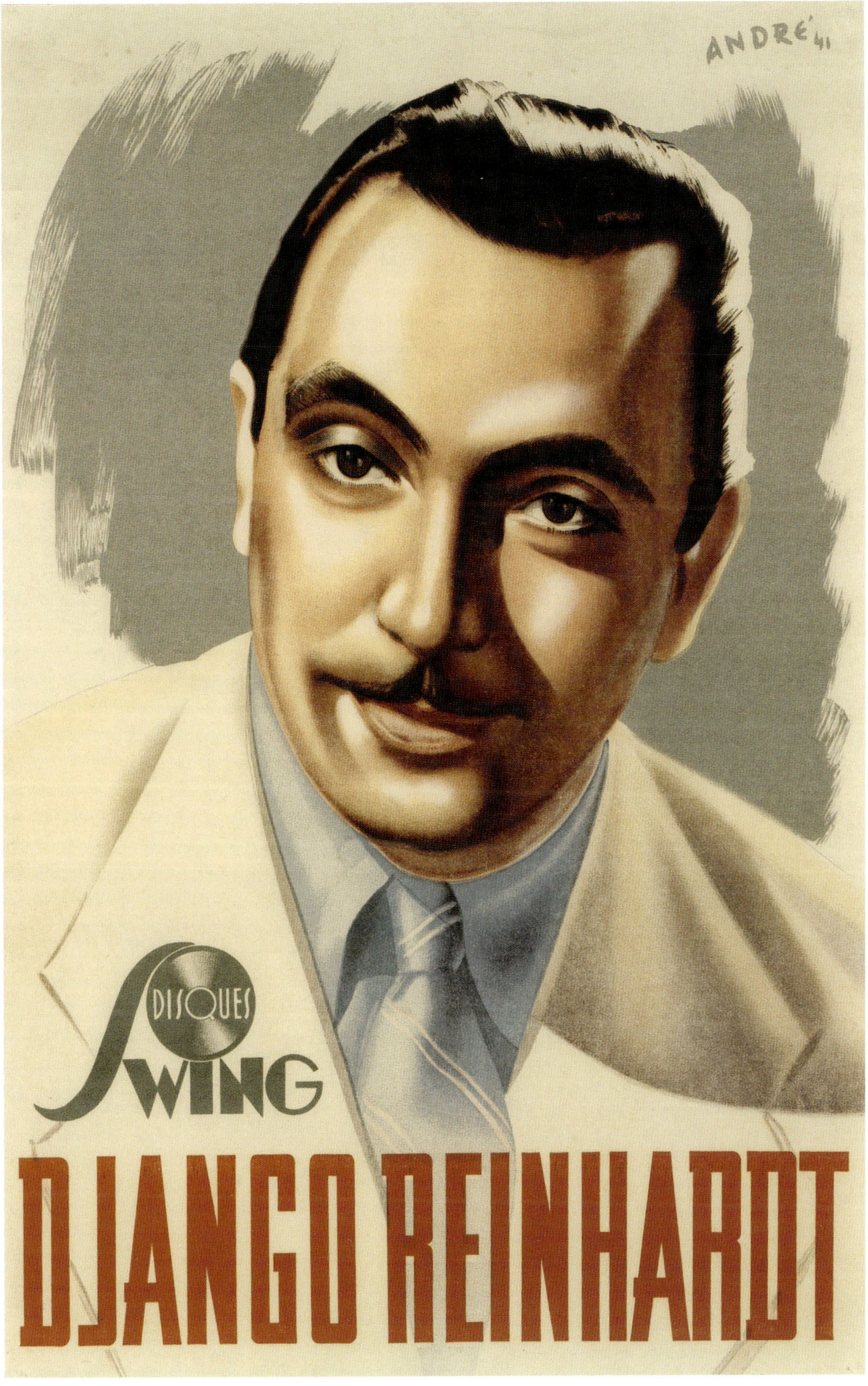
ANDRÉ 41
DISQUES
SWING
DJANGO REINHARDT

Stéphane Grappelli

« J'avais une double admiration pour Jean Sablon. D'abord celle, plus personnelle, de l'ami vis-à-vis de l'homme du monde cultivé, généreux, raffiné et plein d'humour. Ensuite celle de l'artiste pour un chanteur de talent qui, en dépit de critiques ridicules, a su imposer le microphone et qui, avec sensibilité, s'est rapproché de la musique jazz, conviant Django Reinhardt, Émile Stern, moi-même et bien sûr d'autres musiciens à accompagner ses chansons. » (Stéphane Grappelli)

Stéphane Grappelli (1908-1997) est sans doute le plus important violoniste jazz. Également pianiste à ses débuts, il joue dès 1931 avec Alix Combelle et Django Reinhardt dans l'orchestre de la Croix du Sud, où Jean fait sa connaissance. C'est avec Django qu'il crée le quintette à cordes du Hot Club de France en 1934. Une époque où, membre de l'orchestre d'André Ekyan, il accompagne Jean sur disque (*Le Jour où je te vis, Prenez garde au Grand Méchant Loup*...).

Revenu après la guerre d'un long séjour anglais, il retrouve le guitariste. Ils donneront naissance à un style nouveau que d'aucuns appellent aujourd'hui le « swing manouche ».

Talent universel, Stéphane, également compositeur, se produira autant avec de grands jazzmen français et américains qu'avec le violoniste classique Yehudi Menuhin ou l'Indien L. Subramaniam. Il enregistrera même avec les Pink Floyd.

La collaboration de Stéphane et de Jean se prolongera plus de quarante ans, en studio et sur les plateaux de télévision français et anglais.

Frank Ténot, évoquant Stéphane Grappelli et Jean Sablon affirme : « Avec Jean Sablon, on retrouve avec nostalgie (je parle pour ma génération) un *crooner* latin qui sut, avant 1940, charmer les mordus du jazz lorsqu'ils avaient envie de céder aux délices de la chansonnette sans être accusés de trahir leur religion. Car Sablon s'entourait souvent de musiciens de son bord : Alec Siniavine, Clément Doucet, Stéphane Grappelli et, surtout, l'admirable Garland Wilson au piano. *Miss Otis Regrets* est un petit chef d'œuvre. Aussi Django ou Joseph Reinhardt à la guitare. C'était plus « chic », comme on disait alors, de préférer Sablon à Maurice Chevalier, voire à Trenet, jugés trop populaires. » (*Jazz Magazine*, avril 1997). ♪

"My admiration for Jean Sablon was twofold. First there was the personal admiration of the friend for a man of the world who was cultivated, generous, refined and full of humour. Then there was the admiration of the artist for a talented singer who, despite absurd objections, introduced the microphone, and who espoused jazz with sensitivity, inviting Django Reinhardt, Emile Stern, myself and of course many other musicians to accompany his songs."
Stéphane Grappelli

Stéphane Grappelli (1908-1997) was without contest the greatest of all jazz violinists. Also a pianist in his early days, from 1931 he played with Alix Combelle and Django Reinhardt in the orchestra of the Croix du Sud, where he met Jean Sablon. With Django Reinhardt he formed the string Quintet of the Hot Club de France in 1934. Also at this time, as a member of André Ekyan's orchestra, he accompanied Jean Sablon in the recording studio on tracks including *Le Jour où je te vis* and *Prenez garde au Grand Méchant Loup*.

After spending the war years in Britain, he returned to Paris to join Reinhardt, and together they created a new style known as "jazz manouche" or "gypsy swing". The multi-talented and versatile Grappelli, who was also a composer, performed with both the great French and American jazz players and the classical violinists Yehudi Menuhin and Dr L. Subramaniam. He even recorded with Pink Floyd.

Grappelli and Jean Sablon were to work together for over forty years, in the recording studio and on French and British television. As Frank Ténot remembered, "In Jean Sablon we rediscover with nostalgia (I speak for my generation) a Latin crooner who before 1940 was charming jazz fans who longed to yield to the charms of the French chanson without being accused of betraying their religion. Sablon surrounded himself with musicians such as Alec Siniavine, Clément Doucet, Stéphane Grappelli and above all the admirable Garland Wilson on piano. *Miss Otis Regrets* is a minor masterpiece. And with Django or Joseph Reinhardt on guitar. It was more 'chic' as we used to say then, to prefer Sablon to Maurice Chevalier, or even to Trenet, who were deemed too popular." (*Jazz Magazine*, April 1997) ♪

LE ROMAN D'UN LIEU MYTHIQUE, LE BŒUF SUR LE TOIT
ROMANCE AND MYTH: THE BŒUF SUR LE TOIT

Galette des rois au Bœuf sur le Toit, 1931.
Au premier rang de gauche à droite : Ninon Vanni, Mistinguett, Paulette Dorisse, Fraisette Desboutin. Au deuxième rang : Marianne Oswald, René Fraday (en dernier). Au troisième rang : Lino Carenzio, Louis Moysès. À l'arrière : Jean Sablon.

Sharing a galette des rois, traditionally eaten at Epiphany, at the Bœuf sur le Toit, 1931. From left to right, front row: Ninon Vanni, Mistinguett, Paulette Dorisse, Fraisette Desboutin. Middle row: Marianne Oswald, René Fraday (at far end). Back row: Lino Carenzio, Louis Moysès. At the back: Jean Sablon.

Le Bœuf sur le Toit est l'un des rendez-vous mythiques du Paris de l'entre-deux-guerres, indissociable des heures glorieuses du jazz et de la chanson. « Un cabaret de premier ordre dans l'organisme parisien », commente Jean Cocteau. Un lieu de création, de mélange des genres et de rencontres dans un total esprit de liberté et de mépris des castes. Ses plus belles heures vont de l'époque de Paul Deschanel jusqu'au au crack de Wall Street, quoique sa légende se perpétue jusqu'aux années cinquante et même au-delà. Jean en est une figure emblématique.

The Bœuf sur le Toit was one of the mythical clubs of Paris between the wars, inseparably linked with the heyday of jazz and the French chanson. "A first-class cabaret in the organism of Paris," as Jean Cocteau described it. A place of creativity, of eclecticism and artistic encounters in a spirit of complete freedom, liberated from any notions of social class. Its heyday stretched from the era of Paul Deschanel to the Wall Street Crash, although its legendary reputation lived on into the 1950s and beyond. Jean Sablon was one of its most iconic figures.

39

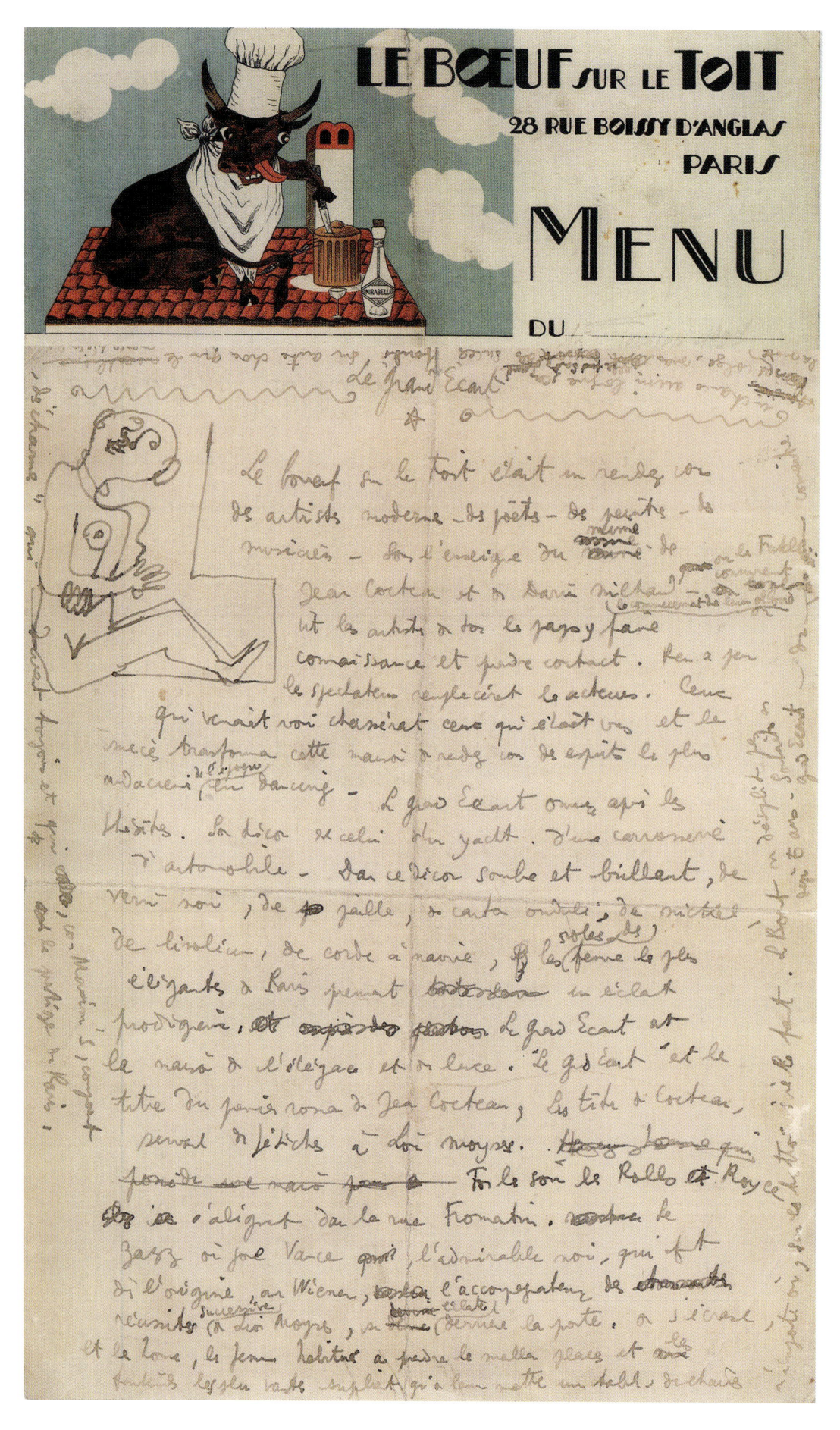

> « Centre d'un parisianisme qui allait de l'ardeur du plaisir aux amitiés particulières, du mépris des castes au prestige de la pensée, ce cabaret accueillit et entretint l'amour délirant de toutes les formes de la liberté. » **(Florent Fels)**
>
> *"The centre of a Parisian way of life that ranged from the passionate pursuit of pleasure to private friendships, from a contempt for the class system to an esteem for thought, this was a cabaret that welcomed and nurtured a delirious worshipping of freedom in all its forms."* **(Florent Fels)**

Manuscrit de Jean Cocteau au dos d'un menu du Bœuf sur le Toit.
Handwritten notes by Jean Cocteau on the back of a menu from the Bœuf sur le Toit.

L'enseigne étrange de « Bœuf sur le Toit » s'inspire de celle d'un cabaret de Rio découvert par Darius Milhaud, alors secrétaire de Paul Claudel, en poste au Brésil. Il baptise de ce nom singulier un ballet-pantomime pour orchestre de sa composition, sur un scénario de Cocteau. Créé par les frères Fratellini en 1920 à la Comédie des Champs-Élysées dans des décors de Raoul Dufy, ce remarquable spectacle surréaliste se déroule au temps de la prohibition dans un bar, peuplé de surprenants personnages se mouvant à la vitesse de scaphandriers, qui finit par se transformer en une laiterie…

À la même époque, un monsieur du nom de Schwartz acquiert le pas de porte d'un petit établissement rue Duphot, près de la Madeleine, à deux pas de chez Prunier. Jadis directeur d'un hôtel appartenant à M. Wiéner, industriel et père du jeune pianiste Jean Wiéner, il lui demande si ce dernier peut l'aider à y attirer une clientèle de qualité. Jean Wiéner est ami de Jean Cocteau, qui a été séduit dès le jour où il l'entendit jouer du Bach avec une incomparable virtuosité. Il fréquente les déjeuners organisés par le poète dans la tradition des réunions qu'il suscitait pendant la guerre de 1914, au 6 de la rue Huyghens, avec tout ce que Paris comptait de jeunesse intelligente et excentrique.

De gauche à droite : Damia, Marianne Oswald et Jean, Bœuf sur le Toit, vers 1934.
Left to right: Damia, Marianne Oswald and Jean Sablon, Bœuf sur le Toit, c.1934.

The curious name of the Bœuf sur le Toit, or the "Ox on the Roof", was inspired by the name of a club in Rio discovered by Darius Milhaud, secretary to Paul Claudel who had been posted to Brazil, which he adopted for a pantomime-ballet that he composed to a scenario by Jean Cocteau. First staged by the Fratellini brothers at the Comédie des Champs-Elysées in 1920, with sets by Raoul Dufy, this remarkable surrealist cabaret is set during the Prohibition era, in a bar peopled by a bizarre cast of characters who move at a studiedly slow pace before finally being transformed into a dairy.

Also at this time, a certain M. Schwartz rented a small establishment on rue Duphot, near La Madeleine and just a stone's throw from the Café Prunier. Formerly the manager of a hotel belonging to the industrialist father of the young pianist Jean Wiéner, he asked M. Wiéner *père* if his son might help him to attract a clientele of quality. Jean Wiéner was a friend of Jean Cocteau, who had been deeply impressed from the day when he heard him play Bach with peerless virtuosity. The pianist was a regular guest at the lunches organized at number 6 rue Huyghens by the poet, in the tradition of the wartime meetings he had held, which attracted all the young and eccentric intelligentsia of Paris. These Saturday lunches would bring together Wiéner,

41

These Foolish things, standard américain créé au Bœuf sur le Toit
These Foolish Things, an American standard first performed at the Bœuf sur le Toit

Fin 1935, alors qu'il est sur la scène du Théâtre des Dix francs, Jean reçoit la visite de deux dames anglaises accompagnées du compositeur James Strachey. Elles lui proposent un rôle dans la comédie musicale *Spread it abroad* qui se créera début 1936 au Saville Theatre de Londres. Strachey lui présente quelques-unes de ses compositions figurant dans le spectacle, parmi lesquelles *These Foolish things*. Ces œuvres convenant parfaitement à son style, il les interprète pour le public du Bœuf sur le Toit. En janvier, le pianiste et chanteur Leslie Hutschinson découvre par hasard la partition sur le piano de Strachey et l'enregistre à Londres car la comédie musicale débutera bientôt. Le départ pour Londres est cependant retardé *in extremis* par la mort du roi George V, le 20 janvier. Jean accepte par courrier le report des représentations. Quel n'est pas dès lors son désespoir quand un producteur américain, qui s'est déjà manifesté à plusieurs reprises, lui offre une nouvelle fois d'animer à la radio un grand show transmis depuis l'Europe... Jean vient de s'engager pour l'Angleterre et doit refuser ses propositions mirobolantes : il a par gageure dévoilé son cachet pour *Spread it abroad* non sans le gonfler quelque peu et le producteur a proposé dix fois plus pour un seul show radiophonique par semaine ! Par un hasard extraordinaire, la bonne de Jean a tardé à envoyer la lettre d'acceptation pour Londres. Il se retrouve donc libre et accepte le pont d'or américain !

La comédie musicale débutera donc sans lui en avril 1936. Son succès sera mitigé mais Jean, attaché à *These Foolish things*, bien accueillie par son public parisien, l'enregistrera en juin à Paris, en anglais et en français quelques jours avant de l'interpréter au café de Paris de Londres. Quelque temps après, Billie Holiday l'enregistrera, suivie par de nombreux interprètes. *These Foolish things* aura débuté à Paris pour connaître une destinée universelle. ♪

In late 1935, when he was performing at the Théâtre des Dix Francs, Jean Sablon received a visit from two English ladies accompanied by the composer James Strachey. They offered him a part in the musical comedy *Spread It Abroad*, to be stage early the next year at the Saville Theatre in London. Strachey gave him some of the songs from the show, including These Foolish Things. As they suited his style perfectly, he sang them for audiences at the Bœuf sur le Toit. In January, the pianist and singer Leslie Hutchinson chanced upon the music on Strachey's piano and recorded it in London, as the show was soon to open. Sablon's departure for London was delayed at the last minute, however, by the death of George V on 20 January. Instead he received the show reports by mail. It was at this unhappy juncture that he was approached by an American producer who had already been to see him several times, and who now offered him a major radio show to be broadcast from Europe. As Sablon had just committed himself to the English venture, he had no choice but to turn down this extravagant offer: he had revealed his fee for *Spread It Abroad*, taking care to inflate it a little, so that the producer offered him ten times as much on a weekly basis for the radio show. By a remarkable stroke of luck, Sablon's maid had delayed sending off his letter of acceptance to London. He was therefore free to accept the lucrative American offer.

Spread It Abroad thus opened without him in April 1936. It was not particularly successful, but Sablon, who liked These Foolish Things as much as his Paris audiences did, recorded the song in Paris, in both English and French, in June of that year. Some time later Billie Holiday recorded it, to be followed by many other singers. First performed in Paris, These Foolish Things was to become a worldwide hit. ♪

Le Bœuf sur le Toit, photo dédicacée par Jean Cocteau (sur la gauche, Louis Moysès).
The Bœuf sur le Toit, photograph signed by Jean Cocteau (Louis Moysès is on the left).

Se retrouvent ainsi aux déjeuners du samedi Wiéner, Derain, Braque, Picabia, Milhaud, Honegger, Satie, Fargue, Bertin et tant d'autres, à la recherche d'un lieu de réunion, car le temps des cafés littéraires a vécu.

Il suffit de quinze jours de préparatifs, de quelques bouteilles et de coups de téléphone passés par Cocteau aux Polignac et aux Rothschild pour que le petit local tout en céramique affiche complet pour le lendemain. De ce jour de 1921, le succès du bar Gaya, du nom d'un vin de Porto vendu autrefois sur place, est assuré par la présence de Wiéner, de Cocteau, vêtu d'un smoking noir, d'une cravate rouge et d'un chapeau claque, ne se faisant pas prier pour jouer de la batterie, et de Vance Lowry, saxophoniste noir américain. Ils forment un petit ensemble jazz pourvu de deux cymbales, d'une grosse et d'une petite caisse claire, instruments encore rares qu'Igor Stravinsky leur a prêtés.

Monsieur Schwartz a confié le Gaya à l'un de ses amis, le jeune Ardennais Louis Moysès. Né en 1896 de parents hôteliers à Charleville-Mézières, Louis a été infirmier de première ligne au 5ᵉ R.A. pendant la Grande Guerre. Médaillé pour son courage, sans le sou à la démobilisation, il se lance dans la formidable aventure du Gaya et, aidé par sa sœur qui tient la caisse, sert boissons et spécialités alsaciennes.

Louis Moysès connaît lui aussi Jean Cocteau pour s'être un jour rendu chez lui sur la recommandation de Darius Milhaud. Attendant Cocteau qui l'avait oublié, Louis avait eu tout le loisir d'admirer son appartement, véritable amoncellement de curiosités familiales, pipes en terre, cubes de cristal, vieilles photographies, toiles de Chirico et portraits du maître réalisés par les jeunes artistes à la mode. Arrivé en retard, le poète s'était excusé avant que Louis ne lui explique avoir contemplé un portrait de Rimbaud accroché au mur. S'ensuivit une conversation sur ce dernier, dont l'habitation était voisine de la maison d'enfance de Louis. Et Cocteau, conquis, de décider de l'aider dans ses premiers pas de restaurateur, commençant par lui conseiller de répudier l'ancienne clientèle du Gaya, trop conservatrice pour apprécier les *blues* et autres *fox-trots* de Wiéner.

Il ne faut qu'une dizaine d'années à Louis Moysès, autoproclamé « Moïse sauvé des eaux minerales », tant l'alcool coule à flots dans ses bars, pour devenir l'un des grands patrons des nuits parisiennes. Timide, très intelligent et attentif, il dispose d'une remarquable mémoire des noms, d'un grand sens de l'organisation et d'une profonde générosité. Il accueillera tout au long de ces années poètes et musiciens, peintres et acteurs, banquiers et têtes couronnées. Chez lui, Arthur Rubinstein se mettra au piano, Joséphine Baker viendra se divertir après la générale de la *Revue Nègre* et le très jeune Raymond Radiguet apparaîtra souvent. Tout comme le Groupe des Six ou les Ballets Russes.

Pour l'heure, Louis Moysès, quoique encore à ses débuts, trouve le Gaya trop exigu. Aidé par deux riches Américaines, il se transporte en janvier 1922 au 26 de la rue Boissy-d'Anglas, à l'emplacement d'une boîte quelque peu louche, tout en conservant, grâce à son orchestre jazz,

Derain, Braque, Picabia, Milhaud, Honegger, Satie, Farge, Bertin and a galaxy of other young talents, all of them in search of a place –now that the age of the literary cafés was over– where they could meet together.

Two weeks of preparations, a few bottles and a flurry of telephone calls from Cocteau to the Polignacs and the Rothschilds later, the little ceramic-tiled club was thronged on its opening night. From that day in 1921, the success of the Bar Gaya –named after a port wine that used to be sold on the premises– was assured by the presence of Wiéner, of Cocteau, sporting a dinner jacket, red cravat and opera hat and always happy to oblige by playing the drums, and of Vance Lowry, the black American saxophonist. This small jazz ensemble boasted two cymbals and two snare drums, one large and one small, instruments that were then still rare, lent to them by Igor Stravinsky.

M. Schwartz entrusted the running of the Gaya to one of his friends, a young man from the Ardennes region by the name of Louis Moysès. Born in 1896 to parents who ran a hotel in Charleville-Mézières, Louis had served as a front line medical orderly with the 5th Artillery Regiment during the Great War. Decorated for bravery and penniless on demobilization, he threw himself into the adventure of the Gaya, aided by his sister who looked after the till while also serving drinks and Alsatian food.

Louis Moysès was also acquainted with Jean Cocteau, having one day paid him a visit on the recommendation of Darius Milhaud. While he waited for Cocteau, who had forgotten he was coming, he had time to admire his apartment, crowded with family treasures including clay pipes, crystal cubes, old photographs, paintings by de Chirico and portraits of the poet by young artists then in vogue. As Cocteau apologized for his lateness, Moysès told him that he had been looking at a portrait of Rimbaud on the wall. As they talked, it emerged that young Louis's childhood home had stood opposite Rimbaud's. Won over, Cocteau decided to help him get off the ground in his new establishment, advising him as a first step to discourage its old clientele, who were too conservative to appreciate Wiéner's blues and foxtrots.

Within a decade, Moysès –who proclaimed himself "Moses saved from the mineral waters" in tribute to the liberal amounts of alcohol that flowed in his bars– was one of the major figures on the Paris nightclub scene. Highly intelligent, retiring and attentive, he had a phenomenal memory for names and a tremendous gift for organization, all allied with great generosity of spirit. Throughout his years as a club owner, he welcomed poets and musicians, painters and actors, bankers and crowned heads. Arthur Rubinstein played the piano, Josephine Baker came to relax after the dress rehearsal of the *Revue Nègre*, and the very youthful Raymond Radiguet was an habitué, as were the members of the Groupe des Six and the Ballets Russes.

Even before it had been open very long, the Gaya proved too cramped for Moysès. With the aid of two wealthy Americans, in January 1922 he took over a rather louche club at 26 rue Boissy-d'Anglas, taking his jazz orchestra

l'esprit de son bar, entre-temps baptisé *Bœuf sur le Toit*. Il y aménage un bar-dancing et un restaurant. L'on se rend de l'un à l'autre par une cour assez obscure pour être propice aux amours clandestines. Moysès y propose des numéros de variété. Mais le «Bœuf» est plus que cela. Une espèce de club ouvert. L'on téléphone de New York, de Londres, de Vienne ou de Berlin pour y réserver sa table sous l'*Œil Cacodylate*, chef d'œuvre surréaliste de Picabia.

Marcel Proust s'y rend régulièrement – mais disparaîtra la même année. Ainsi que Jean Sablon, jeune homme de dix-huit ans, visiteur assidu grisé par les nuits parisiennes de 1924, prolongées à Montparnasse ou à Montmartre. Il y fait la connaissance de Moysès, aussitôt impressionné par ce grand homme solide, franc et cordial, passionné de chansons. Jean lui trouve un goût infaillible et une irrésistible drôlerie. Louis est l'amitié même et cette amitié ne se démentira jamais.

Le Bœuf est désormais le lieu de prédilection des femmes les plus séduisantes de Paris. Ses murs, agrémentés de toiles dadaïstes, accueillent dans un décor noir et beige, contrastant avec les puissantes couleurs à la mode, un public des plus variés que l'hospitalité de Moysès parvient à réunir dans une même bonne humeur, venu des quatre coins de Paris… et du Bois de Boulogne. Ainsi que le commente Raymond Nacenta : «Pour la première fois en ce siècle, on y vit fraterniser avec les gens du monde, les poètes, les littérateurs, les musiciens, les acteurs et les peintres. Une nouvelle conception du monde moderne a pris son essor au Bœuf sur le Toit» (les *Lettres françaises* n° 843). Et André Fraigneau d'ajouter «C'est l'époque nègre, l'époque jazz, celle de la robe-chemise, des nuques tondues, du cubisme apprivoisé, des audaces sexuelles.» Celle où un public grisé de bel esprit, d'alcool et de paradis artificiels vient applaudir Yvonne George ou le duo pianistique que Jean Wiéner forme désormais avec Clément Doucet.

Wiéner a en effet entre-temps découvert Doucet, un jour qu'il a assisté à une démonstration d'Orphéal, sorte d'harmonium à registres divers reproduisant le son d'instruments de musique selon un procédé quelque peu défaillant… valant de nombreux procès au détenteur du brevet, qui n'était autre qu'un ami de son père… Seul Clément Doucet paraissait capable de s'en servir et Jean Wiéner fut captivé par la facilité désinvolte de son jeu. Ayant décidé de s'associer, ils se livrent désormais à des parties de piano, les deux instruments se faisant face, dans des transcriptions et improvisations de jazz américain endiablé. Stravinsky et Ravel sont de leur public. De même que Paul Morand, Pablo Picasso, Georges Carpentier, Ferdinand de Roumanie ou le prince Charles de Belgique et toute une société de gens plus ou moins illustres, habitués ou occasionnels du Bœuf. Appelés à une notoriété internationale, Wiéner, le parisien cosmopolite, et Doucet, le Belge rond et campagnard, se consacreront à partir de 1925 aux concerts jazz. Ils donneront plus de deux mille concerts, accomplissant leur première tournée aux États-Unis en octobre 1931, avec leur formule originale, une association de compositions de Vivaldi, Bach ou Mozart et de musique de jazz. Avec les années, Wiéner et Doucet ne maintiendront pas leur duo au Bœuf. Le public pourra dès lors y entendre

and the atmosphere of his cabaret with him and renaming it the Bœuf sur le Toit. Between the cabaret bar with its dance floor and the restaurant lay a courtyard with unlighted corners that were ideal for secret trysts. While it thrived as a cabaret, the Bœuf was also far more than that: it was like an open club. Aficionados would telephone from New York and London, Vienna and Berlin to reserve a table beneath the gaze of Francis Picabia's *Cacodylic Eye*.

Marcel Proust was a regular presence until his death later that same year. By 1924, the eighteen-year-old Jean Sablon, intoxicated with the heady night scene of Montparnasse and Montmartre, was another. Moysès was immediately impressed by this tall, strong young man, open, affable and devoted to singing. For his part, Jean responded to Louis's infallible good taste and irresistible sense of humour. Louis was the soul of friendship, and he would never let his friends down.

The "Bœuf" became the favoured night spot of the most devastating women in Paris. Its black-and-beige walls, hung with Dadaist paintings, contrasted with the fashionably vivid dress sported by a clientele that could hardly have been more varied, bonded together in a good-humoured atmosphere by Moysès's hospitable welcome, and drawn from every quarter of Paris – not excluding the Bois de Boulogne. As the gallerist Raymond Nacenta noted in *Les Lettres françaises* (no. 843), "For the first time this century, fashionable society mixed with poets, writers, musicians, actors and painters. A new concept of the modern world blossomed at the Bœuf sur le Toit." And the writer André Fraigneau added, "It was the era of black music and jazz, of flapper dresses and shaved napes, of tamed Cubism and sexual daring." This was a world where a clientele brimming with wit, alcohol and *paradis artificiels* came to applaud Yvonne George or the newly formed piano duo of Jean Wiéner and Clément Doucet.

Wiéner had discovered Doucet one day at a demonstration of the Orphéal, a sort of harmonium with a range of registers reproducing the sounds of different musical instruments by a somewhat unreliable process that gave rise to numerous grievances against the patent holder, who just happened to be a friend of his father. Only Clément Doucet seemed to be able to play the instrument, and Jean Wiéner was captivated by the nonchalant facility of his technique. Having decided to form a duo, they henceforth played two pianos facing each other, their fingers racing up and down the keyboards in fast and furious transcriptions of and improvisations on American jazz tunes. Stravinsky and Ravel were among their fans, as were Paul Morand, Pablo Picasso, Georges Carpentier, Ferdinand of Romania, Prince Charles of Belgium and a throng of other more or less distinguished figures for whom the Bœuf was a regular or occasional haunt. Destined for international fame, from 1925 Wiéner, the cosmopolitan Parisian, and Doucet, the plump homely Belgian, dedicated their talents to jazz concerts. Eventually to give over two thousand concerts, they set off on their first American tour in October 1931, with an original formula of a mixture of jazz pieces with works by Vivaldi, Bach and Mozart. With the passing years they no longer played as a duo at the Bœuf, where audiences could

Doucet jouer seul des heures durant, sans même regarder son clavier, conversant avec ses amis ou lisant un roman policier…

Le jazz poursuit son règne. Il imprime au lieu une magie, un climat fascinant, « un monde de fantômes et de rêves » selon l'expression de Cocteau qui commente : « *Grâce au Bœuf sur le Toit, la poésie est allée à la rue* ».

Mais les voisins du Bœuf ne sont pas tous poètes et la concurrence est jalouse. Louis Moysès, qui ne dispose pas de la permission de minuit, n'est pas très respectueux de l'heure de fermeture. Et quand il l'obtient, ses voisins d'immeuble se liguent afin d'obtenir la fermeture de l'établissement. Moysès change de trottoir mais son nouvel espace ne lui porte guère bonheur. Il ne tarde donc pas à s'installer, le 5 octobre 1928, au 26 rue de Penthièvre. L'atmosphère y est neuve et mystérieuse. Dans un éclairage rouge, bleu et vert très doux se détachent des murs recouverts de carton ondulé, saupoudré de poussière d'argent. Pour lustre, une boule qui tourne sans cesse… La clientèle change. Beaucoup de jeunes y dansent en prenant le thé, accompagnés par le violoniste jazz noir américain Eddie South, y dînent ou y soupent. Si l'audace des pionniers du lieu et les

now listen to Doucet playing solo for hours on end, all the while chatting with friends or reading a detective thriller, and never once glancing down at the keyboard.

Jazz continued to reign supreme, lending the place a certain magic, an alluring ambience, creating "a world of phantoms and dreams" in the words of Cocteau, who remarked, "Thanks to the Bœuf sur le Toit, poetry hit the street."

But the neighbours of the Bœuf sur le Toit were not all poets, and competition was fierce. Louis Moysès, who did not have a licence to stay open after midnight, was lax about closing on time. And when he did obtain a licence, his neighbours in the building ganged up to get the Bœuf closed down. Moysès found new premises, but not with great success. So on 5 October 1928 he moved to 26 rue de Penthièvre. There the atmosphere was new and mysterious. Soft red, blue and green light fell on walls that were covered with corrugated cardboard and sprinkled with silver glitter, while above light fell from a constantly rotating ball. The clientele had changed. Now crowds of young people took tea, dined or had supper and danced to the music of the black American jazz violinist Eddie South. While the bold originality of the early pioneers and the seething creativity of the club's heyday had given way to a wider appeal, and while the Bœuf was now something of an institution, it none the less continued to attract well-known singers, some of whom, such as Reda Claire, performed for runs of several weeks, and Jacques Pills made his debut there

Au « Bœuf » avec Gaby Montbreuse, créatrice de *Je cherche après Titine*, vers 1935.
At the Bœuf with Gaby Montbreuse, who first performed *Je cherche après Titine*, c.1935.

années de grande ébullition artistique ont laissé la place à un public plus large, et si le Bœuf s'est en quelque sorte institutionnalisé, on n'y retrouve pas moins des chanteurs connus qui s'y produisent parfois pour plusieurs semaines, tel Reda Caire. Jacques Pills y fait ses débuts avec son duo Pills et Ward. Jean Sablon y passe souvent prendre un dernier verre et Louis Moysès, artiste dans l'âme – il a été comédien et a dirigé une troupe –, s'essaie tant bien que mal à chanter pour ses amis. Selon les soirs, Jean y retrouve Gaby Montbreuse, Georgius, Jane Stick, Johnny Mc Lean, chanteur noir, ainsi qu'Odette Talazac, ancienne cantatrice et comédienne au cinéma, dont Moysès a fait sa directrice. Laquelle, très spirituelle, se fait surnommer la *Vache à la cave,* par allusion au Bœuf sur le Toit, tant elle se sait corpulente et revêche.

Mais la rue de Penthièvre est bientôt comprise dans les plans de prolongement de l'avenue Matignon. Louis Moysès doit s'installer ailleurs. Il se fixe au premier étage de l'Élysée Palace, hôtel sis au 12 de la rue de Marignan, en attendant l'ouverture du prochain Bœuf sur le Toit. Il insiste beaucoup pour que cet espace provisoire, qu'il nomme « Rococo », soit inauguré par Jean Sablon, le 7 février 1934. Il l'a récemment entendu répéter et trouve que l'atmosphère qu'il vient de créer lui conviendra très bien. L'ambiance est en effet fort différente d'un music-hall : Louis Moysès, homme d'avant-garde, a son idée de ce que doit être un cabaret. Un goût personnel qui l'entraînera parfois à refuser d'engager certains artistes auditionnés, pourtant talentueux. Il en ira ainsi de Tino Rossi – accompagné au piano par Jean pour la circonstance – ou, plus tard, de Bourvil.

Jean effectue donc son premier récital au Rococo, parrainé par Jean Cocteau qui le présente à la presse. Cette dernière rapporte que le poète déclare au sujet du chanteur selon sa formule favorite : « C'est peut-être un feu de paille, mais il durera longtemps… »

Tandis que le 6 février 1934 Jean répète pour sa première du lendemain au Rococo, éclatent les premières manifestations antigouvernementales qui tourneront à l'émeute place de la Concorde.
L'après-midi, il réunit quelques amis chez lui. Mistinguett suit anxieusement les nouvelles diffusées par la radio. Et lorsqu'il sort le soir avec Marie Bell aux Champs-Élysées, il se fait poursuivre par la police ! Les autobus brûlent et l'on entend des coups de feu.

Pour l'occasion, Jean s'est constitué un trio : André Ekyan à la clarinette, Alec Siniavine au piano et, *last but not least*, le guitariste Django Reinhardt. Ce soir-là, Picasso, Darius Milhaud, Arthur Honegger, Cécile Sorel, Damia, Mistinguett, Serge Lifar, Jean-Pierre Aumont et Blanche Montel sont de l'assistance. Cocteau a écrit les paroles et la musique de chansons parlées sur les Bohémiens, récitées par Jean. La salle est grande, entièrement lambrissée et recouverte de boiseries Régence en chêne naturel. L'éclairage est à la bougie. Au fond de la salle, une estrade sur laquelle trône habituellement un grand piano de concert. Vêtu d'un spencer

with his singing duo Pills & Ward. Jean Sablon would often drop in for a nightcap with Louis Moysès who –being an artistic spirit who had been an actor and managed his own company– would do his best to entertain his friends with a few songs. Some evenings Sablon might find other singers there: Gaby Montbreuse, Georgius, Jane Stick, Johnny McLean and the former film actress and soprano Odette Talazac, whom Mosès appointed as his manager. Stout, surly and very funny, she adopted the nickname of the *Vache à la Cave* (Cow in the Cellar) as an allusion the Bœuf sur le Toit.

But soon the rue de Penthièvre was to be demolished in order to extend avenue Matignon. Moysès had to move again. This time he settled on the first floor of the Elysée Palace, a hotel at 12 rue de Marignan, while awaiting the opening of the next Bœuf sur le Toit. Having recently heard Jean Sablon rehearsing, and finding the ambience he created perfect for his new club, he was adamant that Sablon should open this temporary home, which he called the Rococo, on 7 February 1934. The atmosphere was indeed very different from the music hall: Louis Moysès was an avant-garde spirit, with his own ideas about what a cabaret should be. This highly personal style was to lead him to turn down some of the artists he auditioned, however talented they might have been, as was the case with Tino Rossi –accompanied for the occasion by Jean Sablon– and later Bourvil.

Jean Sablon thus performed his singing act for the first time at the Rococo, under the patronage of Jean Cocteau, who introduced him to the press. The newspapers reported that he remarked of Sablon, "He might be a flash in the pan, but he'll be around for a long while…"

While Sablon was rehearsing his opening at the Rococo, on 6 February 1934, the anti-government demonstrations began that were to turn into the riots of the Place de la Concorde. That afternoon, he invited a few friends round to his apartment, and Mistinguett followed news of developments on the wireless. That evening, as he walked down the Champs-Elysées with Marie Bell, he was chased by the police. Buses had been set on fire, and he could hear gunshots.

For his opening, Sablon put together a trio, consisting of André Ekyan on clarinet, Alec Siniavine on piano, and –last but not least– Django Reinhardt on guitar. In the audience that evening were Pablo Picasso, Darius Milhaud, Arthur Honegger, Cécile Sorel, Damia, Mistinguett, Serge Lifar, Jean-Pierre Aumont and Blanche Montel. Cocteau had written the words and music for the spoken songs on Bohemians, recited by Sablon. The large room, panelled throughout and embellished with Regency carvings in natural oak, was lit by candles. At one end was a dais on which a large concert grand usually stood. Resplendent in white spencer jacket and accompanied by his musicians in dinner jackets, Sablon took as his partner the lovely Peddy Nils, dressed for the evening in a gown by Callot Soeurs, the

Jean Cocteau

Depuis sa prime jeunesse, Jean Sablon est fasciné par Jean Cocteau et ses déclarations géniales qu'il n'est pas toujours sûr de comprendre. Il est d'autant plus flatté quand le poète l'incite à faire un récital en solo et le présente à cette occasion aux journalistes. Il est de ces intellectuels qui ne méprisent pas la chanson : « Je salue la chanson. Par elle, les poètes descendent dans la rue et touchent le public. Nombre de poètes disparaissent et deviennent martyrs, afin que les chanteurs et les chansonniers deviennent des étoiles. Grâce à eux, l'énigme se dénoue et le public profite des philtres terribles qui n'agissent que sur quelques-uns. » ♪

« Ça sent Sablon la France. » (Jean Cocteau)

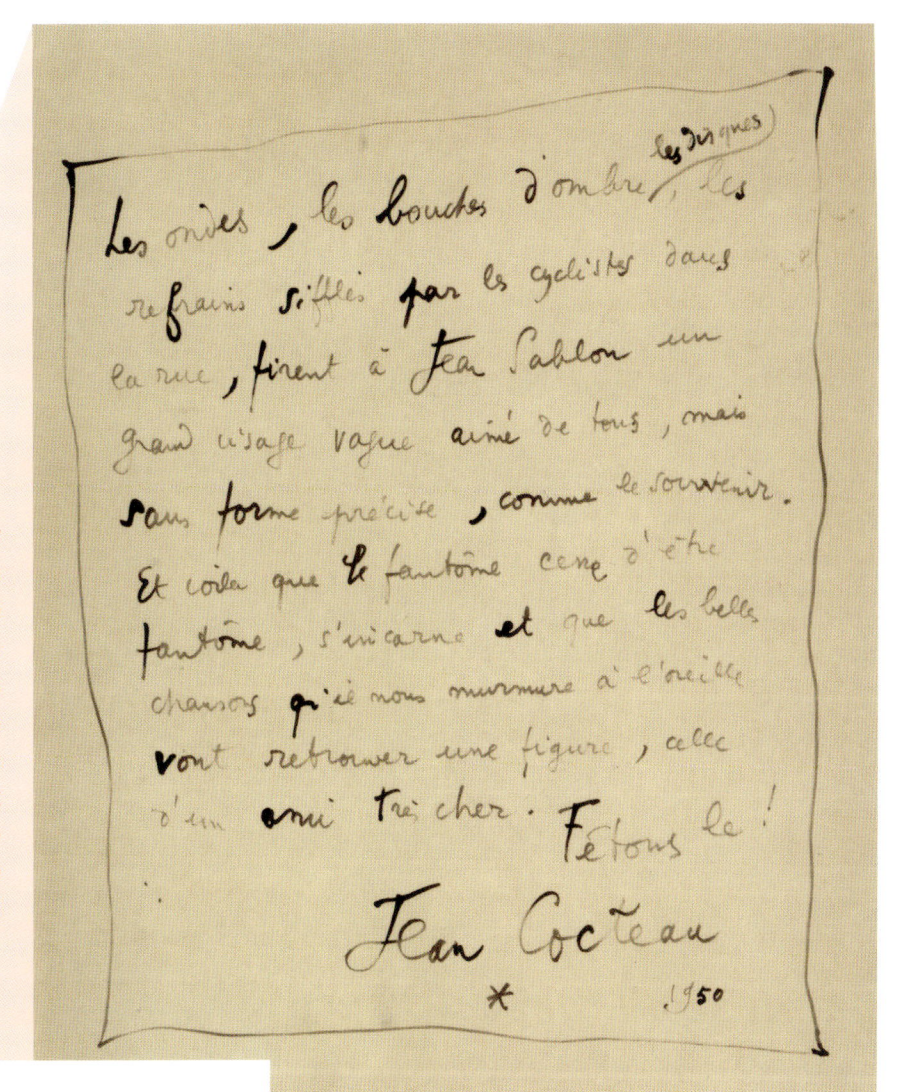

From his early youth, Jean Sablon was fascinated by Jean Cocteau and his brilliant pronouncements, though he wasn't always sure he understood them. So he was all the more flattered when the poet urged him to perform a solo act, and introduced him to the press. He was an intellectual who respected the French chanson: "I salute the chanson. Through it, poets go down into the street and touch the public. Many poets become martyrs when they die, whereas singers and crooners become stars. Thanks to them the mystery is revealed, and the public benefits from some terrific potions that only work for a few." ♪

"Ça sent Sablon la France", Jean Cocteau, 1950

Jean Cocteau célèbre Jean en 1950.
Celebration of Jean Sablon by Jean Cocteau in 1950.

Germaine Sablon et Jean Cocteau.
Germaine Sablon and Jean Cocteau.

Premiers récitals en France / First Solo Shows in France

Le récital, communément dénommé *one man show*, apparaît en France au début des années trente.

Le chanteur occupe seul la scène, généralement accompagné d'un pianiste, et assure les deux parties du spectacle.

Les artistes lyriques mis à part, l'on peut considérer qu'Yvette Guilbert est la première à avoir adopté cette formule quand elle donnait ses conférences chantées dans les années vingt. Toutefois, il revient à Marie Dubas d'avoir initié le récital « moderne » en 1932 sur les scènes d'Amsterdam, Bruxelles, Barcelone et Marseille puis du Grand Théâtre des Champs-Eysées en 1933.

Quant à Jean, c'est encouragé par Jean Cocteau qu'il propose en février 1934 cette nouveauté au public parisien. ♪

It was in the early 1930s that one-man shows made their first appearance in France. The singer gave the whole performance alone on stage, usually accompanied by a pianist, with no support act.

Opera singers apart, it is generally agreed that Yvette Guilbert was the first to adopt this formula with her "conférences chantées" in the 1920s. But it was Marie Dubas who pioneered the "modern" solo show on the stages of Amsterdam, Brussels, Barcelona and Marseille in 1932, followed by the Grand Théâtre du Champs-Elysées in 1933.

It was in February 1934, encouraged by Jean Cocteau, that Jean Sablon first gave a solo show for Parisian audiences. ♪

Petit format de *Vous qui passez sans me voir*, Grand Prix du Disque en 1937.
Sheet music for *Vous qui passez sans me voir*, winner of the Grand Prix du Disque, 1937.

blanc, ses musiciens en smoking à ses côtés, Jean a pour partenaire la jolie Peddy Nils, habillée par les sœurs Callot, dont la marraine de Jean dirige la maison. Il s'adresse à Peddy qui ne dit mot, avant d'entamer avec elle un pas de danse.

Les jours suivants, Django se fait souvent désirer... et c'est André Ekyan ou Jean qui iront le quérir Porte de Châtillon, passant maintes fois par la fenêtre de sa roulotte pour l'extraire de sa torpeur éthylique...

Dans les semaines qui suivent l'inauguration, Reda Caire se produit au Rococo, puis Jane Stick, Yvonne Louis et Laure Diana. Garland Wilson, pianiste jazz américain que l'on peut entendre sur certains disques de Jean, y joue régulièrement.

Lorsque le nouveau Bœuf sur le Toit ouvre enfin ses portes, en juin 1934, avenue Pierre Ier de Serbie, sous l'hôtel George V, le succès est tel qu'il faut proposer des chaises aux dames qui attendent dans la rue. Mais les travaux du cabaret qu'abrite le Bœuf ne sont pas finis et Moysès propose à Jean de chanter entre-temps dans la salle du bas. Sombre, tout de ripolin bleu foncé avec, sur la scène, un fond d'orchestre tapissé de blanc, elle est trop grande et ne convient pas à son style confidentiel. Il commence par refuser, mais les frais occasionnés par un accident de sa mère le contraignent à accepter. Il le regrette amèrement car le public paraît ignorer ce qui se passe sur scène... Jean finit par déclarer forfait. En contrepartie, il promet d'assurer l'ouverture du cabaret, le 29 juin, avec Marianne Oswald.

48

fashion house run by his godmother. He sang to the silent Peddy, and then they danced together.

In the days that followed, Reinhardt frequently went missing, and it fell to Sablon and André Ekyan to go and fetch him from the Porte de Châtillon, often crawling through one of the windows of his gypsy caravan to rouse him from a drunken stupor.

In the weeks after its opening, the Rococo hosted performances by Reda Caire, Jane Stick, Yvonne Louis and Laure Diana. The American jazz pianist Garland Wilson, who can be heard accompanying Sablon on some of his recordings, regularly played there.

When the new Bœuf sur le Toit finally opened in June 1934, down the road from the Hôtel George V on avenue Pierre Ier de Serbie, it was such a success that customers were forced to queue in the street, and chairs had to be brought out for the ladies. But as the work on the new club was not yet finished, Moysès suggested to Sablon that he should perform in the room downstairs. Gloomy and painted in dark blue gloss throughout, with an orchestra pit on the stage papered in white, this was too large for him, and did not suit his intimate style. At first he refused, but then his mother had an accident and he was obliged to accept in order to pay her medical bills. He regretted it bitterly, as the audience seemed to pay no attention to what was happening on stage. Finally he pulled out, but promised in return to open the cabaret on 29 June, with Marianne Oswald.

Grand format de la version anglaise de *Vous qui passez sans me voir*, 1937.
Sheet music for the English version of *Vous qui passez sans me voir*, 1937.

Le « Bœuf » fête le départ de Jean pour les États-Unis, 1937. De gauche à droite, Mistinguett, Jean, Germaine Sablon, Yolanda, Roland Toutain, Jean Tranchant et Louis Moysès.
Jean Sablon's send-off to the Unites States at the Bœuf, 1937. Left to right: Mistinguett (next to Jean), Jean Sablon, Germaine Sablon, Yolanda, Roland Toutain, Jean Tranchant and Louis Moysès.

Vingt-cinq ans de personnalités au Bœuf sur le Toit...
Twenty-five Years of Characters at the Bœuf sur le Toit

Ali Khan, Marc Allégret, Louis Aragon, Georges Auric, Marcel Aymé, Aimé Barelli, Jacqueline Batell, Marie Bell, Betove, Jacques-Emile Blanche, Jean Borlin, Lucienne Bogaert, Emmanuel Boudot-Lamotte, Paul Bourget, Lucienne Boyer, Constantin Brancusi, Georges Braque, André Breton, Reda Caire, Agnès Capri, Nila Cara, Benny Carter, Blaise Cendrars, Coco Chanel, Maurice Chevalier, Paul Claudel, Jean Cocteau, Etienne de Beaumont, Damia, Lucien Daudet, Aline de Silva, André Derain, Serge Diaghilev, Laure Diana, Marlène Dietrich, Grand Duc Dimitri, Dolly Sisters, Clément Doucet, André Drian, Drieu la Rochelle, Marie Dubas, Pierre Dudan, Raoul Dufy, Louis Durey, André Ekyan, Claude Farrère, Renée Falconetti, Léon-Paul Fargue, Florent Fels, Ramon Fernandez, Fréhel, André Fraigneau, Gaston Gallimard, Yvonne George, Waldemar George, Georgius, Roland Gerbeau, Greta Garbo, André Gide, Rita Hayworth, Jacques Hélian, Marcel Herrand, Hildegarde, Valentine et Jean Hugo, Arthur Honegger, Max Jacob, Jamblan, Marcel Jouhandeau, Joseph Kessel, Irène Lagut, Marie Laurencin, Serge Lifar, Yvonne Louis, Maréchal Lyautey, Jerry Mengo, Darius Milhaud, Mireille, Mistinguett, Paul Morand, Christiane Néré, Marie-Laure de Noailles, Marianne Oswald, Jules Pascin, Charles et Suzanne Peignot, Francis Picabia, Pablo Picasso, Jacques Pills et Ward, Georges Tabet, Francis Poulenc, Paulette Poupart, Prince de Galles, Prince Etienne de Beaumont, Prince Charles de Belgique, Prince Ferdinand de Roumanie, Princesse Murat, Paul Poiret, Yvonne Printemps, Marcel Proust, Raymond Radiguet, Marcel Raval, Maurice Ravel, Man Ray, Django Reinhardt, Pierre Reverdy, Hubert Rostaing, Arthur Rubinstein, Germaine Sablon, Jean Sablon, Catherine Sauvage, Erik Satie, José-Maria et Misia Sert, Georges Simenon, Jean de Segonzac, Alec Siniavine, Cécile Sorel, Eddie South, Betty Spell, Jane Stick, Igor Stravinsky, Dora Stroeva, Germaine Tailleferre, Robert Trébor, Charles et Johnny, Roger Tréville, Tristan Tzara, Rudolf Valentino, Kees Van Dongen, Léon Volterra, Garland Wilson... ♪

Louis Moysès a opté dans le cabaret pour un décor à la mode de tables laquées et de girandoles. Le genre d'ambiance chic dont il a le secret. Agnès Capri en deviendra l'une des égéries. Charles et Johnny y débuteront et y écriront un soir sur un bout de nappe *Vous qui passez sans me voir*, futur succès international de Jean. Lequel y chante régulièrement jusqu'à son départ pour les États-Unis en 1937. Départ célébré par un cocktail mondain au Bœuf retransmis sur le Poste Parisien (Jean est l'une des vedettes de la station). L'événement réunit Germaine Sablon et son compagnon Joseph Kessel, Marie Dubas, Parysis, Loulou Hégoburu, Line Clevers, Pills et Tabet, Damia, Harry Pilcer et Roland Toutain et Jean Tranchant.

Vous qui passez sans me voir connaîtra un succès tel que plusieurs versions, anglaise, américaine et espagnole seront créées. Noël Coward, auteur dramatique, acteur, compositeur et réalisateur britannique en conçut également une.

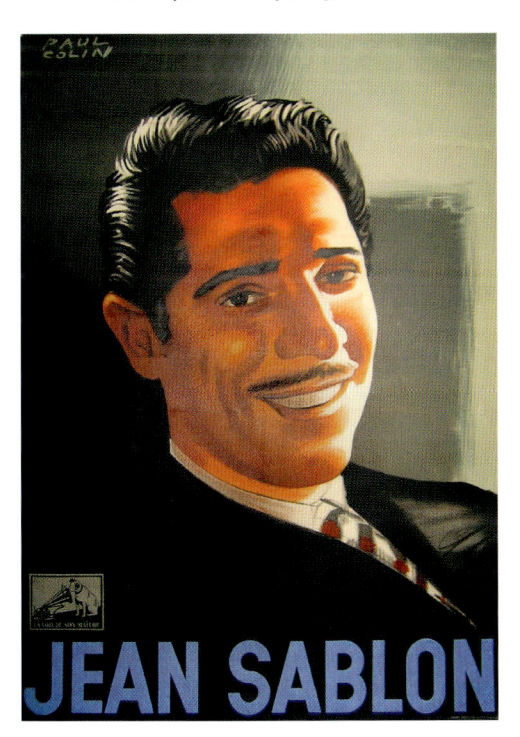

Grand format de la version américaine de *Vous qui passez sans me voir*, 1937.
Sheet music for the American version of *Vous qui passez sans me voir*, 1937.

1946.

For the new club, Moysès had chosen a fashionable décor of lacquered tables and candelabra, creating the chic ambience that was his speciality. Agnès Capri was to become one of his muses there. Charles et Johnny (Charles Trenet and Johnny Hess) made their debut there, and one evening wrote on a corner of a tablecloth *Vous qui passez sans me voir*, later to be an international hit for Sablon. He was to sing it regularly until he left for America in 1937, his departure celebrated with a fashionable cocktail party at the Bœuf, broadcast by the Poste Parisien radio station, of which he was one of the stars. The evening brought together Germaine Sablon and her companion Joseph Kessel, Marie Dubas, Parysis, Loulou Hégoburu, Line Clevers, Pills & Tabet, Damia, Harry Pilcer and Roland Toutain and Jean Tranchant.

The song was so successful that American and Spanish versions followed, as well as an English version written by Noël Coward.

L'adresse ultime du Bœuf sur le Toit, au 34 rue du Colisée, à l'angle de l'avenue Victor-Emmanuel III (future avenue Franklin D. Roosevelt), voit le jour en septembre 1941. Louis Moysès en a cette fois acquis l'emplacement. S'y sont déjà succédés d'autres cabarets, Mon Paris, Chiquito 37 et le Carillon des Champs-Élysées. Jean est aux États-Unis et c'est à Nila Cara et Clément Doucet que revient de charmer l'assistance le jour de l'ouverture. Pour cette nouvelle version du Bœuf, les murs sont tendus de toile de coton d'Inde rouge, recouverts de quatre tableaux vert éclatant aux cadres or pâle, et les girandoles sont de cristal. Dans son nouveau décor, le cabaret connaît un regain de fréquentation mais Moysès condamne la grande salle pour en réduire l'espace.

Pendant la guerre, le Bœuf continue de vivre. Un couloir souterrain permet aux résistants craignant les contrôles d'aller ou de venir, particulièrement au-delà du couvre-feu. Ce qui n'empêche pas les quelques Allemands qui s'y rendent d'en côtoyer les clients en toute courtoisie!

Au «Bœuf» avec Garland Wilson, 1939.
At the Bœuf with Garland Wilson, 1939.

Dîner au «Bœuf». À côté de Jean, de gauche à droite, Davia, Charles Trenet, Mireille, Germaine Sablon, Carl Galm, Paulette Dorisse, René Fraday et Louis Moysès, 1946.
Dinner at the Bœuf, 1946. With Jean Sablon, from left to right, are Davia, Charles Trenet, Mireille, Germaine Sablon, Carl Galm, Paulette Dorisse, René Fraday and Louis Moysès.

Près de dix ans se sont déroulés depuis le cocktail de son départ pour les USA lorsqu'en avril 1946, Jean débarque de New York à bord du *Constellation*. Germaine vient l'accueillir et l'emmène chez Louis Moysès pour une sauterie avec Dora Stroeva, Jane Stick et Paulette Dorisse, en présence des journalistes. Chacun des retours de Jean donnera lieu à pareilles réjouissances avec le Bœuf pour décor.

Louis Moysès meurt en 1949. Il a encore récemment accueilli la jeune Juliette Gréco dans son établissement. Après sa disparition, le Bœuf sur le Toit change brièvement de nom au profit de «L'Œil de Bœuf» sous la direction de Marc Doelnitz, accueillant Catherine Sauvage et Leo Ferré pour leurs débuts, avant de fermer en 1950. Il rouvrira en 1952 pour dix-sept années.

The Bœuf sur le Toit opened in its final incarnation, at 34 rue du Colisée, on the corner of avenue Victor-Emmanuel III (now avenue Franklin-D.-Roosevelt), in September 1941. This time, Louis Moysès had bought the premises, which had already been home to other cabarets including Mon Paris, Chiquito 37 and the Carillon des Champs-Elysées. As Jean Sablon was in America, it was left to Nila Cara and Clément Doucet to seduce the audience with their charms on the opening night. For this new version of the Bœuf, the walls were covered with red Indian cotton hung with dazzling green paintings in pale gold frames, and the candelabra were crystal. Audience numbers began to climb again with this new décor, but at the same time Moysès decided to abolish the large hall in order to create a smaller venue.

The Bœuf kept its doors open throughout the war, with an underground passage enabling customers to come and go without having their papers checked, which was especially useful after the curfew. It even found a few well-behaved Germans among its clientele.

Nearly a decade had elapsed since his farewell cocktail party when Jean Sablon sailed back to France from New York aboard the *Constellation*, in April 1946. Germaine was there to meet him, whisking him off to a welcome home party hosted by Louis Moysès, with Dora Stroeva, Jane Stick, Paulette Dorisse and a group of journalists. Every homecoming was celebrated with a party, and it was always held at the Bœuf.

Louis Moysès died in 1949, soon after welcoming the young Juliette Greco as a performer at the club. Following his death, the Bœuf sur le Toit briefly changed its name, becoming the L'Oeil de Bœuf under the management of Marc Doelnitz. Catherine Sauvage and Léo Ferré made their debuts there before it closed down in 1950. In 1952 it opened again for another seventeen years.

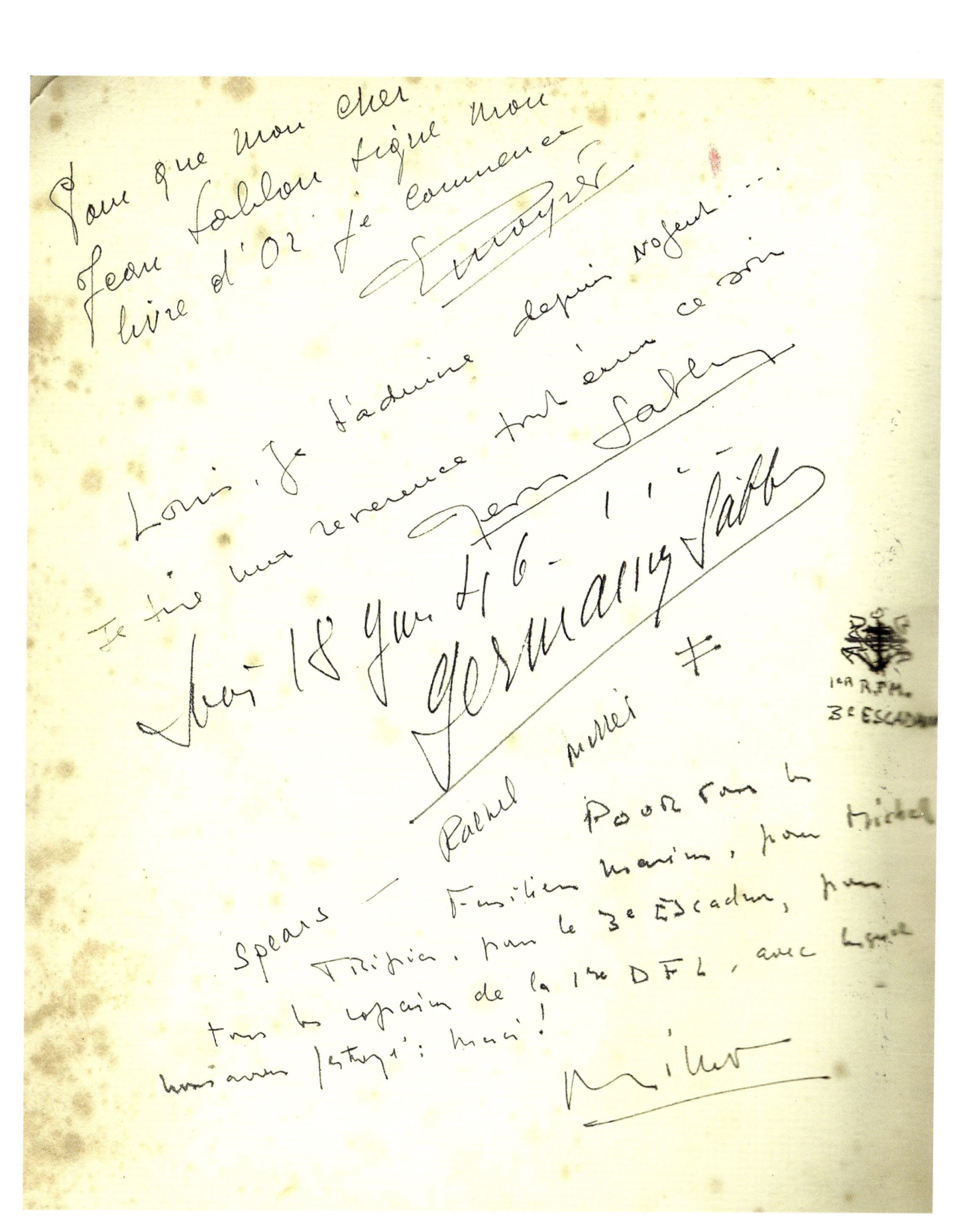

Extrait du livre d'or du Bœuf sur le Toit, 1946.
Page from the Bœuf sur le Toit's visitors' book, 1946.

Une évocation du Bœuf sur le Toit / A Description of the Bœuf sur le Toit

« En 1920, Paris, Capitale du Monde, plantait le drapeau de l'esprit entre les cornes du Bœuf sur le Toit. L'audacieux auteur de ce coup d'acrobate se nommait Jean Cocteau. Enhardi par tant d'audace, le Bœuf sur le Toit prépare un nouveau numéro. Il organise un ballet dressé par Jean le Poète qui commande la musique à Darius Milhaud. Les fées ordonnent un décor à Dufy, les Fratellini embrayent le mouvement et la merveille s'illumine. Le Bœuf jouit sur son toit. Au cirque du merveilleux, des jongleurs du miracle, aucun ne manque : Pablo Picasso, Man Ray, Raymond Radiguet, Georges Auric, les Ségur, Noailles, Wiéner et Doucet, Francis Poulenc, Picabia, Tzara, Max Jacob, Léon-Paul Fargue, Honegger, Derain, Maurice Ravel, Erik Satie se glissent dans l'arène ou sur les gradins. Dans un coin, Proust frileux sous deux ou trois pelisses file son *Temps perdu*. De temps à autre, Gide le curieux y vient chercher sa ferveur.

Le feu d'artifice laissait retomber ses étoiles sur l'Élégance en robe de Gala. Le gin coulait dans les gosiers spirituels entre deux rires terrestres. Les baisers et les jambes s'agitaient en charleston, retournaient les sens, mettaient le monde à l'envers. Rien d'étonnant à ce que le Bœuf fût sur le Toit.

Jamais ce Bœuf ne prétendit descendre de son piédestal. De la rue Boissy d'Anglas à la rue de Penthièvre, de la rue de Penthièvre à l'avenue Pierre Ier de Serbie et de cette avant-dernière à la rue du Colisée, notre Bœuf se maintint avec ténacité. Les bombardements n'ont pas délogé le Bœuf toujours fidèle à son Toit. Dans la cave, les fines bouteilles, au rez-de-chaussée la danse, la table et les chants. Bon Bœuf ne peut mentir. Jean Sablon l'embrassa de son premier succès, Marianne Oswald lui voua son chant, Django Reinhardt le caressa de sa guitare, Charles Trenet y découvrit son fol amour et la ronde continue. Poètes, Chanteurs, Peintres, Musiciens y assoient aujourd'hui la muse 1946. Moysès, barman orphique soigne leur philtre « Inspiration ».

La Mode, la Charité, les Noirs, le Théâtre, La Légion, le Cinéma, c'est l'incroyable cocktail agité par le Bœuf entre les murs cramoisis de l'Œil Cacodylate.

Rien n'échappe au fidèle sunlight qui emprisonne de son feu ce que la Capitale accouche depuis vingt-cinq ans.

Maternité du Tout-Paris, Jonas des pêcheurs d'amour, Minotaure des stars, vestale sur son Toit, le Bœuf garde le feu de joie, la bonne étoile allumée par Cocteau. » ♪

Gaston Criel, 1946

"In 1920, Paris, Capital of the World, planted the flag of wit between the horns of the Bœuf sur le Toit. The audacious author of this acrobatic coup was called Jean Cocteau. Emboldened by such audacity, the Bœuf sur le Toit prepared a new act. It organized a ballet choreographed by Jean the Poet, who commissioned the music from Darius Milhaud. The fairies commanded Dufy to design the sets, the Fratellini clowns performed and the marvel was lit up. The ox performed on its roof. From this circus of marvels no juggler of miracles was absent: Pablo Picasso, Man Ray, Raymond Radiguet, Georges Auric, the Ségurs, the Noailles, Wiéner and Doucet, Francis Poulenc, Picabia, Tzara, Max Jacob, Léon-Paul Fargue, Honegger, Derain, Maurice Ravel and Erik Satie all slipped into the arena or on to the steps. In a corner, Proust shivered beneath two or three pelisses, spinning his *Temps perdu*. Now and again, the curious Gide would come in quest of his ardour.

From these fireworks showers of stars fell on the assembled elegance in their gala gowns. Gin flowed between earthly laughs in draughts of wit and spirituality. Kisses and legs flapped in the Charleston, turned senses and the world upside down. Hardly surprising that the Ox was on the Roof.

The Bœuf never came down from its pedestal. From rue Boissy d'Anglas to rue de Penthièvre, from rue de Penthièvre to avenue Pierre Ier de Serbie and from there to rue du Colisée, our Bœuf hung on doggedly. Bombing could not dislodge the faithful Bœuf from his Toit. Fine vintages in the cellar, dancing, eating and singing on the ground floor.

Breeding will out: a good Bœuf cannot conceal its pedigree. Jean Sablon embraced it with his first success, Marianne Oswald gave it her voice, Django Reinhardt caressed it with his guitar, Charles Trenet discovered his *fol amour* there, and *la ronde* carried on. Today Poets, Singers, Painters, Musicians create the muse of 1946 there. Moysès, Orphic barman, administers their potion of "Inspiration".

Fashion, Charity, Blacks, the Theatre, the Legion, the Cinema, this is the incredible cocktail shaken by the Bœuf between the crimson walls of the Cacodylic Eye.

Nothing escapes the faithful sunlight that imprisons in its fire what the Capital has given birth to over the last twenty-five years.

Nursery of le Tout Paris, Jonas of fishers of love, Minotaur of the stars, vestal virgin on the Toit, the Bœuf guards the flame of joy, the lucky star lit by Cocteau." ♪

Gaston Criel, 1946

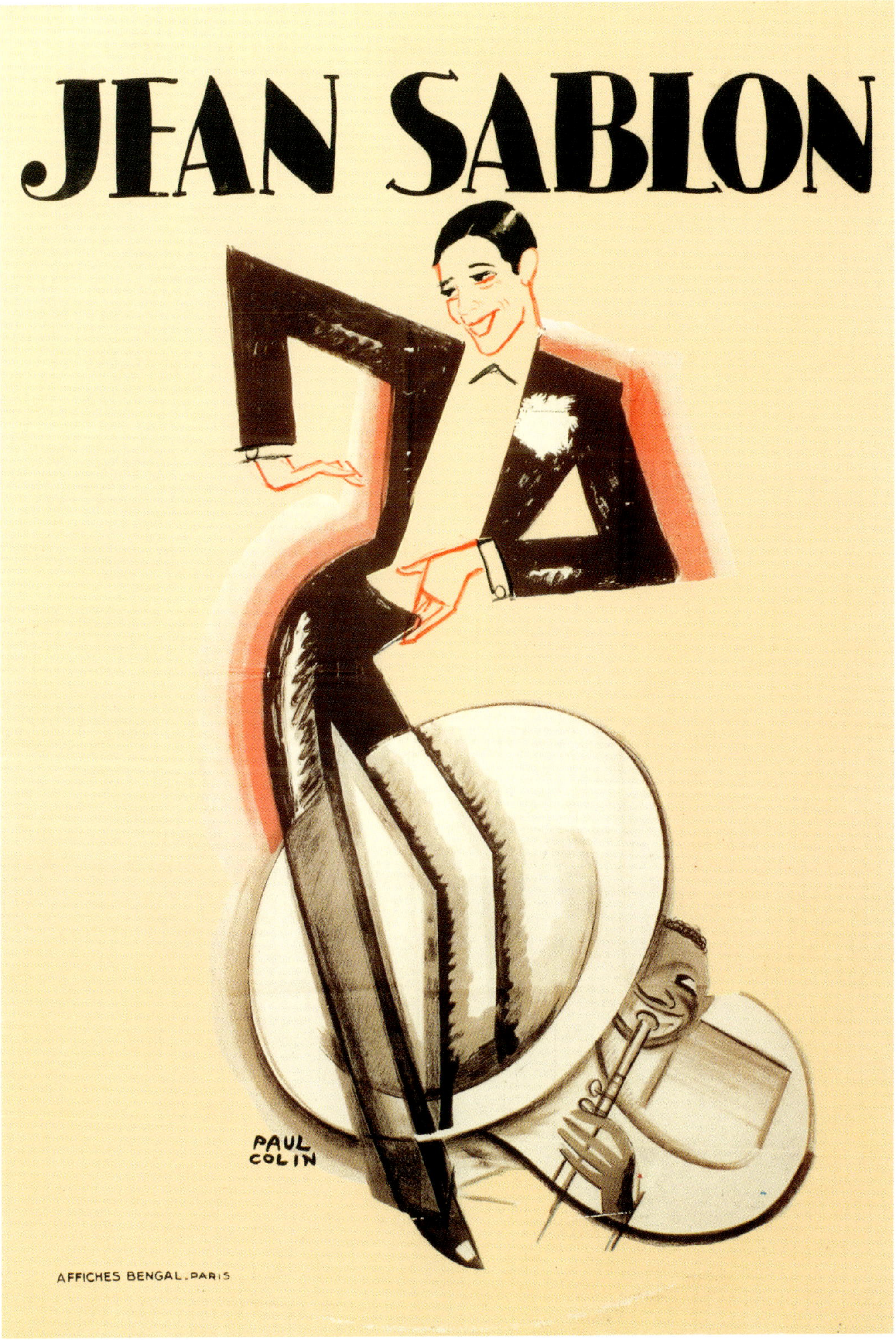
JEAN SABLON
PAUL
COLIN
AFFICHES BENGAL_PARIS

L'INDUSTRIE DU DISQUE
THE RECORDING INDUSTRY

Si Charles Cros invente le principe du paléophone en 1877, système qu'il destine aux sourds, il ne verra jamais son idée se développer. C'est l'Américain Thomas Edison qui accède à la notoriété avec son phonographe, conçu en 1878. L'ancêtre du disque connaît quelques améliorations, grâce au concours de Bell et Tainter, et triomphe à l'Exposition universelle de Paris de 1889. Fonctionnant selon le principe du cylindre, il est largement utilisé jusqu'à l'aube de la guerre de 1914. Parallèlement, un disque recouvert de cire voit le jour, inventé par Berliner en 1887. Il fait son chemin et devient le soixante-dix-huit tours, commercialisé à partir de 1925.

En France, l'histoire du disque est intimement liée à celle de « Pathé Frères ». Ces derniers produisent à partir de 1896 cinématographes et phonographes, et constituent dès l'année suivante la Compagnie générale des Cinématographes, Phonographes et Pellicules. Ils fabriquent des cylindres et, à partir de 1906, des disques. En quelques années, le chiffre d'affaires du cinématographe supplante celui du phonographe, faisant de Pathé la société cinématographique la plus importante du monde jusqu'en 1914. Mais au sortir de la guerre, la production du phonographe acquiert son indépendance. La Compagnie des Machines Parlantes est fondée.

En 1929, Jean effectue ses premiers essais sur disque, chez Columbia, accompagné par Georges Van Parys qui, séduit par son sens du rythme, le signale dans son journal. Fait amusant, le directeur de la firme semble pour sa part persuadé que Jean ne fera pas carrière en ce domaine. C'est pourtant Columbia qui réalise et commercialise en 1931 ses deux premières faces, une version de *Que Maravilla*, composée par son frère André, dit André Sab, et *Ultimo Adios*. C'est que l'heure est au tango ! Année propice puisqu'il grave encore d'autres chansons chez Discolor, qui fabrique de remarquables disques souples et transparents, de couleur mauve, jaune ou rouge. Un procédé malheureusement vite abandonné.

Phénomène immense, la venue de Carlos Gardel à Paris pour la Grande Revue de Printemps en 1931 – Jean est de la distribution – coïncide avec une vente record de cent mille disques. C'est dire le potentiel de ce produit à la mode.

Les succès commerciaux rencontrés par *Un Mois de Vacances*, opérette dite « disquée » (1932), *Ce Petit Chemin* (1933), *Rendez-vous sous la Pluie* (1935) et *Vous qui passez sans me voir* (1936), laissent présager à Jean une carrière discographique prolifique. Dès le début de la décennie, le marché du disque s'implante massivement avec le concours de la radio, qui est son alliée et son support commercial. Les grandes galeries marchandes y consacrent un important rayon. Les vedettes emblématiques des principales maisons de disque paraissent sur de superbes affiches, véritables œuvres d'art pour certaines.

Discolor de la chanson *Un Cocktail*, 1931.
"Discolor" coloured disc of *Un Cocktail*, 1931.

Discolor de la chanson « J'aime les fleurs », 1931.
"Discolor" coloured disc of *J'aime les fleurs*, 1931.

Although in 1877 Charles Cros had invented his "paleophone", intended for the use of deaf people, it was the American Thomas Edison who was to find fame the following year with his phonograph. With a few improvements by Bell and Tainter, this ancestor of the record player was to triumph at the Exposition Universelle in Paris in 1889. Working on the principle of the cylinder, it remained in widespread use until the eve of war in 1914. In parallel, a wax-covered cylinder was invented by Berliner in 1887. This was to develop into discs that turned at "about 70 rpm", which were sold from as early as 1893.

The history of recording in France is closely bound up with the story of "Pathé Frères". From 1896, the Pathé brothers produced cinematographs and phonographs, and the following year they set up the Compagnie Générale des Cinématographes, Phonographes et Pellicules. They manufactured cylinders and, from 1906, discs. Within a few years the cinematograph was outselling the phonograph, making Pathé the most important cinematographic company in the world until 1914. But after the war the phonograph came into its own, and the Compagnie des Machines Parlantes was established.

In 1929, Sablon made his first ventures into recording with Columbia, accompanied by Georges Van Parys, who was so impressed by Sablon's sense of rhythm that he wrote about it in his diary. Less presciently, the firm's managing director appeared convinced that he would never make a career in the field. Yet in 1931, it was Columbia who recorded and distributed his first two recordings, a version of *Que Maravilla* composed by his brother André, known as André Sab, and *Ultimo Adios*. The tango was all the rage. In this productive year he also recorded songs with Discolor, who manufactured flexible, translucent records in mauve, yellow or red, in a process that was sadly soon abandoned.

The arrival of Carlos Gardel in Paris for the Grande Revue de Printemps in 1931 –in which Sablon also performed– was a massive event that sent sales of discs shooting up to a record one hundred thousand, an indication of their potential.

The commercial success of his records of the musical *Un Mois de Vacances* (1932) and the songs *Ce Petit Chemin* (1933), *Rendez-vous sous la Pluie* (1935) and *Vous qui passez sans me voir* (1936) signalled a prolific future for Sablon as a recording artist. From the start of the decade the market for records grew massively, with the aid of the radio, their ally and commercial back-up. The department stores dedicated large departments to them. Iconic stars from the main recording studios were featured on magnificent posters that for many were works of art in their own right.

Au son du phonographe en route pour Rio de Janeiro à bord du *Andes*, 1928.
Gramophone music on board the *Andes* en route for Rio de Janeiro, 1928.

57

Publicité dans le métro parisien, 1937.
Poster in the Paris metro, 1937.

Discolor de la chanson « J'aime les fleurs », 1931.
"Discolor" coloured disc of *J'aime les fleurs*, 1931.

Pour travailler sa voix, Jean acquiert début 1936 un appareil révolutionnaire, le « premier radio-phono-enregistreur combiné au monde » de marque Soubitez, qui lui permet de s'enregistrer à son domicile du boulevard Malesherbes et de fixer les voix de Mistinguett, Django Reinhardt, Johnny Hess, de sa famille et de ses amis.

Aux États-Unis, le triomphe du disque à aiguille, bientôt enduit de vinyle et fonctionnant à trente-trois tours, entraîne la commercialisation par Columbia, en 1938, du premier microsillon, ainsi nommé pour la finesse microscopique de son sillon. La France n'en débute la production que longtemps après la guerre, en 1949. Fabriqué sur l'île de Chatou à partir de 1951, il remplacera progressivement le soixante-dix-huit tours... Outre l'amélioration de la qualité du son, dépourvu de bruits de fond, le microsillon permet désormais d'entendre jusqu'à trente minutes par face, là où le disque soixante-dix-huit tours n'en offrait que trois... Cependant, en 1951, l'incertitude, vite détrompée, quant au succès de ce nouveau support dissuade Columbia d'accorder à Jean plus de quatre musiciens lors de l'enregistrement de son premier trente-trois tours (vingt-cinq centimètres). Ce sont le pianiste Émile Stern et son trio.

La multiplication rapide du microsillon, produit à dix-huit millions d'exemplaires en 1956 pour atteindre les quarante-huit millions en 1965, stimulera constamment la concurrence, la créativité et le rythme auquel les modes se suivront. Le quarante-cinq tours, revêtu d'une chanson par face et destiné au *juke-box*, sera l'un des principaux vecteurs de ce phénomène.

Vedette Columbia vers 1933.
Columbia star, *c*.1933.

La pochette de l'« opérette disquée » *Un Mois de vacances*, dessinée pas André Girard, est la première à être illustrée de l'histoire de l'industrie du disque.
The record sleeve for the musical *Un Mois de vacances*, designed by André Girard, was the first to be illustrated in the history of the recording industry.

Publicité pour l'ancêtre du magnétophone, le Soubitez, graveur de disques à domicile.
Advertisement for the forerunner of the tape recorder, the Soubitez, a machine for cutting discs at home.

To exercise his voice, in early 1936 Sablon bought a revolutionary machine, the "first combined radiophonic recorder in the world", made by Soubitez, which enabled him to make recordings at home on boulevard Malesherbes, and to record the voices of Mistinguett, Django Reinhardt, Johnny Hess, friends and family.
In America, the triumph of the disc, soon vinyl-covered and turning at 33 rpm, encouraged Columbia to bring out the first microgroove record, which was not to be produced in France until long after the Second World War, in 1949. Manufactured on the Ile de Chatou from 1951, it was gradually to replace the old 78 rpm. In addition to better sound quality, with the removal of background noise, the microgroove record enabled artists to record thirty minutes of music on each side, where 78s had recorded just three minutes. Yet in 1951, Columbia was not confident enough of the success of this new type of disc to allow Sablon more than four musicians (the pianist Emile Stern and his trio) for the recording of his first 33 rpm, 25cm diameter disc. They were soon proved wrong.
The rapid growth in popularity of LPs, of which 18 million were produced in 1956, rising to 48 million in 1965, was a constant stimulus to competition, creativity and changing fashions. The 45 rpm record, designed for jukeboxes and featuring a track on each side, was to be one of the principal vectors of this phenomenon.

Discolor de la chanson « J'aime les fleurs », 1931.
"Discolor" coloured disc of *J'aime les fleurs*, 1931.

LA RADIO, PREMIER MÉDIA UNIVERSEL
RADIO: THE FIRST MEDIUM OF UNIVERSAL BROADCASTING

Passionné de jazz, Jean écoute la BBC de Londres dès son adolescence. Paris ne se dotera qu'en 1922 de sa première station, Le Poste Parisien de la Tour Eiffel.

Le temps passe et Jean a eu le temps de confirmer ses talents de chanteur. L'un de ses tours de chant est retransmis sur le Poste Parisien en 1933. Les foyers qui disposent d'une radio sont encore minoritaires. Loin cependant paraît ce jour de service militaire où un compagnon de chambrée qui écoutait un poste à galène se faisait gourmander par son supérieur... : « Qu'est-ce que ce remue-ménage ? – C'est le poste à galène lieutenant. – Galène et vous me f'rez trois jours !... »

Jean se convainc lors de son premier séjour aux États-Unis de l'importance de ce média numéro un, dont les personnalités sont là-bas de vraies stars égales à celles du septième art.

Le vif succès de son programme de 1934 à la BBC de Londres laisse présager une belle carrière à la radio. Mais c'est en obtenant son premier show radiophonique « Cadum Variétés » en 1936, diffusé sur Radio Bordeaux, Radio Luxembourg, Radio Normandie et d'autres stations réparties sur toute la France, qu'il accède pleinement à son rêve. Depuis que la publicité a été prohibée sur les ondes en 1933, les stations contournent cette interdiction par divers subterfuges. Elles proposent des émissions portant le nom des grandes marques qui les sponsorisent comme le Gala Lévitan ou le show de Jean, « Cadum Variétés », du célèbre savon. Il y reçoit les stars que sont Maurice Chevalier, Fernandel, Suzy Solidor et tant d'autres.

Dès la même année, il anime une autre émission du Poste Parisien, « Les Confidences de James », sur Radio Cité. Ainsi baptisée par le publicitaire Marcel Bleustein-Blanchet qui l'a acquise l'année précédente, la station contribue grandement à l'essor de ce média en France. Marcel Bleustein y apportera mille innovations, avec Jacques Canetti et Jean Antoine tels le journal parlé, les reportages en différé, les programmes de jazz et les émissions publiques. Lui aussi s'inspirera des États-Unis dont il ramènera les sondages d'opinion et le « radio crochet ».

1936.

Programme du 25 novembre 1936 au Théâtre de Ambassadeurs, gala présidé par Jean avec, en première partie, Max Blot, Fred Adison et son jazz français, Jean Tranchant et le clown Pulsi.
Programme for a gala evening at the Théâtre de Ambassadeurs on 25 November 1936, hosted by Jean Sablon and with performances by Max Blot, Fred Adison and his French jazz band, Jean Tranchant and the clown Pulsi.

As a jazz enthusiast, the young Jean listened to the BBC from his teenage years. Not until 1922 did Paris have its own radio station, the Poste Parisien de la Tour Eiffel.

By 1933 Sablon was a confirmed singing talent, and one of his acts was broadcast by the Poste Parisien. Not many homes yet boasted a wireless set, however.

During his first trip to America, where radio stars were as fêted as film stars, Sablon became convinced of the importance of this popular medium. The great success of his BBC broadcast of 1934 suggested a promising future career in radio. But being given his own radio show, *Cadum Variétés* in 1936, broadcast on Radio Bordeaux, Radio Luxembourg, Radio Normandie and other stations throughout France, was the realization of a dream for him. After advertising was banned from the French airwaves in 1933, radio stations used a number of subterfuges to get round it, including using the names of major corporate sponsors in programme names. On his variety show, which took its name from the famous Cadum soap, Sablon hosted a galaxy of stars including Maurice Chevalier, Fernandel and Suzy Solidor.

That same year, he also presented another Poste Parisien show, *Les Confidences de James,* on Radio Cité. This station, so named by the advertising executive Marcel Bleustein-Blanchet who had bought it the previous year, was to play an important part in the rise of radio in France. Bleustein was to introduce numerous innovations, including news features presented by Jacques Canetti and Jean Antoine, pre-recorded items, jazz shows and programmes featuring members of the public. He too was influenced by the American model, from which he borrowed the ideas of opinion polls and amateur talent shows.

By 1937 there were four million wireless sets in France. The radio, the unprecedented and revolutionary invention that could now beam the world into people's living rooms, was to play a hugely influential role in the development of the French chanson. It particularly appealed to young people, and it offered a platform to a host of aspiring singers who submitted themselves to the verdict of the audience. *Radio-crochet,* a highly successful talent show presented

61

HOW YOU HEAR A RADIO PROGRAM FROM EUROPE

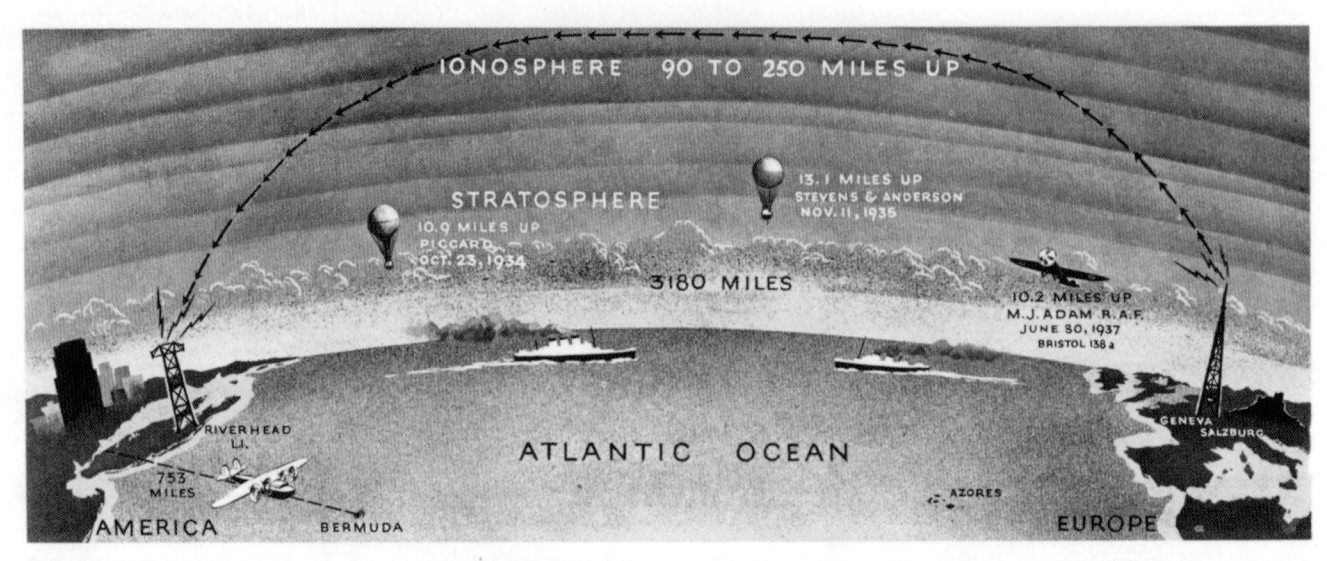

Of growing interest and importance are radio's international hook-ups, in which companies and services of the Radio Corporation of America play the leads. In the course of a year, scores of such hook-ups are featured on RCA's weekly Magic Key program. During 1936, NBC handled 698 foreign broadcasts. Symphonies... operas... special events—from 51 countries. Regular NBC program service to Latin America is now a fact... at least two daily programs are exchanged with leading European stations.

Here are steps by which a foreign program—the great Salzburg Festival, for instance—is brought to more than 20,000,000 American radio homes through NBC's cooperation with the great communication organizations of Europe. Radio has made the whole world a neighborhood.

En 1937, la France compte quatre millions de postes. La radio, véhicule totalement inédit et révolutionnaire de toutes les rumeurs du monde, jusque dans les endroits les plus retirés, joue désormais un rôle prépondérant dans la chanson. Elle séduit particulièrement les jeunes et permet à quantité de candidats-chanteurs de se présenter sur les ondes pour être évalués par le public. Le Radio-crochet fonctionne selon ce principe et permet à son présentateur Saint-Granier de remporter beaucoup de succès. Une formule qui se perpétuera longtemps, ouverte aux débutants, comme le deviendra un jour « Star Academy » pour la télévision.

Vu le succès des émissions de Jean, le directeur de la NBC, venu des États-Unis, lui propose un « show radiophonique », *The Magic Key*, programme en ondes courtes, en quelque sorte une « heure mondiale de la chanson », retransmis par téléphone depuis les grandes capitales du monde. Berlin, Tokyo, Londres, Rome, Le Caire, Stockholm, Rio et Sydney y sont représentées. Jean est la voix de la France. L'émission-pilote étant concluante, la direction de la NBC l'engage aux États-Unis pour le *Magic Key* diffusé depuis « Radio City » à New-York. Jean est surpris des conditions très alléchantes qui lui sont proposées et, enchanté, s'envole en fevrier 1937 pour les États-Unis. Il est prévu que son contrat de trois mois puisse se prolonger sept ans en cas de réussite.

by Saint-Granier, was to prove an extremely durable formula open to all, later to transfer to French television as Star Academy.

The success of Sablon's shows persuaded the director of NBC, who had come to Paris from America, to offer him a shortwave "radiophonic show", The Magic Key, to feature hit songs from around the globe, broadcast by telephone from the world's capitals. Berlin, Tokyo, London, Rome, Cairo, Stockholm, Rio and Sydney were to take part, and Sablon was to be the voice of France. The pilot show proved a resounding success, and the management of NBC commissioned Sablon to present The Magic Key from Radio City in New York. Amazed and delighted by this lucrative offer, Sablon flew to New York in February 1937. If the show was a success, his initial three-month contract could be extended to seven years.

No sooner had he arrived than he was asked to sing Stardust, the hardest song he had ever had to sing he was later to say, and a formidable challenge. Thereafter he had twice-weekly "coast-to-coast" shows, broadcast across the full breadth of the United States, on which he sang five songs with the aid of two musical arrangers, a conductor and a pianist. Initially he turned down the fifty musicians he was offered, believing such a large orchestra would not suit the intimacy of his style. He finally accepted

Comment un programme radiophonique émis d'Europe parvient-il aux États-Unis en 1937...
How radio programmes were broadcast from Europe to America in 1937.

Publicité pour le show *Cadum variétés*, premier programme radiophonique de Jean en 1936. Accompagné de son orchestre de 18 solistes dirigés par le tromboniste Guy Paquinet, il y recevra Marlène Dietrich, Sacha Guitry, Fernandel et Maurice Chevalier.
Advertisement for *Cadum Variétés*, Jean Sablon's first radio show in 1936. His guests included Marlene Dietrich, Sacha Guitry, Fernandel and Maurice Chevalier, and music was provided by a band of eighteen soloists conducted by the trombonist Guy Paquinet.

Dès son arrivée, on lui donne à interpréter *Stardust*, ce qui est un redoutable test : il dira que c'est la chanson la plus difficile qu'il ait jamais eu à chanter. Il a désormais deux émissions par semaine, qualifiées de shows *Coast to Coast*, car diffusés de la côte ouest à la côte est, y présente cinq chansons et se voit accorder deux arrangeurs, un chef d'orchestre et un pianiste répétiteur. Il refuse tout d'abord les cinquante musiciens qui lui sont proposés et ne conviennent pas, pense-t-il, à son art intimiste. Il en accepte finalement vingt-six. La NBC considère en effet que l'importance d'un chanteur et de son programme se mesurent à sa formation.

Aux États-Unis, une émission très populaire peut drainer jusqu'à cinquante millions d'auditeurs et vide littéralement les rues de ses passants. Les stars de la radio sont rémunérées à l'égal de celles du cinéma. Mais cela implique énormément de travail. Conscients de ce potentiel extraordinaire, les éditeurs musicaux proposent au jeune Français mille nouveautés par le truchement des *song pluggers*, professionnels dont la mission est de lancer les nouvelles chansons. George Gershwin lui rend visite dans ce but. Et c'est à la demande de Cole Porter que Jean crée *In the Still of the Night*. Il est aussi l'invité des grands programmes concurrents comme celui de Rudy Vallée ou le très célèbre *Your Hit Parade* de Lucky Strike.

Jean accueille Dorothy Lamour dans son show radiophonique *Hollywood, Hotel*, Hollywood, 1938.
Dorothy Lamour appearing on Jean Sablon's radio *Hollywood Hotel*, Hollywood, 1938.

twenty-six: in the eyes of the NBC management, the success of a singer and a show could be measured by the size of the band.

In America, the most popular radio shows could attract audiences of as many as fifty million, literally emptying the streets, and radio stars were paid as much as film stars. But the workload was correspondingly heavy. Aware of the extraordinary potential of his show, music publishers –through the medium of professional "song pluggers"– besieged the young French singer with thousands of new songs. George Gershwin paid him a visit for the same reason, and it was at the request of Cole Porter that Sablon first performed In the Still of the Night. He also did guest spots on the major rival shows, such as Rudy Vallée's hugely popular show and Lucky Strike's famous Your Hit Parade.

In 1938, Sablon left New York for Hollywood, where CBS had offered him an extremely lucrative contract as host of the most important American radio show, Hollywood Hotel, sponsored by Campbell Soup. Every week, with Frances Langford, he sang the songs from the latest Hollywood films, accompanied by Victor Young and his Orchestra.

En 1938, Jean quitte la métropole de la côte est pour Hollywood. CBS lui a proposé un contrat mirifique pour animer le show radiophonique le plus important des États-Unis, *Hollywood Hotel*, patronné par Campbell. Toutes les semaines, il y crée, avec Frances Langford, les chansons des grands films du moment, accompagnées par l'orchestre de Victor Young.

C'est hélas compter sans le succès aussi fulgurant qu'inattendu d'Orson Welles. Le 30 octobre 1938, veille d'Halloween, le jeune acteur a l'idée géniale d'adapter à la radio la *Guerre des Mondes*. Un envoyé spécial fictif commente en direct depuis la petite ville de Grovers Mill l'invasion des USA par les Martiens. Un faux reportage qui épouvante des millions d'Américains, et en pousse certains au suicide... Il n'en faut pas davantage pour que la NBC, bluffée, offre à Orson de présenter *Hollywood Hotel* et se sépare de toute l'équipe... Jean retrouve sa liberté, reprend ses récitals et continuer d'animer pendant la guerre des émissions de radio brésiliennes et américaines, dont le *Kolynos show*,

Unfortunately for him, the American public was about to be swept off its feet by a radio success that was as dazzling as it was unexpected. On 30 October 1938, the night before Halloween, the young actor Orson Welles broadcast a brilliant radio adaptation of H.G. Wells' *The War of the Worlds*. Transposing the Martian invasion to Grover's Mill, New Jersey, Welles related the ensuing events through faux news reports that were terrifying in their effectiveness, and were reported as causing widespread panic among the population. Bowled over by this dramatic coup, NBC asked Welles to host Hollywood Hotel, firing the existing team. Freed from his contract, Sablon returned to performing, and during the war hosted American and Brazilian radio shows including the Kolynos Show, transmitted in both North and South America. He was the only non-American at this period to have his own show in the United States, whether for NBC, CBS or WOR. Edith Piaf was later to stress the difficulty of obtaining such a privilege in a country that counted some 60,000 radio singers.

La mezzo soprano et actrice Rise Stevens invitée dans le programme de Jean, New York, 1946.
The mezzo-soprano and actress Rise Stevens making a guest appearance on Jean Sablon's show, New York, 1946.

En studio avec Deanna Durbin, New York, 1947.
In the studio with Deanna Durbin, New York, 1947.

65

retransmis dans les deux Amériques. Il est l'unique étranger de son temps à avoir ses propres shows aux États-Unis, que ce soit pour NBC, CBS ou WOR. Édith Piaf confiera un jour la difficulté d'obtenir ce privilège en ce pays, qui compte alors quelque soixante mille chanteurs de radio…

Également invité des principales émissions américaines, on retrouve Jean dans les studios du *Eddie Cantor Show*, du *Burns and Allen Show*, du *Philco Radio Hall of Fame* et du *Duffy's Tavern*. L'Amérique latine le sollicite aussi au Mexique, au Chili, au Brésil, en Argentine et en Uruguay.

Après la guerre, Jean participe à plusieurs émissions de radio françaises comme *Programme de France* et *Pirouette Colgate*. La télévision n'ayant pas encore pénétré les foyers, ses spectacles parisiens à l'ABC ou à l'Étoile sont retransmis en direct sur les ondes. Suivront, au gré de ses déplacements, de nombreuses émissions, des années cinquante aux années quatre-vingt-dix pour Radio Tanger, Cadena Nacional Radio (Colombie), Victoria Broadcasting (Australie), FB Harare (Zimbabwe), Radio Belgrano (Argentine), Radio Carve (Uruguay), Radio Hong-Kong etc.

Sablon was also a guest on the most popular American shows, such as the Eddie Cantor Show, the Burns and Allen Show, the Philco Radio Hall of Fame and Duffy's Tavern. In Latin America, meanwhile, he was in demand in Mexico, Chile, Brazil, Argentina and Uruguay.
After the war, Sablon took part in a number of French radio shows such as *Programme de France* and *Pirouette Colgate*. In the days before television, his shows at the ABC or the Etoile in Paris were broadcast live on radio. From the 1950s to the 1990s, he continued his radio career on stations throughout the world, including Radio Tanger, Cadena Nacional Radio in Colombia, Victoria Broadcasting in Australia, FB Harare in Zimbabwe, Radio Belgrano in Argentina, Radio Carve in Uruguay and Radio Hong Kong.

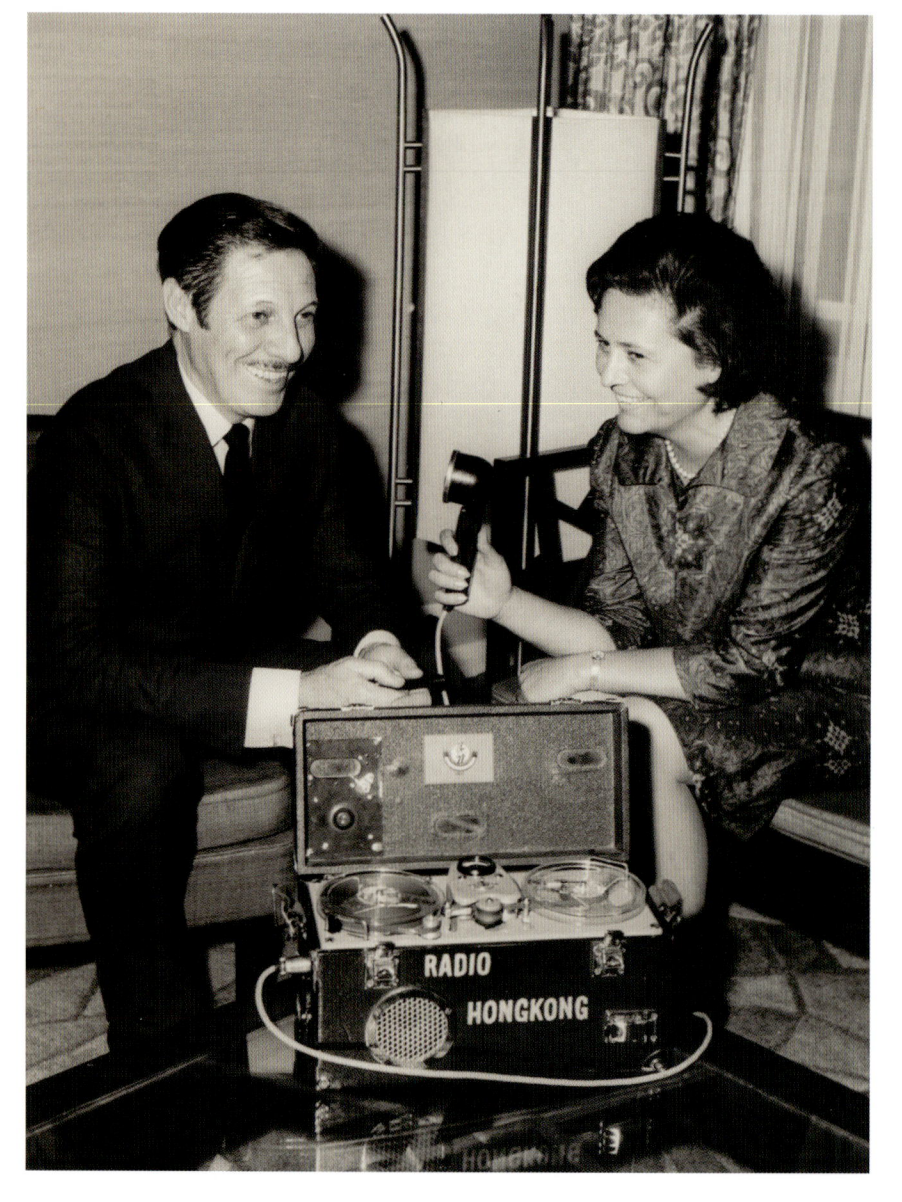

Publicité pour le show NBC bihebdomadaire *Jean Sablon* patronné par le dentifrice Kolynos, émis de New York dans les Amériques, 1941.
Advertisement for the twice-weekly NBC show *Jean Sablon*, sponsored by Kolynos toothpaste and broadcast to North and South America from New York, 1941.

Interview pour Radio Hong Kong, 1966.
Interview for Radio Hong Kong, 1966.

Studios radiophoniques, vers 1940.
A radiophonic studio, *c*.1940.

Studios de Radio Luxembourg, années 50.
The Radio Luxembourg studios in the 1950s.

— Que fais-tu ?
— J'écoute la mer.

— ...Et toi ?
— Chut ! J'écoute Jean Sablon !

Humour à l'occasion des récitals à l'ABC, 1946...
A humorous view of performances at the ABC, 1946.

67

MIREILLE ET JEAN NOHAIN, LE RENOUVEAU DE LA CHANSON FRANCAISE

MIREILLE AND JEAN NOHAIN: THE REVIVAL OF THE FRENCH CHANSON

En 1931, l'éditeur Raoul Breton, alors compagnon de Damia, présente Jean à Mireille et Jean Nohain. L'auteur Jean Nohain (1900-1981), de son vrai nom Jean-Marie Legrand, avocat, fils du poète Franc-Nohain, et Mireille Hartuch (1906-1996), compositrice, écrivent des chansons que Raoul Breton souhaite promouvoir par le truchement du jeune chanteur.

Mireille, qui parle couramment anglais pour avoir passé une partie de son enfance en Angleterre, a vécu deux ans aux États-Unis et y a rencontré les plus grands noms du jazz. Elle s'est produite à Broadway et Hollywood et en a rapporté un bagage musical novateur dont elle fera quelque chose de révolutionnaire en son pays.

C'est le duo Pills et Tabet qui assure à Mireille et Jean Nohain leur premier succès. À la recherche de chansons originales pour le Bœuf sur le Toit, les duettistes ont mis la main, chez Raoul Breton, sur la partition de *Couchés dans le Foin*, qu'ils enregistrent début 1932, extraite de l'« opérette américaine » *Fouchtra*. Un succès d'autant plus inattendu que l'opérette n'avait, quelques mois plus tôt, séduit aucun directeur de théâtre…

Tout se passe ensuite très vite. Mireille enregistre au printemps avec Jean *Vingt et Vingt* et *Quand on est au Volant*, dont le ton espiègle annonce l'« opérette disquée » *Un Mois de Vacances*, gravée en novembre 1932, évocation des charmes bucoliques. Des charmes bientôt accessibles à tous lors de l'instauration des congés payés, en 1936.

In 1931, the publisher Raoul Breton, at that time the companion of the singer Damia, introduced Jean Sablon to Mireille and Jean Nohain. The writer Jean Nohain (1900-1981), born Jean-Marie Legrand, son of the poet Franc-Nohain and a lawyer in his other life, and the composer Mireille Hartuch (1906-1996) were writing songs that Breton wanted the young singer to promote.

Mireille, who had spent part of her childhood in England and spoke English fluently, lived for two years in the United States, where she met the greatest names in jazz. She performed on Broadway and in Hollywood, bringing back with her a fund of knowledge of innovations in music with which she would accomplish something revolutionary in her own country.

It was the singing duo Pills & Tabet who were to give Mireille and Jean Nohain their first hit. Looking for original songs for the Bœuf sur le Toit, the pair had found the music for *Couchés dans le Foin* at Raoul Breton's house. In 1932 they recorded it, and its success was all the more unexpected as the "American musical" from which it came, *Fouchtra*, had failed to appeal to any theatre directors only a few months earlier.

After that everything happened very quickly. In the spring, Mireille and Sablon recorded *Vingt et Vingt* and *Quand on est au Volant*, the playful tone of which anticipated the bucolic charms of the musical *Un Mois de Vacances*, recorded in November 1932. The introduction of paid holidays in France in 1936 was soon to ensure that these charms would be available to all.

**Recueil des partitions d'*Un Mois de vacances*
illustrées par André Girard, 1932.**
The music for *Un Mois de vacances* illustrated by André Girard, 1932.

« Les chansons de Jean Nohain et Mireille sont le plus beau chapitre de l'histoire de la chanson française. Il n'y a pas mieux. »
(Benoît Duteurtre)

"Jean Nohain and Mireille's songs are the finest chapter in the history of the French chanson. No one did it better." (Benoît Duteurtre)

**Lors de Préenregistrement d'*Un mois de vacances*.
De gauche à droite : Georges Tabet, Mireille, Jacques Pills et Jean, 1932.**
During pre-recording of *Un mois de vacances*, 1932.
With Jean Sablon, from left to right: Georges Tabet, Mireille and Jacques Pills.

De gauche à droite, Michel Berger, Jean, Mireille et France Gall, Bobino, 1977.
Left to right : Michel Berger, Jean Sablon, Mireille and France Gall, Bobino, 1977.

Petit format de *Puisque vous partez en voyage*, 1935.
Sheet music for *Puisque vous partez en voyage*, 1935.

« *Couchés dans le Foin* de Mireille et Jean Nohain a révolutionné la chanson et s'est immédiatement propagé par le biais du nouveau média de masse, la radio. » (Félix Ney)

"*Couchés dans le Foin* by Mireille and Jean Nohain revolutionized the chanson and was immediately spread by the new mass medium, radio." (Félix Ney)

Un Mois de Vacances conte les péripéties de quatre jeunes gens qui passent ensemble leurs vacances dans un vieux château moyenâgeux, proche d'un étang, situé près d'un petit village… Mireille, Jean Sablon ainsi que Pills et Tabet obtiennent un triomphe avec ces chansons empreintes d'une fraîcheur jusqu'alors inconnue, fortement marquées par les rythmes anglo-saxons. Des titres évocateurs tels *Le Petit Bureau de Poste*, *Les Pieds dans l'Eau*, *C'est un Jardinier qui boite*, *La Partie de Bridge* et *Le Joli Pharmacien*, enregistrés par Jean.

Ces petits chefs-d'œuvre constituent un bouleversement que ses contemporains qualifient de «Renouveau de la chanson française». En plein essor du marché du disque, ils sont commercialisés dans des pochettes illustrées, ce qui est une nouveauté, et bénéficient d'une large publicité grâce aux affiches d'André Girard.

L'année suivante, en 1933, Jean enregistre avec le chœur de Mireille *Ce Petit Chemin*, qui sera son premier disque personnel à connaître un grand succès. Les deux complices se retrouvent deux ans plus tard dans les studios pour *Fermé jusqu'à Lundi* et *Puisque vous partez en voyage*, laquelle sera reprise en 2000 par Françoise Hardy et Jacques Dutronc. Benoîte Groult dira de cette dernière chanson : «Jean Sablon, qui chantait *Puisque vous partez en voyage*, me grisait. Il savait parler au cœur et, surtout, au corps (…). Nous étions ignorantes des choses du corps.» (*L'Express*, 13 / 07 / 2006)

L'amitié et l'estime mutuelles de Mireille et Jean ne se démentiront jamais.

Un Mois de Vacances recounts the exploits of four young people on holiday together in a medieval castle beside a lake and near a small village. For Mireille, Jean Sablon and Pills & Tabet its songs, imbued with a new freshness of spirit and strongly influenced by Anglo-American rhythms, were a triumphant success. Sablon recorded its evocative songs with titles such as *Le Petit Bureau de Poste*, *Les Pieds dans l'Eau*, *C'est un Jardinier qui boite*, *La Partie de Bridge* and *Le Joli Pharmacien*.

These minor masterpieces constituted a major shift, described by contemporaries as the "revival of the French chanson". Their recordings were a huge success, with discs sold in illustrated sleeves, a novelty that had not been seen before, and widely promoted by posters designed by André Girard.

The following year, 1933, Sablon, with Mireille providing the chorus, recorded *Ce Petit Chemin*, his first solo recording to

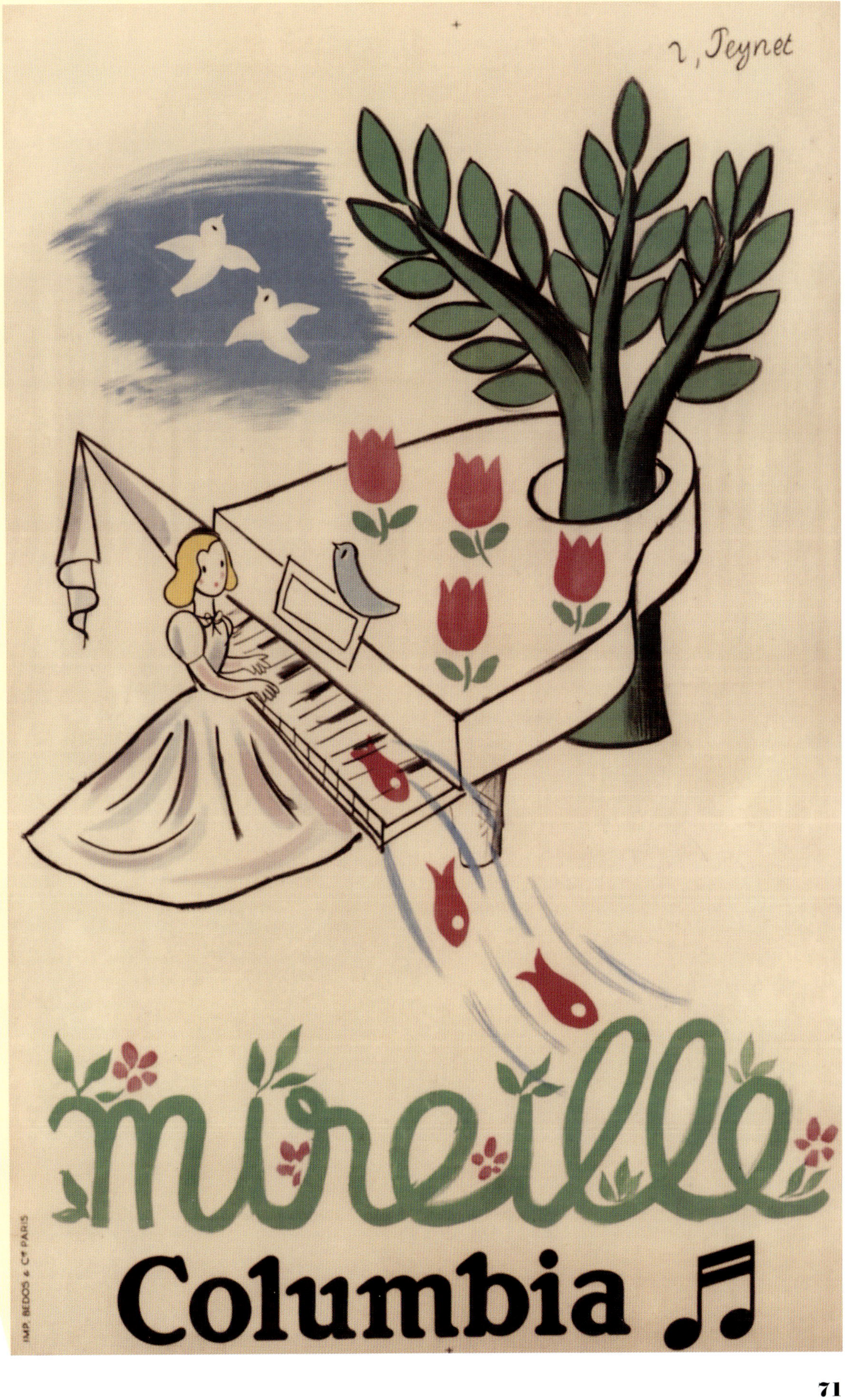

R. Peynet
mireille
Columbia
IMP. BEDOS & Cie PARIS

Jean Tranchant

Homme aux talents multiples, Jean Tranchant (1904-1972) est l'un des grands novateurs de la chanson française. Auteur, compositeur et interprète, juriste de formation, il a étudié aux Beaux-Arts et travaillé comme modéliste, décorateur, galeriste et dessinateur. Germaine et Jean Sablon créent en 1933 sa chanson *Ici l'on pêche*. Ses enregistrements avec Django Reinhardt, à la suite de Jean, témoignent de son intérêt très précoce pour le jazz. C'est Jean Tranchant qui présente au Théâtre des Ambassadeurs le *Music-Hall des Jeunes* dont Charles et Johnny (Charles Trenet et Johnny Hess) sont les premiers lauréats. ♪

The multi-talented Jean Tranchant (1904-1972) was one of the great innovators of the French chanson. Lyricist, composer and performer, he was a lawyer by training, studied at the Beaux-Arts and worked as a dress designer, interior decorator, gallerist and draughtsman. In 1933 Germaine and Jean Sablon give the first performances of *Ici l'on pêche*. His recordings with Django Reinhardt, following Sablon's example, show his very early interest in jazz. Tranchant was the host of the *Music-Hall des Jeunes* at the Théâtre des Ambassadeurs, at which Charles et Johnny (Charles Trenet and Johnny Hess) were the first prizewinners. ♪

Avec Mireille et Jean Nohain, Théâtre de l'Etoile, 1950.
With Mireille and Jean Nohain, Théâtre de l'Etoile, 1950.

achieve major success. Two years later the two of them were together again in the studios to record *Fermé jusqu'à Lundi* and *Puisque vous partez en voyage*, of which Françoise Hardy and Jacques Dutronc would record a version in 2000. Benoîte Groult was to write of this song: "I was intoxicated by Jean Sablon, who sang *Puisque vous partez en voyage*. He knew how to speak to the heart, and above all to the body […]. We knew nothing about anything to do with the body." (*L'Express*, 13 July 2006)

Mireille and Jean Sablon were to maintain a relationship of close friendship and mutual respect throughout their lives.

72

« *Je voudrais chanter une chanson qui a eu une grande influence sur ma vie, qui m'a donné confiance à une époque où je ne savais pas encore si je serais décorateur, journaliste ou notaire. En ce temps-là, j'essayais déjà de composer des chansonnettes sans grand espoir qu'elles pourraient intéresser un public plus vaste que celui de mes camarades d'atelier, quand un jour par hasard à la radio j'entendis des couplets d'un genre nouveau, frais et léger, qui ne devaient rien aux Américains mais dont ils auraient pu envier l'esprit, la cadence et le modernisme. Alors, je me procurai immédiatement le disque et le fis tourner matin et soir avec émerveillement. Cette chanson était signée Mireille et Jean Nohain. C'était Le Jardinier qui boite.* »
(Charles Trenet, émission Trente-six chandelles, 11 juin 1957).

"I'd like to sing a song that's had a great influence on my life, that gave me confidence at a time when I didn't yet know whether I would be a interior designer, a journalist or a lawyer. At that time I'd already tried my hand at composing a few little songs, but without much hope that they might interest an audience any wider than my workmates, when on the radio one day I happened to hear some songs in a completely new style, fresh and light, that owed nothing to the Americans but whose wit, cadences and modernism they might have envied.
So I got hold of the record straight away and listened to it in wonder from morning till night. It was a song by Mireille and Jean Nohain. It was Le Jardinier qui boite."
Charles Trenet speaking on the Trente-six chandelles television show, 11 June 1957.

Charles Trenet

Charles Trenet au piano sous ses deux premières idoles, Jean Sablon et Maurice Chevalier, vers 1934.
Charles Trenet at the piano, with his early idols Jean Sablon and Maurice Chevalier above, c.1934.

Si le public ne songe pas toujours à associer leurs destinées, Charles Trenet et Jean Sablon ont entretenu des relations professionnelles à plus d'un titre, chacun avec une personnalité et un talent fort différents. Accessoiriste sur le tournage du film *Chacun sa Chance*, Charles a pu y apercevoir Jean Gabin et Jean Sablon. Il ne cache pas son admiration et le fait figurer parmi les vedettes qu'il livre, avec son complice Johnny Hess, à leur talent d'imitateurs.
Charles et Johnny confient à Jean *Rendez-vous sous la pluie* (1935) et *Vous qui passez sans me voir* (1936). Johnny Hess expliquera plus tard que leur choix s'était porté sur lui car, n'étant pas vedettes, ils voulaient que leurs chansons ne passent pas inaperçues. Jean, qui apprécie beaucoup les deux garçons, est ravi de créer ces deux titres. Et tout particulièrement *Vous qui passez sans me voir,* tant il trouve qu'il lui correspond. Le succès de la chanson ne le lui fera pas regretter. C'est ainsi que Jean Sablon puis Maurice Chevalier avec *Y'a d'la joie* (1937), seront les premières personnalités à populariser les compositions de Charles et Johnny. Si Jean perçoit le potentiel des deux compères, Maurice n'est pas immédiatement sensible à leur style. Guère complaisant, il explique dans *Ma Route et mes chanson* : « Je vis, pour la première fois [en 1934 à Bobino - ndla], un couple de duettistes-hommes tout nouveau : Charles et Johnny – deux grands jeunes et beaux garçons chantant des chansons genre Mireille, tout en s'inspirant de Pills et Tabet pour la manière. Ils se démenaient dans une atmosphère d'indifférence rare dans ce quartier, éminemment populaire. Ils n'étaient ni mauvais ni bons. Ils n'intéressaient tout simplement personne. » Il n'en sera pas moins séduit par *Y a d'la joie*, qu'il adoptera trois ans plus tard sous les conseils de l'éditeur Raoul Breton et de Mistinguett et dont il fera un de ses titres-phare...

Tout va ensuite très vite. Séparé de Johnny en 1937, Charles accède à la notoriété qu'il mérite. Inspiré par l'exemple de Jean, son aîné de sept ans, il part après la guerre pour les États-Unis. Quoique auréolé du succès d'auteur de *Vous qui passez sans me voir*, dont Jean a fait un standard international, Charles n'est d'abord pas bien compris par ce nouveau public. Lequel, davantage sensible au genre *crooner*, synonyme d'un certain physique et d'une voix langoureuse, voit d'abord en lui un fantaisiste qu'il surnomme the French Danny Kaye.

Si Jean demeurera aux États-Unis, comme ailleurs, la voix de la France, Charles y accroîtra progressivement son succès, s'y imposant par le biais des interprètes de ses chansons ou par la mélodie de certaines d'entre elles. ♪

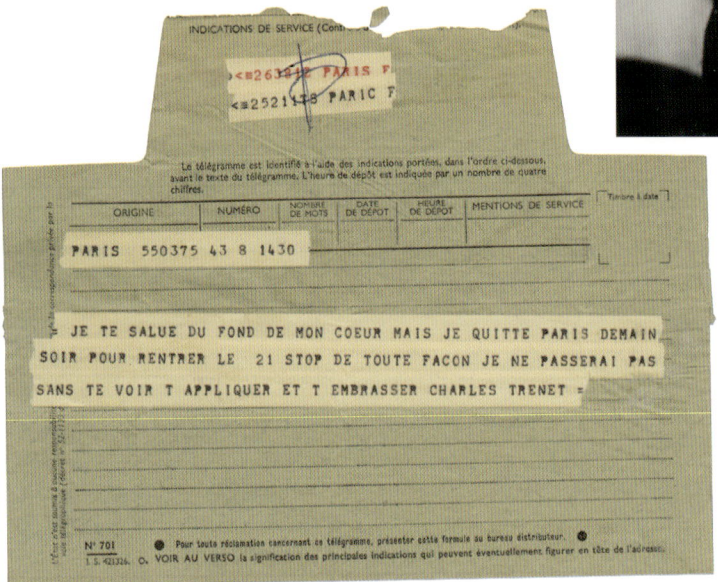

Jean et Mireille félicitent Charles Trenet, 1969.
Jean Sablon and Mireille congratulating Charles Trenet, 1969.

Télégramme de Charles Trenet, à l'occasion de la rentrée de Jean au Théâtre Daunou, 1961.
Telegram from Charles Trenet on Jean Sablon's return to the Théâtre Daunou, 1961.

Although Charles Trenet and Jean Sablon are not often thought of together, they worked together on more than one occasion, though with very different talents and personalities. Charles had seen Jean Gabin and Jean Sablon when he worked as a props man on the set of the film *Chacun sa Chance*. He made no secret of his admiration for Sablon, and with his partner Johnny Hess included him among the stars to whom they devoted their talents as imitators.

Charles et Johnny wrote *Rendez-vous sous la pluie* (1935) and *Vous qui passez sans me voir* (1936) for Sablon. Johnny Hess later explained that as they were not themselves stars, they chose him because they wanted their songs to be noticed. Sablon, who had great respect for the pair, was delighted to give the songs their first performance, especially *Vous qui passez sans me voir*, which he felt suited him so well. The song's success was to prove him right. Thus Sablon, and later Maurice Chevalier with *Y'a d'la joie* (1937), were to be the first celebrity singers to make the songs of Charles et Johnny popular hits. But while Sablon was immediately aware of the pair's potential, Chevalier was not immediately convinced by their style. Characteristically waspish, he wrote in *Ma route et mes chansons*: "I saw for the first time [in 1934 at the Bobino musical theatre] a new singing duo: Charles et Johnny – two tall and handsome young men singing songs in the style of Mireille and the manner of Pills & Tabet. They struggled amid an atmosphere of indifference that was rare in this eminently popular spot. They were neither good nor bad. They were simply of no interest to anyone." He was less indifferent to the appeal of *Y a d'la joie*, nevertheless, adopting it three years later, on the advice of the publisher Raoul Breton and Mistinguett, and making it one of his signature songs.

Events then moved very quickly. Having split up with Hess in 1937, Trenet went on to find the fame he deserved. After the war, inspired by the example of Jean Sablon, seven years his senior, he set off for America. Although he came crowned with success as the writer of *Vous qui passez sans me voir*, which Sablon had made part of the standard international repertoire, American audiences were at first puzzled by Trenet, who did not conform to their idea of the physique and languorous voice of a crooner, and whom they saw more as a variety entertainer in the style of Danny Kaye.

While Jean Sablon was to remain the voice of France in America as elsewhere, Charles Trenet was to be increasingly successful, not only as a performer but also through cover versions of his songs and their melodies. ♪

États-Unis, 1938. America, 1938.

LE MICRO A INVENTÉ LE CHANTEUR MODERNE
THE MICROPHONE INVENTS THE MODERN SINGER

Jean Sablon demeure dans la mémoire du public comme le premier chanteur français à avoir imposé le micro sur scène.

Fidèle auditeur depuis sa prime jeunesse de la radio d'outre-Manche, c'est en 1933, à l'issue de son premier voyage aux États-Unis, qu'il réalise pleinement l'avantage qu'il pourrait tirer personnellement du microphone : il lui permettra de restituer sur la scène la sonorité de ses émissions radiophoniques et de ses disques.

Un vrai scandale éclate en 1936 le jour où Jean apparaît sur la scène du théâtre Mogador. La dimension de la salle l'incite à l'usage de cet appareil, encore aussi mal connu du public qu'étrange et encombrant. Le même tollé surgit lorsqu'il se produit sur les planches de Bobino.

Chahuté par certains, Jean Sablon deviendra pour longtemps « le chanteur sans voix » blagué par les humoristes. Les sobriquets pleuvent tels que *Jean qu'a le son court*, *Monsieur Voix basse*, l'*Aphonie des grandeurs*, ou *Sans Son*. De bons mots circulent ; « Germaine Sablon se prend pour Jeanne d'Arc : elle entend des voix, même celle de son frère » ou bien « Jean Sablon se produit à l'ABC, on peut aller l'écouter, on n'est pas sûr de l'entendre », « Il n'a pas de voix mais elle est charmante » (Rip). La chanteuse Damia dira un jour à la vue d'un micro que lui tend un journaliste : « Éloignez cet instrument qui a tué notre métier »...

Jean Sablon continues to be remembered as the first French singer to use a microphone on stage.

A faithful listener to the BBC from his early youth, he returned from his first trip to America in 1933 fully convinced of the ways in which his own act would benefit from the microphone, as it would enable him to reproduce on stage all the sound quality of his recordings and radio broadcasts.

When he first appeared on stage with a microphone, at the Théâtre Mogador in 1936, it caused a scandal. Although the size of the auditorium was an added reason to use it, audiences were not yet familiar with the strange and unwieldy contraption. A similar outcry greeted it at the Bobino.

Booed by some, Sablon was lampooned for a long time afterwards as the "singer with no voice". Jokes began to circulate, such as "Germaine Sablon thinks she's Joan of Arc: she started hearing voices, even her brother's." When a journalist held out a microphone to her on one occasion, the singer Damia exclaimed, "Take away that thing that's killed off our profession."

« *Jean Sablon avait une vraie voix et une technique vocale. Il aurait pu être un excellent chanteur classique. Il avait la voix d'un baryton léger. Le micro n'améliore rien si l'on chante faux.* » (Ève Ruggieri)
"*Jean Sablon had a true voice and vocal technique. He could have been an excellent classical singer. He had a light baritone voice. A microphone won't help if you can't sing in tune.*" (Ève Ruggieri)

« *Jean Sablon, le seigneur des demi-teintes.* » (Jean Tranchant)
"*Jean Sablon, master of the low-key.*" (Jean Tranchant)

En 1936, les grévistes qui appellent de leurs vœux l'avènement d'un gouvernement de Front populaire, désœuvrés par les longs jours d'inactivité, sollicitent Jean pour les divertir. Impossible toutefois, lorsqu'il se rend au Printemps, de se servir de l'un des pianos exposés car, tout grévistes qu'ils sont, ils respectent l'interdiction de toucher au matériel ! Il parcourra donc Paris en voiture avec Alec Siniavine et... un petit piano Célesta loué pour l'occasion. ♪

During the French general strike that accompanied the election of the Popular Front government in 1936, the strikers asked Jean Sablon if he would entertain the workers in their long days of enforced idleness. When he arrived at the Printemps department store —on strike along with virtually every other business— it proved impossible to use any of the pianos on display there, as the strikers were scrupulous about not touching any of the stock. So he and Alec Siniavine toured Paris by car, with a small celesta hired for the occasion. ♪

Caricature de presse, 1950.
Press cartoon, 1950.

À l'ABC, 1939.
The ABC, 1939.

En réalité, Jean jouit déjà en 1936 d'un beau succès. Il s'est imposé depuis treize années dans les théâtres par la qualité de sa voix, sans amplification, mais il aime à pratiquer un intimisme propice à la confidence amoureuse. Aidé du microphone, il peut désormais mieux que jamais jouer sur les nuances et les inflexions de voix, instaurant une proximité avec son public, comme s'il s'adressait à chacun.

Pareil à une loupe, amplifiant les qualités comme les défauts, le micro va libérer la chanson, lui ouvrant les nouveaux horizons que permettent la demi-teinte, les pleins et déliés, toutes variations subtiles au service d'une mélancolie douce et complice. Une caractéristique qui définit le *crooner*, lequel n'aurait jamais existé sans le micro.

Jean peut en cela être considéré comme le chef de file de la chanson française moderne. Là où auparavant il était nécessaire de se projeter dans la salle par la puissance de sa voix, il fait naître une proximité inédite.

La révolution du micro est comparable à l'apparition du cinéma parlant. La sonorisation à l'écran exige elle aussi une adaptation de la part des acteurs de cinéma – ou de ceux venus du théâtre –, que tous ne réussiront pas. Il faut savoir doser ses effets différemment, avec une subtilité nouvelle.

Mais nul n'est prophète en son pays : Jean aura beau débuter nombre de récitals par une chanson sans microphone, pour rappeler ses qualités vocales aux esprits chagrins, certains Français continueront de le railler, alors que, parallèlement, dès 1937, un quotidien américain louera les qualités de sa « voix profonde de baryton »... Dans les années quatre-vingts, Thierry Le Luron dira encore de lui, non sans humour, lui prêtera ces paroles : « De voix je n'ai qu'un zeste, c'est le micro qui fait le reste. »

In fact by 1936 Sablon was already a considerable success. For thirteen years the quality of his voice had seduced theatre audiences without any amplification, but he preferred to sing in an intimate style, as though murmuring romantic confidences. With the aid of a microphone he could play more than ever on vocal nuances and inflexions and reach in closer to the audience, as if singing to each of them individually.

Like a magnifying glass, amplifying faults as well as virtues, the microphone was to set the chanson free, to open up new horizons and the possibilities of low-key, full voice or legato vocals, all subtle variations in the art of creating a sweetly melancholy and intimate tone. This was the defining characteristic of the crooner, who would never have existed without the microphone.

In this respect, Sablon may be considered the pioneering spirit of modern French chanson. Where before singers had had to project their voices to the back of the auditorium through sheer power, now he had ushered in a new and unprecedented intimacy.

The microphone was as revolutionary in the world of live performance as the arrival of sound had been in films. The dawn of the "talkies" meant that film actors, as well as those who had come from the theatre, had to adapt, and not all of them were able to do so successfully. Different effects had to be carefully judged and nuanced, with a subtlety that had never before been called for.

But a prophet is not without honour except in his own country: try as he might –by starting many of his performances by singing one song without a microphone– to remind sceptics of the qualities of his voice, some French critics continued to express their outrage, while at the same time, as early as 1937, an American daily praised his "deep baritone voice".

> « Jean Sablon a très bien compris que le micro n'est pas fait pour hurler mais pour murmurer. »
> (Henri Salvador)
>
> *"Jean Sablon understood so well that the microphone was made not for roaring but for murmuring."*
> (Henri Salvador)

LES AMÉRIQUES
THE AMERICAS

French Line

M. S. "LAFAYETTE"
Sailing from New York October 7th 1933

C.ie G.le TRANSATLANTIQUE

LISTE DES PASSAGERS

Livret de liste des passagers lors du retour du premier séjour de Jean aux États-Unis en 1933.
Passenger list from Jean Sablon's return crossing on his first trip to the United States in 1933.

Dépliant destiné aux annonceurs publicitaires, à l'arrivée du jeune Français aux États-Unis, 1937.
Publicity pull-out featuring the young Frenchman's arrival in the United States, 1937.

Août 1933. Jean se produit à bord du paquebot *Paris*, pour sa première traversée des États-Unis vers la France.
Jean Sablon performing on board the ocean liner *Paris*, on his first crossing from America to France, August 1933.

Au sommet du Rockefeller Center, avec Lucienne Boyer (à gauche) et Bordas (à droite), 1947.
At the top of the Rockefeller Center, with Lucienne Boyer (left) and Bordas, 1947.

THE FRANCE'S NUMBER 1 MODERN SINGER AU NOUVEAU MONDE

"FRANCE'S NUMBER ONE MODERN SINGER"

JEAN SABLON, French song virtuoso and one of Europe's foremost radio and night club entertainers, has literally "picked up his laurels and walked"—out of Europe to America and another spectacular, overnight radio success.

The NBC in its search for unusual talent "discovered" Sablon last Spring when he broadcast on the Magic Key of RCA program from Paris. He was immediately signed for a series of programs from Radio City. Previous commitments in Europe kept France's Number One Modern Singer out of America until February 17, 1937, when he arrived here on the French liner, Ile de France. Since that date he has appeared as featured guest star on a number of popular sponsored shows.

In his very short stay here, Jean Sablon has already given unmistakable evidence of his lasting charm and powerful personality—and an avalanche of feminine fan letters offers proof that a romantic new song idol has arrived upon the American broadcasting scene.

Sablon's style is distinctive. His delivery is sophisticated and intimate. His manner is suave; his voice soft and appealing. Carefree, nonchalant in real life, Sablon projects this quality into his radio presentations. With a warm friendliness always in evidence, this gay, effervescent individual, is as captivating and personable off the air as he is on.

PAQUEBOT PARIS
Commandant L. de MALGLAIVE

PROGRAMME
du
S. S. PARIS "NITE-CLUB"

Mr William CROFT, Master of Ceremonies

JEAN SABLON
La Vedette du disque Colombia

HERBERT CARRICK
Le Pianiste Chanteur
de Casanova et de Shéhérazade de Paris

French Line
Cie Gle TRANSATLANTIQUE

Lorsque Jean se rend aux États-Unis en février 1937 sur le paquebot *Île-de-France*, suite aux propositions de la chaîne de radio NBC, il connaît déjà ce pays pour s'y être rendu quatre ans plus tôt à l'invitation de Ramon Novarro, illustre Ben-Hur à l'écran.

Il a fait la connaissance de l'acteur hollywoodien lorsqu'il jouait dans *Dix-Neuf Ans* au Théâtre Daunou, croyant d'abord à une blague lorsqu'on lui annonça sa présence dans la salle. Après la représentation, Ramon vint voir les artistes dans leur loge, sympathisa avec Jean et, également chanteur, se laissa convaincre par le jeune Français de participer à un gala de bienfaisance. Reconnaissant de l'intercession de Jean, Oscar Dufrenne, directeur du Casino de Paris, lui offrit un billet pour New York sur la French Line, pour lui permettre de rendre visite à Ramon. Mireille, également invitée, devant rejoindre Paris, Jean prit seul l'avion

When Jean Sablon sailed for America on the *Ile-de-France* in February 1937, in response to his offer from NBC radio, it was not his first visit to the United States: he had already been there four years earlier at the invitation of Ramon Navarro, the film actor who had shot to fame as Ben-Hur.

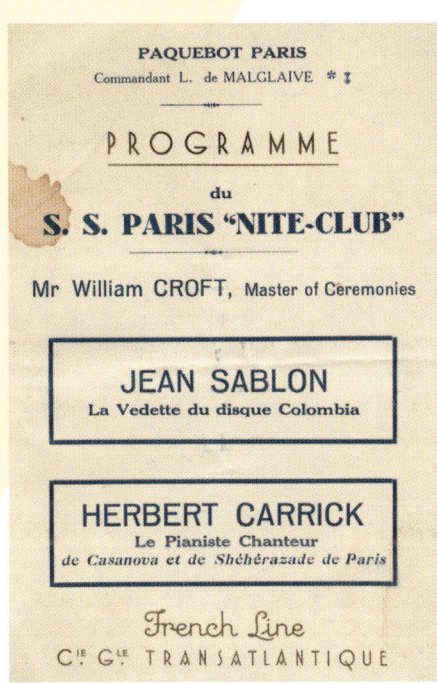

It was when he was performing in *Dix-Neuf Ans* at the Théâtre Daunou that Sablon first met Navarro – though when he was told that the American actor was in the audience he at first thought it was a joke. When Navarro went back stage to see the artists after the show, he and Sablon hit it off immediately, and Navarro –who was also a singer– let the young French singer persuade him to perform at a charity gala. Grateful for this intervention by Sablon, Oscar Dufrenne, manager of the Casino de Paris, gave him a ticket to

pour Hollywood, où Ramon, désireux de lancer le jeune chanteur, avait convié une impressionnante brochette de stars dans son théâtre privé.

Cette fois, en 1937, c'est Radio City Music Hall qui l'attire une nouvelle fois aux États-Unis. Son contrat new-yorkais de huit semaines avec NBC se prolongera des années vu le succès de ses shows radiophoniques, transmis depuis New York et couvrant le territoire de l'Atlantique au Pacifique.

Lorsque la NBC décide de l'envoyer à Hollywood, il choisit le Trocadéro pour ses débuts. C'est sa première scène américaine à l'exception du petit théâtre privé de Ramon. Mais en vérité, ce qui l'entraîne ici, c'est le contrat mirifique proposé pour le programme *Hollywood Hotel*.

Quand il prendra congé de ce programme, désormais confié à Orson Welles, son agent lui proposera un contrat avec la RKO, société de production cinématographique associée à la NBC, pour tourner *The Story of Vernon and Irene Castle*, avec Ginger Rogers et Fred Astaire. Une expérience qui finira mal pour cause de mésentente avec le producteur...

Sa carrière américaine ne s'en poursuivra pas moins avec bonheur. Par ses shows radiophoniques, Jean acquerra un statut dépassant le cadre des night-clubs élégants pour devenir une vedette populaire sur tout le territoire et se produire dans maintes grandes salles américaines.

Il deviendra le chanteur français le plus connu internationalement de sa génération. Seul son aîné Maurice Chevalier aura accédé à pareille notoriété, davantage toutefois par le biais du cinéma.

L'assistance du récital de Jean dans le théâtre privé Intimo de Ramon Novarro, le 21 septembre 1933, comprenant Richard Arlen, Gloria Swanson, Bill Haynes, Alice Terry, Irving Thalberg, Norma Shearer, Louis B. Mayer, Jeannette Mac Donald, Lupe Velez, Ronald Colman, Randolph Scott, Cary Grant, Dolores del Rio, Ray Milland, Vilma Banky, John Gilbert, José Mojica, Elsie Janis, Virginia Bruce, Myrna Loy, etc.

Among the stars in the audience for Jean Sablon's performance in Ramón Navarro's private theatre, El Teatro Intimo, on 21 September 1933 were Richard Arlen, Gloria Swanson, Bill Haynes, Alice Terry, Irving Thalberg, Norma Shearer, Louis B. Mayer, Jeanette MacDonald, Lupe Vélez, Ronald Colman, Randolph Scott, Cary Grant, Dolores del Rio, Ray Milland, Vilma Banky, John Gilbert, José Mojica, Elsie Janis, Virginia Bruce and Myrna Loy.

Rentrée au Trocadero, Hollywood, 1938.
Return to the Trocadero, Hollywood, 1938.

New York on the French Line so that he could visit Navarro. As Mireille, who was also invited, had to return to Paris, Sablon flew alone to Hollywood. There Navarro, keen to launch the young singer's career there, had assembled an impressive collection of stars in his private theatre.

This time, in 1937, it was the Radio City Music Hall that drew Sablon to the States. So successful were his radio shows, broadcast throughout America from New York, that NBC extended his eight-week contract for years to come.

When NBC decided to send him to Hollywood, he chose the Trocadero for his debut stage performance in America – with the exception of Navarro's private theatre. But what had really attracted him to Hollywood was the extravagant terms of the contract he had been offered to host the Hollywood Hotel radio programme.

When Orson Welles took over as presenter of Hollywood Hotel, Sablon's agent offered him a contract with RKO for a film called *The Story of Vernon and Irene Castle*, with Fred Astaire and Ginger Rogers – an experience that was to end badly because of misunderstandings with the producer.

Sablon's American career was a continuing success, however. Through his radio shows, he became a popular star throughout America, famous far beyond the confines of elegant clubs and now performing in the country's greatest theatres.

He would become the most internationally famous French singer of his generation. Only his senior, Maurice Chevalier, had attained such fame, though mainly thanks to his films.

Le grand salon du paquebot *Ile-de-France* lors d'un récital de Jeanne Aubert, 1934.
Jeanne Aubert performing in the grand salon of the ocean liner *Ile-de-France*, 1934.

As soon as he made his New York debut in 1937, Sablon asked NBC to let him go on vacation to Canada, which he had always dreamed of visiting, to take part in a public radio programme called *Chantons en Choeur*. At Montreal railway station, he found a crowd had gathered to greet him. The Canadians knew him from his NBC shows broadcast from New York, and for the programme that evening the audience all joined in the choruses of his songs. The next day he was carried to the city hall in triumph by a group of students. He was delighted to have the opportunity of a return visit in 1939. But he was sadly disappointed. The venue was depressing, the dressing room tiny and the band mediocre. At a loss to know how to warm up the musicians, he made them play a swing orchestration of the famous *Sur le Pont d'Avignon*. With this they improved, and contrary to all expectations the house was full and the applause tumultuous. His two-week contract was extended to six weeks. He would continue to perform in Canada, in both French and English, throughout his life. ♪

En compagnie de Carl Galm, le témoin de toute une vie, New York, 1937.
With Carl Galm, his lifetime companion, New York, 1937.

Le Canada / Canada

Dès ses débuts new-yorkais en 1937, Jean sollicite un congé de la NBC afin de se rendre au Canada, qu'il rêve de découvrir, pour y participer à *Chantons en Chœur*, programme radiophonique public. À Montréal, il trouve une foule agglutinée sur le quai de la gare. Les Canadiens connaissent Jean par les programmes de la NBC émis de New-York. Le soir, tous reprennent ses refrains en chœur pour les besoins de l'émission. Et le lendemain, il est porté en triomphe à la mairie par un groupe d'étudiants...

C'est dire qu'il se réjouit à l'avance lorsqu'il y retourne en 1939. Il est hélas fort déçu. On lui propose une salle triste, ne disposant que d'une petite loge et d'un orchestre des plus moyens. Ne sachant comment stimuler ses musiciens, il leur soumet une orchestration swing du célèbre *Pont d'Avignon*. Ils s'améliorent aussitôt et le soir, contre toute attente, la salle, pleine, l'ovationne à tout rompre ! Son contrat de quinze jours se prolongera de six semaines.

Toute sa vie, il continuera de se produire au Canada, tant francophone qu'anglophone. ♪

Le public féminin patiente en gare en 1939...
Female fans waiting at a railway station, 1939.

« On n'a jamais compris en France quel avait été le succès de Jean Sablon en Amérique. Jean était, avec Maurice Chevalier, le plus grand nom français aux Etats-Unis. » (Yvonne Vallée, épouse de Maurice Chevalier)

"The French never understood how successful Jean Sablon was in America. With Maurice Chevalier, he was the biggest French name in the United States." Yvonne Vallée, wife of Maurice Chevalier

« Merci pour toutes les grandes joies que vous avez données aux Américains. » (Liza Minnelli)

"Thank you for all the great joys you have given the American people." Liza Minnelli

Radio City

L'immense immeuble de Radio City, situé sur la cinquième avenue au Rockefeller Center, d'une hauteur de plus de deux cent cinquante mètres, est en quelque sorte la capitale internationale de la radio. Une ville dans la ville à la mesure de ses enjeux financiers colossaux, avec son propre corps de ballet, *les Rockettes*, son bloc opératoire, ses infirmières, son glacier et tous les équipements imaginables. Siège de RCA et NBC employant mille deux cents personnes, la tour regroupe vingt-deux studios insonorisés, la célèbre scène NBC Studio Tour, le Radio City Music Hall, plus grande salle de cinéma au monde et, au soixante et onzième étage, une plate-forme offrant une vue panoramique sur la ville. Radio City Music Hall comporte cinq mille neuf cent trente-trois places assises. Sa scène de dix mètres de large, suspendue pour éviter toute vibration, est desservie par un système d'ascenseurs à ce point sophistiqués que la US Navy s'en inspirera pour équiper ses porte-avions pendant la seconde guerre.

Dès 1937, Jean figure parmi les principaux artistes de cet empire médiatique qui effectue non moins de cinquante-six mille auditions par an !

Le lieu est devenu la première attraction touristique des États-Unis avant le fameux Mont Vernon. Cinq cent soixante mille visiteurs s'y rendent en 1936, admirant les cent cinquante mille kilomètres de câbles et les trois millions de connections électriques nécessaires au bon fonctionnement des installations.

La NBC regroupe un réseau de cent trente-sept stations dispensant à vingt millions de foyers les programmes les plus variés en provenance de toute la planète. Ainsi, par exemple, un concert dirigé à Salzbourg par Arturo Toscanini sera transmis à un relais international genevois pour suivre sa route en ondes courtes jusqu'aux récepteurs américains de RCA dont les immenses antennes, réparties sur un site de quatre kilomètres carrés, enverront ensuite l'émission par câble à New York. Elle y sera amplifiée et transférée par câbles au centre de contrôle NBC à Radio City dont les opérateurs la feront parvenir aux relais des cent trente-sept stations de la NBC avant d'atteindre qu'elle n'atteigne les foyers américains. ♪

The vast Radio City building, standing over 250 metres high at the Rockefeller Center on Fifth Avenue, was effectively the international capital of radio. A city within a city, it was a colossal financial enterprise, with its own precision dance troupe, the Rockettes, its own operating theatre and nurses, its own ice cream parlour and every conceivable form of equipment. Home to RCA and NBC, with 1200 employees, the building housed twenty-two soundproofed studios, scene of the famous NBC Studio backstage tours; the Radio City Music Hall, the largest cinema in the world with 5933 seats; and on the 71st floor a viewing platform offering panoramic views of New York City. The Radio City Music Hall stage, ten metres wide and suspended to avoid all vibration, was served by a system of lifts so sophisticated that it inspired the US Navy's equipment for its aircraft carriers in the Second World War. From 1937, Sablon was one of the principal artists in this media empire that staged no fewer than 56,000 auditions annually.

By 1936, Radio City had overtaken Mount Vernon as America's most popular tourist attraction, drawing 560,000 visitors to marvel at the 150,000 kilometres of cable and the three million electrical connections of its installations. NBC grouped together a network of 137 stations broadcasting a great variety of shows from around the world to some twenty million households. A concert conducted in Salzburg by Arturo Toscanini, for example, would be transmitted to an international relay in Geneva, to be beamed on shortwave to the RCA receivers in America, whose immense antennae, covering an area of four square kilometres, would transmit it by cable to New York. There it would be amplified and relayed by cable to the NBC control centre at Radio City, whose operators would then relay it to NBC's 137 stations and into the living rooms of America. ♪

Radio City Hall, New York.

Avec Ginger Rogers, Hollywood, 1938.
With Ginger Rogers, Hollywood, 1938.

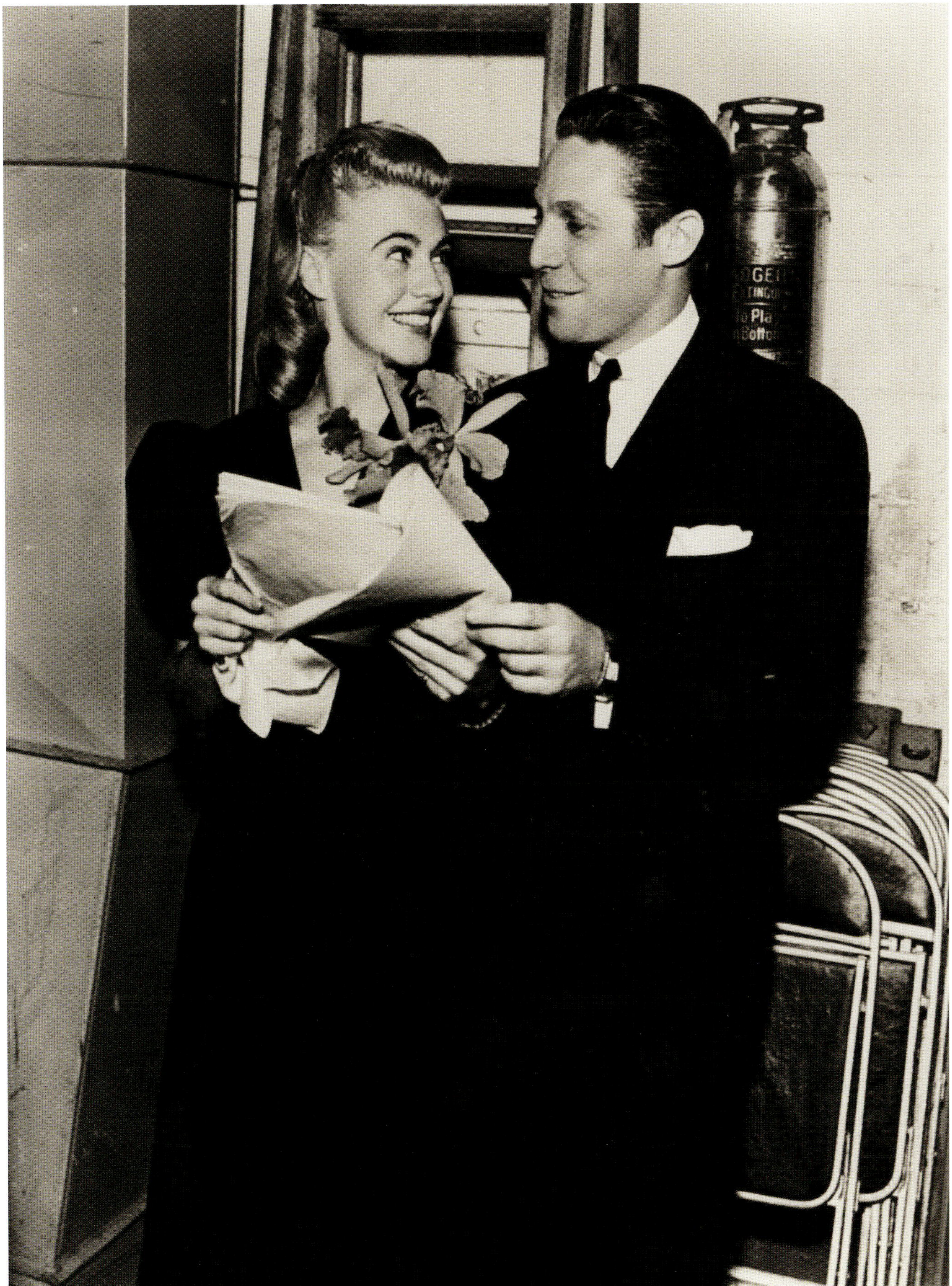

La *café society* / Café Society

À l'issue du tour de chant de Jean au petit théâtre privé de Ramon Novarro, en 1933, quelle n'est pas sa surprise à la lecture d'un article de Louella Parsons, journaliste notoire pour ses commérages, qui le qualifie de très talentueux «*night-club singer*». Ce n'est toutefois pas péjoratif. Aux États-Unis, il est habituel que les chanteurs les plus reconnus – ce qui n'est pas encore le cas de Jean – se produisent dans les boîtes de nuit des grands hôtels. Une fois sa renommée établie, Jean effectuera plusieurs tours de chant dans les hôtels Waldorf-Astoria, Plaza ou San Regis. La tradition de la *café society* réunit un public plus étroit et élégant dans une atmosphère plus confidentielle que les grandes salles et n'a pas d'équivalent en Europe. Aujourd'hui encore elle se perpétue, limitée toutefois par les cachets toujours plus importants des grands chanteurs, qu'une petite salle ne permet pas de couvrir. ♪

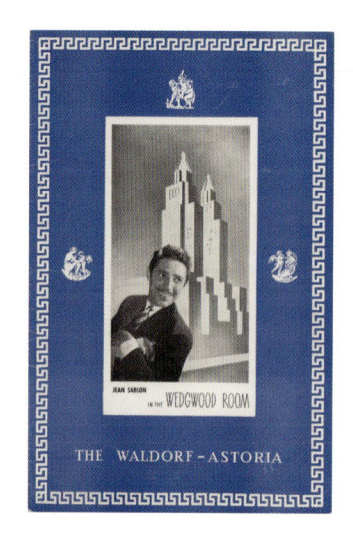

Dédicace du programme du Waldorf Astoria, New York, 1946.
Signing a Waldorf Astoria programme, New York, 1946.

Retrouvailles avec Colette Renard, également vedette au San Regis, à New York.
Reunion with Colette Renard, also topping the bill at the St Regis in New York.

After his performance in Ramon Navarro's small private theatre in 1933, Sablon was surprised to read a piece by the gossip columnist Louella Parsons in which she described him as a highly talented night-club singer. This was to be taken as a compliment. In America it was quite normal for the most famous singers —which was not the case for Sablon— to perform in the nightclubs of grand hotels. Once his reputation was established, he would give a number of performances in hotels such as the Waldorf Astoria, the Plaza and the San Regis. The "café society" tradition, attracting a more select and elegant audience in a more intimate ambience than in larger venues, had no equivalent in Europe. It still continues today, though limited by the ever-growing audiences attracted by the great singers, who cannot be squeezed into a small venue. ♪

En compagnie de Lucienne Boyer et Patachou, deux talents féminins célébrés aux États-Unis. Lucienne a été la première chanteuse de charme française à y être une star, vers 1960.
With Lucienne Boyer and Patachou, both stars in America. Lucienne Boyer was the first French chanteuse to find fame in the States, *c.* 1960.

Jean au Plaza, New York, 1942. Jean Sablon at the Plaza, New York, 1942.

Hollywood, 1946.

Des rapports délicats de l'anglais et du français / French and English: A Delicate Relationship

Interprète de chansons françaises, Jean n'en mêle pas moins de nombreuses créations anglo-américaines à son répertoire, ainsi qu'espagnoles ou portugaises, selon les pays où il se produit. Un dosage subtil auquel il est parfois difficile de procéder car il ne peut savoir à l'avance quelle sera la sensibilité d'un auditoire. Un peu d'attention permet toutefois à un chanteur expérimenté de procéder aux ajustements nécessaires.
Si le public américain apprécie particulièrement d'entendre chanter dans la langue de Molière, la suprématie progressive de l'anglais après la guerre va changer la donne. Au Canada, la question devient même épineuse dès la fin des années quarante. De passage pour un mois à Montréal, face à un public mixte d'anglophones et de francophones, Jean suscite presque le scandale. Les premiers sont habitués à l'entendre chanter à la radio dans les deux langues, tandis que les autres exigent davantage de français...

Qu'importe, il est un chanteur polyglotte et sait s'adapter. À l'occasion de sa rentrée au Waldorf Astoria en 1946, la presse américaine constate son aisance à chanter dans la langue du pays dans lequel il apparaît, que ce soit en français, anglais, espagnol et portugais, ce qui est encore rare.
Devenu un véritable ambassadeur de la chanson française dans le monde, Jean n'aura pas à pâtir des rivalités linguistiques car les pays étrangers continueront à le solliciter par amour de la langue française. Un rayonnement que perdra la chanson française, progressivement supplantée par la variété anglo-saxonne. Au XXIe siècle, la renommée universelle deviendra hors d'atteinte pour un jeune interprète français. ♪

Although known as a singer of French chansons, Sablon also included many American and British songs in his repertoire, as well as Spanish and Portuguese, according to the countries in which he performed. It was not always easy to get this subtle combination right, as he never knew in advance what the mood of the audience would be. But he was experienced and attentive enough to be able to adjust his repertoire as necessary. Although American audiences loved to hear him sing in French, the growing supremacy of English in the post-war period was to change the situation. In Canada from the late 1940s, it was a question that aroused strong feelings. In the face of mixed English- and French-speaking audiences in Montreal, where he spent a month, he almost caused a scandal. The English speakers in the audience were accustomed to hearing him sing on the radio in both languages, while for the French speakers only French would do.

Germaine et Jean, studios CBS, New York, 1947.
Germaine and Jean Sablon, CBS studios, New York, 1947.

The Same Old Sablon: The Greatest, That Is

By LEE MORTIMER

The Late Spots

Jean Sablon is making his first U. S. appearance in eight years at the St. Regis Maisonette.

It's hard to put faith in the calendar, though, when my memories of him wing back to those nostalgic days when he was starred at the Versailles.

Yet, strangely, M. Sablon is even now carrying on as smoothly as during those days. His appearence and professional mannerisms are free of chronistic change, and for a few precious moments he makes you forget all that has gone by since then.

He's smooth and smart and suave and very, very French, this Jean Sablon who brings the boulevards and quays of Paris to you in story song. He sings in French and in English, and though I know no French, I prefer him in that language. Let's just say Sablon and France are synonymous.

His English numbers, though, are entertaining and his accent, almost a la Chevalier, is intriguing. How well I remember some of his standards, notably "Le Fiacre," done by every French singer, but by none as well as Jean.

His new repertoire includes a pip called "Tahiti" which he sells with the enthusiasm of a South Sea Islander on a binge in Paris. And for the tempo of the times, offers le Twist. Chauncey Gray's orchestra provides pleasant music for the memorable occasion.

« Jean Sablon est le premier à avoir apporté en France le style américain. » (Jacqueline François)

"Jean Sablon was the first to bring the American style to France." (Jacqueline François)

« Jean Sablon a réussi un double miracle : être à la fois la voix de la France en Amérique et un peu de l'Amérique à Paris. » (Pascal Sevran)

"Jean Sablon pulled off a double miracle: he was at once the voice of France in America and a little bit of America in Paris." (Pascal Sevran)

It was all the same to Sablon: he was polyglot in his singing and adaptable in his approach. On his return to the Waldorf Astoria in 1946, the American press commented on his ease in singing in the language of the country in which he was performing, whether it might be French, English, Spanish or Portugal – a talent that is still rare today.

Now that he was a veritable ambassador for the French chanson throughout the world, Sablon was no longer subject to the rivalries between different languages, as foreign audiences everywhere loved to hear him sing in French. The French chanson was gradually to lose this wide appeal, to be supplanted by Anglo-American popular culture; in the twenty-first century, worldwide fame would be beyond the reach of any young French singer. ♪

Trois vedettes à l'honneur

UN cocktail a été offert par l'Office du Cinéma français, que dirige M. Joseph Maternati, au monde de la presse, du théâtre et du cinéma en l'honneur de deux visiteurs de marque: Charles Aznavour et Alain Delon.

Sur notre photographie ci-dessus, on aura reconnu (de g. à dr.) Jean Sablon, Charles Aznavour et Alain Delon. (Photo Lacombe)

La salle du Drake est pleine à capacité et, au travers de l'atmosphère enfumée et sympathique, on distingue les silhouettes les plus connues.

Près de la porte d'entrée, un homme de belle allure est en conversation animée; il se retourne... Comment ne pas reconnaître le regard vif, cette aimable moustache et surtout ce sourire qu'illuminent des dents éblouissantes? C'est Jean Sablon, aussi charmant, aussi "charmeur" que du temps de "La Sérénade portugaise". Que de jolis souvenirs nous a laissés une carrière si pleine et qui se poursuit actuellement à La Maisonnette du Saint-Régis avec un rythme aussi heureux!

Nous aurons le plaisir de l'entendre jusqu'à la Noël, mais Aznavour et Delon sont presque déjà sur le départ; en fait, Aznavour est déjà presque un pied dans l'avion. Quelle ascension vertigineuse fut la sienne, plus rapide que presque toutes les autres vedettes de music-hall! C'est l'habitué des galas, l'homme qui met en transes les dames et les demoiselles par la qualité rauque de sa voix.

Compositeur, parolier, interprète, tout cela semble être ce soir au second plan et l'homme que je vois, c'est le petit toubib dont il a, avec une étonnante et puissante vigueur, tracé la silhouette dans "Taxi pour Tobrouk". C'est, d'ailleurs, pour en enregistrer la version américaine qu'il est venu ici.

Le deuxième invité d'honneur n'est pas loin. Voici, en effet, Alain Delon, qui gentiment va de groupe en groupe et se laisse harponner sans façon. Sa belle jeunesse est désarmante; il la dépense tout autour de lui avec naturel et facilité. A la ville, Alain Delon garde un peu de cette qualité tendre et virile à la fois que nous avons admirée dans "Rocco et ses frères"; il est bien aux antipodes de l'assassin froid et calculateur de "Plein Soleil". Il a su éviter l'étiquette que les artistes redoutent tant: celle de jeune premier ou de "villain", dont il n'est plus permis de se libérer; dès le début, il s'est imposé aussi bien ici que là.

Au vestiaire, un monsieur mince et grisonnant est aux prises avec la seconde manche de son pardessus et file d'un pas rapide... c'est Henry Fonda.

Nanne LAGNY

Article dans le *New York Mirror* à l'occasion de la saison de Jean à New York au San Regis, 1961.
Review of Jean Sablon's season at the St Regis, New York in 1961, from the *New York Mirror*.

Trois vedettes française pour célébrer le cinéma *made in France* à l'hôtel Drake, New York, 1961.
A trio of French stars celebrating French cinema at the Drake Hotel, New York, 1961.

Accompagné de son agent Paulette Dorisse (à gauche) et Simone Simon (à droite) lors du match historique opposant Marcel Cerdan à Georgie Abrams, Madison Square Garden, New York, 6 décembre 1946.
With his agent Paulette Dorisse (left) and Simone Simon at the historic boxing match between Marcel Cerdan and Georgie Abrams, Madison Square Garden, New York, 6 December 1946.

Avec Marcel Cerdan, New York, 20 novembre 1946.
With Marcel Cerdan, New York, 20 November 1946.

Annonce de la saison de Jean Sablon au Waldorf Astoria, New York, 1946.
Bill announcing Jean Sablon's season at the Waldorf Astoria, New York, 1946.

Le Waldorf Astoria, Édith Piaf et Marcel Cerdan
The Waldorf Astoria, Edith Piaf and Marcel Cerdan

Le 20 octobre 1947, Édith Piaf et Irène de Trébert assistent au récital de Jean à l'hôtel Waldorf Astoria. La soirée se prolonge par le dîner qu'il organise en l'honneur de Marcel Cerdan, qu'il a vu triompher au Madison Square Garden, quelques mois auparavant. De ce jour Édith et Marcel, qui s'étaient simplement rencontrés en 1946 au Club des Cinq à Paris, tombent amoureux. En décembre, Jean ira à son tour entendre Édith au Playhouse Theatre. ♪

On 20 October 1947, Edith Piaf and Irène de Trébert were in the audience when Jean Sablon performed at the Waldorf Astoria. After the show they went on to a dinner Sablon had organized in honour of the boxer Marcel Cerdan, whom he had seen winning a match at Madison Square Garden a few months earlier. That day, Edith and Marcel, who had met at the Club des Cinq in Paris the year before, fell in love. In December, Sablon would go to hear Piaf sing at the Playhouse Theatre. ♪

Broadway

Considérée comme l'une des principales avenues de New York, Broadway regroupe l'essentiel des théâtres de la ville. Les comédies musicales et pièces de théâtre qui s'y sont jouées lui ont assuré avec les années, en particulier à son cœur de Time Square, une réputation mondiale.
C'est dans *Streets of Paris*, au Broadhurst Theatre, exploité par les frères Shubert, que Jean apparaît pour la première fois à Broadway, en 1939. Il incarne la vedette française de la comédie musicale. Il retournera à Broadway en 1948 pour son *one man show*, au Capitol Theatre. ♪

Broadway, with Time Square at its heart, was world-famous for its plays and musicals. Sablon made his first appearance on Broadway in 1939, playing the French starring role in *Streets of Paris* at the Broadhurst Theatre, managed by the Shubert brothers. He returned to Broadway in 1948 with his one-man show at the Capitol Theatre. ♪

Annonce au fronton du Capitol Theatre à Broadway, New York, 1948.
Star billing at the Capitol Theatre, Broadway, New York, 1948.

En compagnie de la vedette de Broadway Margaret Whiting, Hollywood, 1947.
With the Broadway star Margaret Whiting, Hollywood, 1947.

91

« LE » CROONER FRANCAIS
THE FRENCH CROONER

Le terme *crooner* (« *to croon* » signifie en anglais murmurer, chantonner, fredonner) désigne un style né aux États-Unis qui puise aux sources du *bel canto* tout en innovant par l'accent mis sur les nuances vocales et s'inspirant du phrasé jazz. La France emploie plus communément le terme de « chanteur de charme », toutefois plus général.

C'est à l'écoute de la radio anglaise et lors de ses séjours américains que Jean se familiarise avec ce genre nouveau encore inconnu sur le continent. Quoi de plus normal pour un garçon formé très jeune au chant, ayant applaudi dès ses cinq ans à l'Alhambra *Reviens* de Fragson, et par ailleurs adepte du jazz ?

Lors de son premier voyage pour l'Amérique latine en 1928, il écoute continuellement sur son tourne-disque l'un des pionniers du genre, Jack Smith, surnommé *Whispering Jack*, initiateur du micro aux USA, qu'il admire pour l'avoir entendu à la BBC. Son style l'influencera énormément lors de ses premiers tours de chant. Mais Jean ne cache pas une autre grande admiration : celle de son aîné Bing Crosby qui confiera un jour collectionner, lui, les disques de Jean.

« Jean Sablon a été le meilleur crooner de sa génération. Personne ne lui a succédé dans le genre. J'étais son admirateur attentif. » (Pierre Delanoë)

"Jean Sablon was the finest crooner of his generation. No one after him could take his place. I was a devoted admirer." Pierre Delanoë

« *Jean Sablon est la quintessence du chanteur romantique. Il fut l'inspiration de chanteurs français tels Maurice Chevalier, Édith Piaf, Charles Aznavour et Charles Trenet.* »
(Bobby Short)

"*Jean Sablon was the quintessence of the romantic singer. He was an inspiration to French singers including Maurice Chevalier, Edith Piaf, Charles Aznavour and Charles Trenet.*"
Bobby Short

It was through listening to the BBC and spending time in America that Jean Sablon became familiar with the new "crooner" style, then still unknown on the Continent. What could have seemed more natural to a young man trained to sing from childhood, who from the age of five had been to see the British music hall star Harry Fragson singing "Reviens" at the Alhambra, and who to cap it all was a jazz enthusiast?

On his first trip to Latin America, in 1928, he listened constantly to the records of "Whispering" Jack Smith, the first American to use a microphone, whose songs he had already heard and admired on the BBC. His style was to have a huge influence on his early performances. But Sablon did not conceal his huge admiration for another older singer, Bing Crosby – who would one day reveal that he was a collector of Sablon's recordings.

Le crooner avec son indispensable instrument, le microphone, États-Unis 1947.
The crooner with his indispensable instrument, the microphone, in America in 1947.

De gauche à droite: Mel Tormé, Amalia Rodrigues, Jean et Marlène Dietrich, Art Ford, WNEW Radio, New York, vers 1959.
Left to right: Mel Tormé, Amália Rodrigues, Jean Sablon and Marlene Dietrich, Art Ford, WNEW Radio, New York, c.1959.

93

« […]des airs que les Français ont aimés, et qui furent écrits durant cette période d'après-guerre au cours de laquelle s'est développée une fascination mutuelle entre la France et l'Amérique. C'est Dean Martin qui essaie de chanter en français, Jean Sablon qui chante en américain. » (Arielle Dombasle)

"… melodies that the French loved, and that were composed in this postwar period when a mutual fascination developed between France and America. Dean Martin tried his hand at singing in French, Jean Sablon in American." Arielle Dombasle

"APART FROM JOHNNY RAY, SATCHMO, DONALD PEERS, JEAN SABLON AND HOPALONG, AM I THE FIRST BOY YOU'VE EVER KISSED?"

Parfaitement implanté, quoique Français, aux États-Unis, Jean va marquer à son tour les Américains au point d'être parodié par Rudy Vallée. Frank Sinatra se réclamera de son exemple et le compositeur Frank Loesser lui écrira une chanson sur mesure, *A Tune for Humming (Un Air à murmurer)*. Le *New York Post* affirmera en 1946 qu'un grand nombre de femmes préfèrent Sablon à Bing Crosby ou Frank Sinatra. Selon le *Sunday Mirror*, en septembre 1947, ce dernier ne fait pas le poids face au Français… Quoique attisée par les journalistes, cette rivalité au sommet, dont témoigne le volume de disques vendus par chacune de ces vedettes, reste bien pacifique. Sinatra déclarera un jour à la radio être le « Sablon américain » !

Rentré en France, Jean imposera ce style étroitement associé à l'usage du micro, et y sera le premier *crooner*. Leo Marjane, André Claveau, Yves Montand, Jacqueline François, Sacha Distel, Jean-Claude Pascal et Lucky Blondo s'inscriront dans cette filiation.

Well-established in America, despite being French, Sablon would influence American singers in his turn, to the point of being parodied by Rudy Vallée. Frank Sinatra would claim to be a follower of his style, and the composer Frank Loesser would write a song for him, A Tune for Humming. In 1946, the *New York Post* declared that many women preferred Sablon to both Bing Crosby and Frank Sinatra. According to the *Sunday Mirror* in September 1947, Sinatra failed to measure up to the French singer. Although the press did their best to stir things up, this rivalry at the top, with supporting evidence provided by the record sales figures of each of the stars, remained friendly. On the radio one day, Sinatra even declared he was "the American Sablon".

Back in France, Sablon was to introduce this style that was so closely associated with the use of the microphone, becoming France's first crooner. Leo Marjane, André Claveau, Yves Montand, Jacqueline François, Sacha Distel, Jean-Claude Pascal and Lucky Blondo were all to follow in his wake.

De gauche à droite: Damia, Sacha Distel, Annie Cordy, Jean-Claude Pascal et Jean. À l'avant gauche, Jean Marais. Maxim's, Paris, 1966.
Left to right: Damia, Sacha Distel, Annie Cordy, Jean-Claude Pascal and Jean Sablon, with Jean Marais at front left, Maxim's, Paris, 1966.

« Je n'avais que douze ans quand j'ai entendu (mais très bien !) Sablon avec un micro. Toutes les imbécillités qui ont été alors proférées ! C'est un homme que j'ai admiré. Nous avions un Bing Crosby sans le savoir et on en riait ! J'ai souvent fredonné son répertoire. » (Jean Piat)

"I was only twelve years old when I heard (very clearly!) Sablon sing with a microphone. All the idiocies people came out with! He was a man I admired. We had a Bing Crosby without knowing it and we just laughed! I've often hummed his repertoire." Jean Piat

Bing Crosby

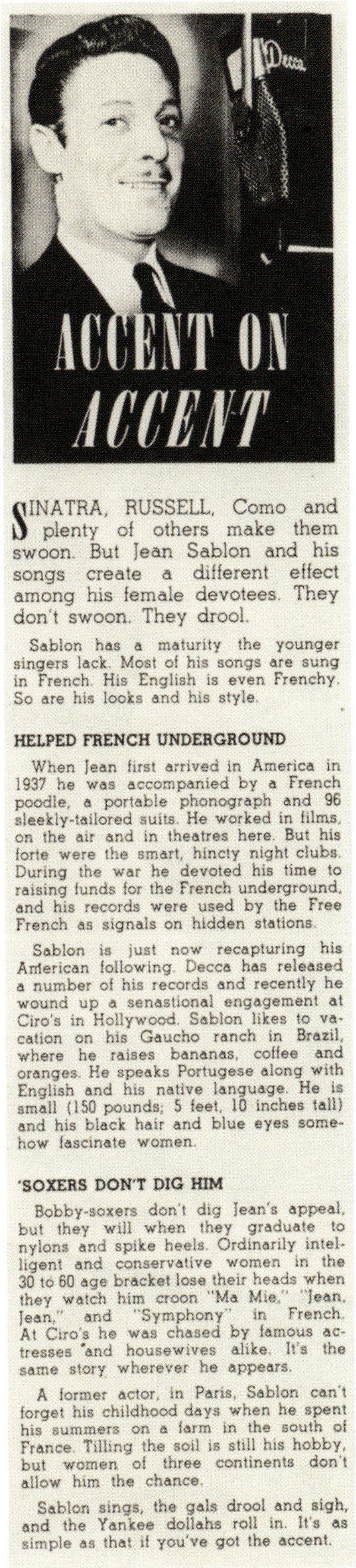

ACCENT ON ACCENT

SINATRA, RUSSELL, Como and plenty of others make them swoon. But Jean Sablon and his songs create a different effect among his female devotees. They don't swoon. They drool.

Sablon has a maturity the younger singers lack. Most of his songs are sung in French. His English is even Frenchy. So are his looks and his style.

HELPED FRENCH UNDERGROUND

When Jean first arrived in America in 1937 he was accompanied by a French poodle, a portable phonograph and 96 sleekly-tailored suits. He worked in films, on the air and in theatres here. But his forte were the smart, hincty night clubs. During the war he devoted his time to raising funds for the French underground, and his records were used by the Free French as signals on hidden stations.

Sablon is just now recapturing his American following. Decca has released a number of his records and recently he wound up a sensational engagement at Ciro's in Hollywood. Sablon likes to vacation on his Gaucho ranch in Brazil, where he raises bananas, coffee and oranges. He speaks Portugese along with English and his native language. He is small (150 pounds; 5 feet, 10 inches tall) and his black hair and blue eyes somehow fascinate women.

'SOXERS DON'T DIG HIM

Bobby-soxers don't dig Jean's appeal, but they will when they graduate to nylons and spike heels. Ordinarily intelligent and conservative women in the 30 to 60 age bracket lose their heads when they watch him croon "Ma Mie," "Jean, Jean," and "Symphony" in French. At Ciro's he was chased by famous actresses and housewives alike. It's the same story wherever he appears.

A former actor, in Paris, Sablon can't forget his childhood days when he spent his summers on a farm in the south of France. Tilling the soil is still his hobby, but women of three continents don't allow him the chance.

Sablon sings, the gals drool and sigh, and the Yankee dollahs roll in. It's as simple as that if you've got the accent.

À son arrivée aux États-Unis, Jean est surnommé le *French Bing Crosby*. Tout en appréciant son allure très française, les Américains, qui jugent les gens à leur propre aune, lui signifient par ces mots avec gentillesse qu'ils l'adoptent. Ils l'appellent également le *French Troubadour*, appellation que le baryton préfère à celle de « chanteur de charme » qui commence à avoir cours en France, qu'il trouve à la fois trop générale et connotée. ♪

When he arrived in America, Sablon was dubbed the "French Bing Crosby". With this nickname, the Americans, who judged people on their own terms, indicated gently that –while they appreciated the Frenchness of his look and style– they had adopted him. They also called him the "French troubadour". Sablon preferred this to "*chanteur de charme*", the nickname that was gaining popularity in France, which he felt was both too general and too loaded with connotations. ♪

Récital au Japon, 1968.
Performance in Japan, 1968.

Hollywood Note, 1946. L'effet de la voix de Jean sur le public féminin est comparé à celui de Sinatra et Perry Como…
At the Hollywood Note, 1946. The effect of Jean Sablon's voice on his female fans was likened to that of Frank Sinatra or Perry Como.

Le « French Bing Crosby » reçoit Bing Crosby, studios NBC, New York, 1946.
Bing Crosby is greeted by "the French Bing Crosby", NBC studios, New York, 1946.

Frank Sinatra

En 1943, Danton Walker du *Daily News* déclare que Frank Sinatra est le meilleur chanteur à utiliser le micro après Jean Sablon. Et Frank Sinatra de reprendre ces mots au fronton des théâtres où il se produit, avec le fair-play caractéristique des Américains. Il lui demande même à ses débuts des conseils afin de moduler sa voix comme il convient.

Sinatra et Sablon sont souvent comparés, chacun ayant son public. Pour la presse, Jean est l'idole des *nylon soxers*, femmes élégantes en bas nylon, et Frank, celui des *bobby soxers*, les jeunes midinettes en socquettes. Ils se partageront certaines salles et seront programmés à plusieurs reprises ensemble au Carnegie Hall ou au Madison Square Garden. Lequel mettra à leur disposition un orchestre de cent musiciens.

Pendant plusieurs semaines, Frank et Jean tiendront en alternance la vedette de la rentrée du Waldorf Astoria de New-York. Les critiques journalistiques, comme le *New-Yorker*, qui qualifie non sans perfidie Sinatra d'« équivalent fragile de Jean Sablon, quoique plus local », ne parviennent pas à les opposer. Très bons amis, ils finissent bien des soirées à chanter au domicile de Jean, qui déclarera un jour n'avoir jamais rencontré personne d'une telle force de caractère.

« Il est difficile de saisir Jean Sablon. Peut-être, notamment, parce qu'il est depuis toujours comparé à quelqu'un d'autre. Par son allure, il ressemble à Ronald Colman et Clark Gable. Il est parfois présenté comme le Frank Sinatra, le Bing Crosby ou le Rudy Vallée français. Sans doute le meilleur hommage rendu à la stature de *crooner* de Jean Sablon vient-il de Sinatra quand "The Voice" s'identifie lui-même en annonçant à ses auditeurs « C'est le Sablon américain qui vous parle » » (Gene Handsaker, chroniqueur de Hollywood, *The Prescott Evening Courier*, Arizona, 12 août 1947). ♪

Jean signe un autographe à Nancy, la fille de Frank Sinatra, *The Listener*, **Australie, 1955.**
Signing an autograph for Nancy, Frank Sinatra's daughter, *The Listener*, Australia, 1955.

VOICE MEETS VOICE

Jean (The Voice of Paris) Sablon, star of "La Vie Parisienne," signs his autograph for Frank (The Voice) Sinatra and Sinatra's 14-year-old daughter, Nancy.

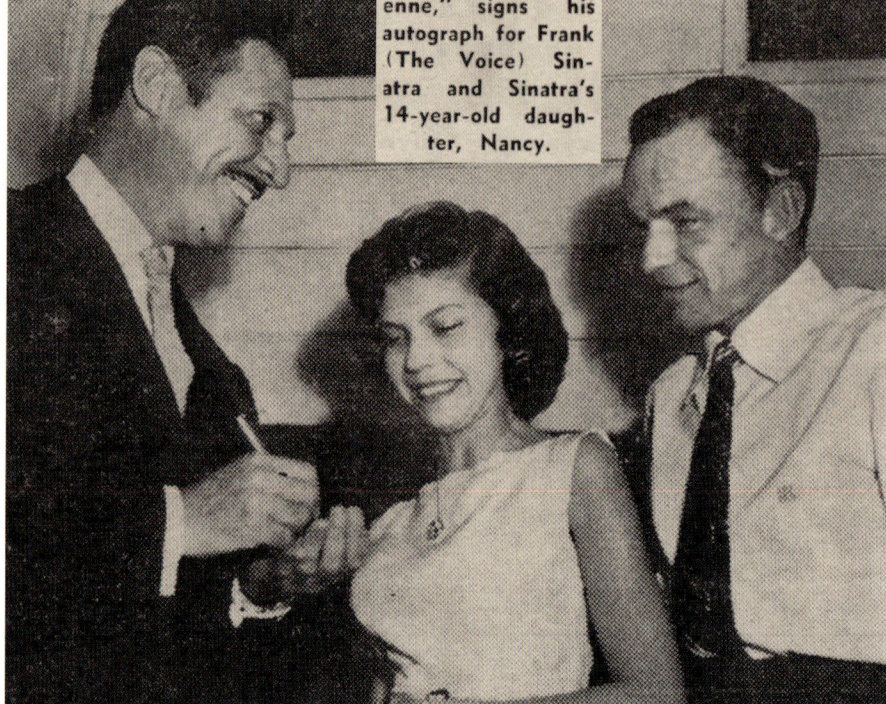

In 1943, Danton Walker of the *Daily News* declared that Frank Sinatra was the best singer to use a microphone after Jean Sablon. With typically American generosity, Sinatra himself had these words splashed over the theatres where he was performing. In his early days, he even asked Sablon for advice on how to modulate his voice correctly.

Sinatra and Sablon were often compared, and each had his following. According to the press, Sinatra was adored by teenage bobby soxers, while Sablon was the idol of the "nylon soxers", elegant women in nylon stockings. On a number of occasions they shared the billing at the Carnegie Hall or Madison Square Garden, which put a hundred-strong orchestra at their disposal. For several weeks, the pair of them alternated as the star turn of the new season at the Waldorf Astoria in New York. Critics in the press, as in the *New Yorker*, disloyally described Sinatra as a "fragile equivalent to Jean Sablon, though more local", but still failed to spark any conflict between them. Close friends, the pair finished many an evening singing together back at Sablon's place. Sablon later declared that he had never encountered anyone with such force of personality.

"It is difficult to grasp Jean Sablon. Perhaps, notably, because he has always been compared with someone else. In appearance he resembles Ronald Colman and Clark Gable. He is sometimes introduced as the French Frank Sinatra, Bing Crosby or Rudy Vallée. Doubtless the best tribute to Jean Sablon's stature as a crooner came from Sinatra, when 'The Voice' identified himself with him, announcing to his listeners, 'This is the American Sablon speaking.'" (Gene Handsaker, Hollywood columnist, *Prescott Evening Courier*, Arizona, 12 August 1947). ♪

UN RENDEZ-VOUS MANQUÉ AVEC LE CINÉMA
THE CINEMA: A MISSED OPPORTUNITY

Les rapports de Jean Sablon avec le cinéma ont toujours été empreints d'un détachement probablement inspiré par sa malheureuse expérience dans *Chacun sa Chance,* dont il détesta les résultats. Les industries cinématographiques européenne et américaine s'évertueront pourtant à lui faire la cour. Par un remarquable concours de circonstances fait de projets inaboutis, d'événements politiques ou d'impératifs professionnels, jamais la rencontre décisive avec le septième art ne se fera, à tel point que Jean finira par se convaincre que telle n'est pas sa voie. Sans compter qu'il sait que pour un artiste consacré dans sa discipline, il n'y a rien à y gagner, à moins d'être joueur ou à la recherche d'une notoriété d'un autre genre, qui exige d'autres talents. Jean rejoint ainsi sa nature indépendante, éprise de voyages et de liberté, à ses yeux plus importante que tout.

C'est en 1925 qu'il fait la connaissance du monde du cinéma. Pierre Brasseur l'emmène faire de la figuration dans *Madame sans-Gêne*, aux côtés de Gloria Swanson. Aucune copie ne paraît subsister du film.

Lorsqu'en 1929, René Clair lui propose un rôle dans le film *Sous les Toits de Paris*, Jean doit assurer des matinées sur scène. Il ne peut donc accepter. En revanche, il se rend à Joinville pour tourner *Chacun sa Chance* réalisé par René Pujol en 1930, l'un des premiers films français parlants, coproduction franco-allemande de la UFA. C'est son premier long-métrage, de même que pour Jean Gabin. Déçu par son apparence physique à l'écran, il en conçoit un sentiment de défiance envers son image dont il ne se départira jamais et qui le dissuadera de tenter de nouvelles expériences.

Jean Sablon's relationship with the film industry was always a distant one, probably as a result of his unfortunate experience with *Chacun sa Chance*, which he hated. Both in Europe and in America, the film industry nevertheless did its utmost to woo him. But extraordinary combinations of circumstances –featuring unfinished projects, events on the political stage and professional pressures– were to ensure that their approaches never came to anything, to the point where Sablon began to be convinced that a film career was not meant for him. Added to this, he was also aware that for an artist who was devoted to his own discipline, there was nothing to be gained from it, unless he was looking for fame in another genre that demanded different talents. Thus he remained faithful to his independence of character and his love of travel and freedom, which to him was the most important thing of all.

His introduction to the world of cinema came in 1925, when the actor Pierre Brasseur took him along to be an extra on *Madame Sans-Gêne* with Gloria Swanson, a silent comedy-drama that is now believed lost. When René Clair offered him a part in *Sous les Toits de Paris* in 1929, he had to refuse as his matinée performances meant he could not be on set when needed. The following year, by contrast, he went to Joinville to film *Chacun sa Chance* for René Pujol, a Franco-German UFA production that was one of the first French talkies. This was Sablon's first feature-length film, as it was for Jean Gabin too. So dismayed was Sablon by his physical appearance on screen –an opinion from which he would not be swayed– that he was never to repeat the experience.

Avec Charlotte Lysès, carte postale de la chanson *Un Mot d'amour de temps en temps*, du film *Tante Aurélie* (1932).
With Charlotte Lysès on a postcard of the song *Un Mot d'amour de temps en temps*, from the film *Tante Aurélie*, 1932.

97

Annonce de *Parade à Quatre* avec Renée Saint-Cyr, qui ne verra jamais le jour (1936).
Playbill for *Parade à Quatre* with Renée Saint-Cyr, which was never to be made (1936).

Et ce ne sont pas les projets de film avortés qui seront de nature à le motiver davantage : en 1936, le film *Parade à Quatre*, dont les acteurs pressentis, Renée Saint-Cyr, Andrex et Dorville devaient tenir la vedette avec lui, ne verra jamais le jour… Le producteur disparaît comme par enchantement une fois les fonds empochés…

Jean ne sera pas plus chanceux aux États-Unis. Walter Wanger, le producteur d'*Algiers*, misant sur le jeune Français, lui fait passer des essais en 1938 pour le tournage de l'*Illusionniste* avec Hedy Lamarr, d'après l'œuvre de Sacha Guitry. Le film ne se fera jamais…

À vrai dire, la soumission et la disponibilité totales requises par les producteurs de cinéma américains ne conviennent pas au naturel de Jean. En ce pays, un acteur signe un contrat de sept ans avec le studio tout-puissant qui l'a

He was hardly encouraged by a series of abortive projects. In 1936, *Parade à Quatre*, in which he was to co-star with Renée Saint-Cyr, Andrex and Dorville, was abandoned when the producer disappeared with the budget. Nor did he have any more luck in America. Walter Wanger, producer of *Algiers*, put his money on Sablon and asked him to screen test for a film of Sacha Guitry's *The Illusionist*, with Hedy Lamarr. The film was never to see the light of day.

Truth to tell, the unlimited availability and total compliance demanded by American film producers sat uneasily with Sablon's carefree approach. In the American film industry, actors signed seven-year contracts with the all-powerful studios, granting them control over their private lives, even to the point of forcing them to get married, all the while either employing them or leaving them idle at whim.

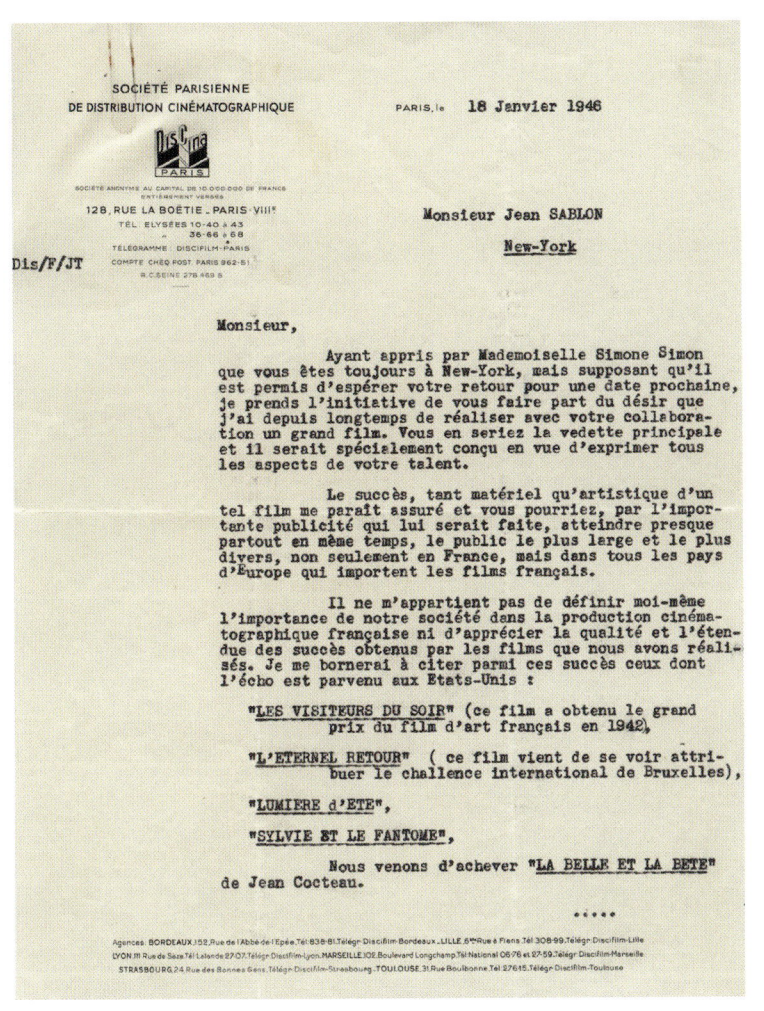

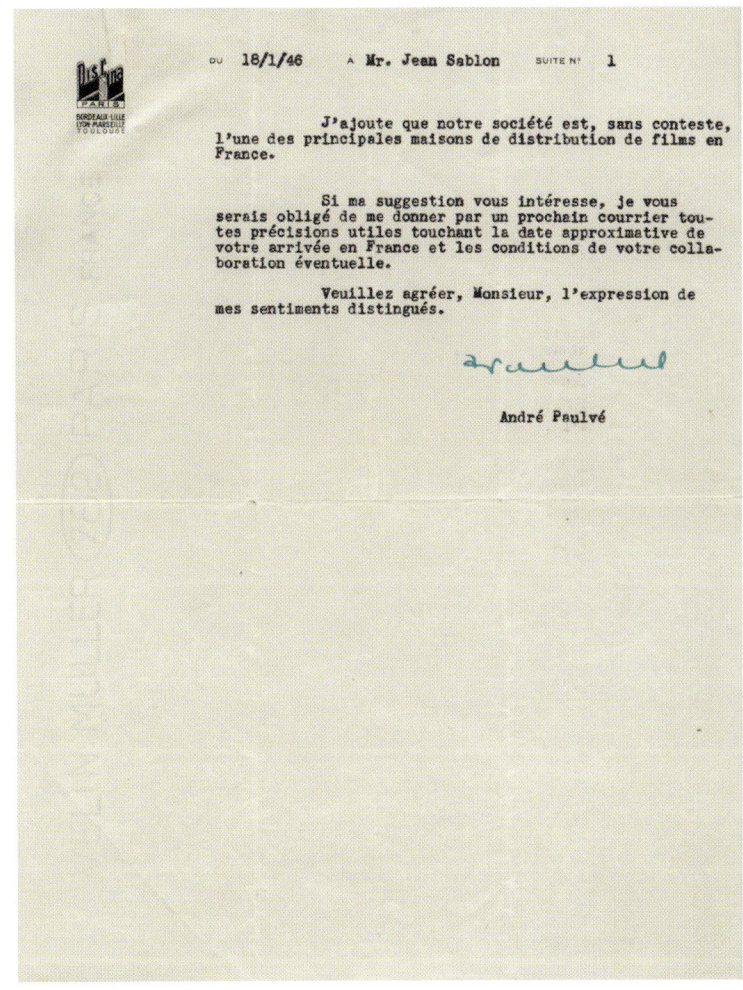

choisi. Lequel contrôle sa vie privée, peut lui imposer le mariage, l'employer ou le laisser des mois sans travailler, selon son bon plaisir.

Peu avant la guerre, la Compagnie Industrielle Commerciale Cinématographique lui propose son premier grand rôle tout en lui permettant de choisir scénario et dialogues en collaboration avec Marcel Carné. Le conflit mondial fait échouer le projet... Et la Dicina (Société Parisienne de Distribution Cinématographique), productrice des *Visiteurs du Soir*, de l'*Éternel Retour* et de *La Belle et la Bête*, de tenter sa chance en 1946, avec l'espoir de faire un film à son intention « pour exprimer tous les aspects du talent du chanteur ». Une fois encore sans succès.

Fin 1947, quand Jean quitte la chaîne de radio CBS, son agent le fait signer à Hollywood pour une production regroupant Jane Russell et Sophie Tucker, moyennant des conditions exceptionnelles, pour dissiper ses réticences. Il enregistre deux chansons destinées au film. Le projet souffrant quelque retard, il reçoit un chèque qu'il tarde à encaisser. Le jour se son dépôt à la banque, il se révèle sans provision et le producteur, introuvable...

Shortly before the war, the Compagnie Industrielle Commerciale Cinématographique offered him his first major film role, while also giving him control over the scenario and screenplay, in collaboration with Marcel Carné. The outbreak of war was to put paid to this project. Then in 1946 the Société Parisienne de Distribution Cinématographique (Dicina) tried its luck, hoping to make a film that would express "every aspect of his talent". Once again the project failed.

In late 1947, when Jean left CBS radio, his agent persuaded him to sign a contract for a Hollywood production with Jane Russell and Sophie Tucker, offering exceptional conditions to overcome his reluctance. After he had recorded two songs for it, the project was delayed. He received a cheque, and in turn delayed in paying it into the bank. When he eventually banked the cheque it bounced, and the producer proved to have vanished.

This last failure was the last straw for Sablon. Neither Gene Kelly, who came to Paris specially to try and persuade him to accept the role in *An American in Paris* (1951) that would eventually be played by Georges Guétary, nor the BBC, which in the 1950s proposed a film of his life, could persuade him to change his mind.

Lettre d'André Paulvé, producteur des *Visiteurs du soir* et de *L'Éternel retour* (1946).
Letter from André Paulvé, producer of *Les Visiteurs du soir* and *L'Éternel retour* (1946).

Sans doute cet ultime raté a-t-il raison de la bonne volonté de Jean. Ni l'insistance de Gene Kelly, venu spécialement à Paris pour le convaincre d'accepter le rôle que Georges Guétary occupera finalement dans *Un Américain à Paris* (1951), ni les propositions de la BBC aux fins de tourner l'histoire de sa vie, dans les années cinquante, ne le feront fléchir.

En 1952, le réalisateur argentin Daniel Tinyare projette de lui faire tenir la vedette du film *Amor de mi Vida* avec son épouse Mirtha Legrand. Encore un beau projet qui tombe rapidement dans les oubliettes...

Autre projet avorté : Jean refuse en 1959 de paraître dans *Cancan* avec Maurice Chevalier, Shirley Mac Laine et Frank Sinatra. En ces temps de voyages plus intenses que jamais, il s'accommoderait mal d'un contrat long et contraignant. N'ayant jamais visité l'Afrique du Sud, il préfère s'envoler pour cette lointaine contrée. Louis Jourdan le remplacera. Et les propositions qui lui sont faites en 1961 pour *Fanny* aux côtés de Maurice Chevalier et Leslie Caron ne sont pas mieux reçues...

Seule exception, *The Castles*, en 1938, avec Ginger Rogers et Fred Astaire. Jean y a vu son rôle se réduire au point de refuser d'apparaître à l'écran et d'imposer coûte que coûte son point de vue à la toute-puissante production, malgré les conseils de son entourage inquiet pour son avenir... «Qu'importe, dussé-je rentrer en France à la nage.» Tant et si bien que, dans la version définitive du film, on l'entendra sans le voir.

Jean prêtera plus volontiers son concours à *Paris chante toujours* (1952) avec Yves Montand, Édith Piaf et Line Renaud, car il s'agira d'un film musical au profit de la Maison de retraite des artistes fondée par Dranem à Ris-Orangis.

In 1952, the Argentinian director Daniel Tinyare offered him the male lead, opposite his wife, in the film *Amor mi Vida*, another promising project that was soon consigned to oblivion. In 1959, Sablon turned down a part in *Cancan*, with Maurice Chevalier, Shirley MacLaine and Frank Sinatra, as he was doing more international touring than ever at this time, and was reluctant to be tied down by a long and restrictive contract. He preferred to fly off to South Africa, a country he had never visited, leaving his part in the film to Louis Jourdain. In 1961 he also turned down the chance to appear in *Fanny*, alongside Maurice Chevalier and Leslie Caron.

There were rare exceptions to this long list of refusals. In *The Story of Vernon and Irene Castle* of 1938, with Fred Astaire and Ginger Rogers, he watched as his part dwindled to the point where he refused to appear on screen, refusing –despite the advice of his entourage, who feared for his future career– to give in to the all-powerful production company, whatever the cost: "I don't care, even if I have to swim back to France." Sure enough, in the finished film Sablon was heard but not seen.

In 1952, all the same, he was happy to lend his support to *Paris chante toujours*, with Yves Montand, Edith Piaf and Line Renaud, as this was a musical made to support the retirement home for artists founded by Dranem at Ris-Orangis.

Visite à Walt Disney et Salvador Dali, Burbank, Californie, 1946. Les studios Disney, qui travaillent sur *Destino* un dessin animé conçu par le surréaliste, sollicitent Jean. Le projet avorté ne se réalisera qu'en 2003!
Visiting Walt Disney and Salvador Dalí, Burbank, California, 1946. The Disney studios asked Jean Sablon to collaborate on a project for an animated film designed by the Surrealist artist. The film, *Destino*, was eventually released in 2003.

Cocktail pour la sortie de *Paris chante toujours*, avec Lucien Baroux, Line Renaud, Jean, Edith Piaf, Toto Girardin et Nita Raya, Paris, 1951.
Cocktail party for the release of *Paris chante toujours*, with Lucien Baroux, Line Renaud, Jean Sablon, Edith Piaf, Toto Girardin and Nita Raya, Paris, 1951.

COCINOR PRÉSENTE UNE PRODUCTION C.L.M.
(PAR ORDRE ALPHABÉTIQUE)
Les COMPAGNONS de la CHANSON
ANDRÉ DASSARY
GEORGES GUETARY
LUIS MARIANO
YVES MONTAND
EDITH PIAF
LINE RENAUD
TINO ROSSI
JEAN SABLON
GEORGES ULMER
DANS
UN FILM DE
PIERRE MONTAZEL
PARIS
CHANTE TOUJOURS

LOS ANGELES ET HOLLYWOOD
LOS ANGELES AND HOLLYWOOD

Le premier séjour de 1933 chez Ramon Novarro a enchanté le jeune chanteur. Il a découvert à Hollywood le monde des studios de cinéma, y rejoignant de temps à autre Ramon pour le déjeuner, passant le reste de son temps à sillonner la Californie, du Yosemite Park à Palm Springs. Dans l'intimité du petit théâtre de Ramon, il a charmé les oreilles de grandes personnalités, non sans trac. Un aréopage où se côtoyaient Gloria Swanson, Ray Milland, Myrna Loy, Bill Haynes, Irvin Thalberg, Norma Shearer, Louis B. Mayer, Jeannette McDonald, Dolores del Rio, Lupe Velez, Ronald Colman, Randolph Scott, Cary Grant ou John Gilbert ! Avant son départ, il a même réitéré son récital pour ses adieux à la Californie en présence de Mae West, Jean Harlow, Gary Cooper et Johnny Weissmuller.

En 1938, Jean retourne à Hollywood pour les besoins d'*Hollywood Hotel*, émission produite pas la NBC. Dès son arrivée, Joan Bennett organise pour lui un dîner avec le Tout-Hollywood. Harriett Parsons, dont la mère, la chroniqueuse Louella Parsons interroge les acteurs reçus dans le programme le plus écouté d'Amérique, mobilise Jean plusieurs jours pour les actualités filmées. Elle l'emmène dans les lieux les plus divers, flanqué de deux jeunes starlettes. L'une d'elles n'est autre que Rita Hayworth. Le public découvrira le jeune Français à l'écran au Luna Park et sur la plage de Long Beach, dégustant des glaces ou se livrant à l'aquaplane avec les deux beautés sur les épaules... Une publicité qui s'avérera fort efficace.

Une visite à Ramon Novarro, studios MGM, Hollywood, 1933.
Visiting Ramón Novarro at the MGM studios, Hollywood, 1933.

Jean Sablon was enchanted by his first stay in Hollywood in 1933, courtesy of Ramon Navarro. There he discovered the world of the film studios, going there from time to time to meet Navarro for lunch and spending the rest of the time exploring California, from Yosemite to Palm Springs. In the intimacy of Navarro's private theatre he had sung –with success though not without a frisson of nerves– for a galaxy of stars and major figures from the film world, including Gloria Swanson, Ray Milland, Myrna Loy, Bill Haynes, Irvin Thalberg, Norma Shearer, Louis B. Mayer, Jeanette MacDonald, Dolores del Rio, Lupe Velez, Ronald Colman, Randolph Scott, Cary Grant and John Gilbert. And before he left, he gave a farewell performance to an audience including Mae West, Jean Harlow, Gary Cooper and Johnny Weissmuller.

Avec Joan Bennett, Hollywood, 1938.
With Joan Bennett, Hollywood, 1938.

Récemment arrivé en Californie, le jeune Français accompagné de deux starlettes, Rita Hayworth et Dixie Dunbar, 1938.
Just arrived in California, the young Frenchman poses with starlets Rita Hayworth and Dixie Dunbar, 1938.

In 1938, Sablon went back to Hollywood to host the NBC radio show Hollywood Hotel. On his arrival, Joan Bennett organized a dinner for him to which the cream of Hollywood society was invited. Harriett Parsons –daughter of the film columnist Louella Parsons, who interviewed the actors invited on to America's most popular radio programme– spent several days making newsreel films of Sablon, taking him to a variety of different spots and flanking him with two starlets, one of whom was Rita Hayworth. The American public thus viewed the young Frenchman at Luna Park and on Long Beach, eating ice creams or water-skiing with the two starlets on his shoulders. It was all to prove highly effective publicity for him.

103

Certes, *Hollywood Hotel* exige beaucoup de travail, car il s'agit d'y interpréter deux fois par semaine les airs des nouveaux films, mais Jean dispose de beaucoup de temps libre. Tout l'enchante à Los Angeles, une belle nature et un climat exquis propice au sport. Il savoure cette liberté, heureux de ne pas avoir signé avec un grand studio de cinéma qui l'aurait totalement accaparé comme il accapare nombre de ses amis, et reçoit à la maison ses amis Tyrone Power et Annabella, Joan Bennett, Bette Davis, Gary Cooper, Claudette Colbert et Marlène Dietrich, rencontrée à New York. Séjournant alors à « Big Apple », l'« Ange bleu » avait demandé à un ami commun, Clifton Webb, de rencontrer Jean. Devenus rapidement amis, Jean lui avait fait connaître le Savoy Ballroom de Harlem, haut lieu du jazz. Un jour qu'il l'interrogeait sur Hollywood, elle lui avait répondu avec bon sens qu'on l'aimait si on y avait du succès... Jean sut donc dès le jour de son arrivée dans la capitale du cinéma qu'il n'avait pas droit à l'erreur !

Il est aussi l'ami et le confident de Ginger Rogers, depuis le tournage de *The Story Verman and Irene Castles*, à laquelle il présentera Jean Gabin. Une idylle se nouera.

Hollywood Hotel was a big commitment, involving singing the songs from the latest films twice weekly, but Sablon also had plenty of free time. Everything about Los Angeles –its natural beauties, its sunny climate perfect for sport– enchanted him. And he savoured his freedom there, relieved not to have signed with a big studio that would have monopolized him, as so many of his friends had done. Meanwhile he enjoyed entertaining friends such as Tyrone Power and Annabella, Joan Bennett, Bette Davis, Gary Cooper, Claudette Colbert and Marlene Dietrich, whom he had met in New York when she had asked their mutual friend Clifton Webb to introduce them. They quickly became friends, and Sablon introduced her to the Savoy Ballroom, the legendary heart of swing in Harlem. When he asked her about Hollywood, she told him that if you were a success there you liked it – so he knew from his first day there that there was no room for mistakes. During the filming of *The Story of Vernon and Irene Castle* Sablon also became the friend and confidant of Ginger Rogers, to whom he introduced Jean Gabin. And so an idyll was born.

Le programme *Hollywood Hotel*, diffusé depuis la capitale du cinéma, permet à Jean de créer à l'antenne nombre de chansons de films. Il en interprétera près de 500.
The *Hollywood Hotel* show, broadcast from the capital of cinema, was an opportunity for Jean Sablon to perform on air many songs from films – nearly 500 altogether.

Marlène révélera que *Je tire ma révérence* est sa chanson préférée, 1937.
Dietrich was later to reveal that *Je tire ma révérence* was her favourite song, 1937.

104

Avec Kay Kyser et Esther Williams, Hollywood, 1946.
With Kay Kyser and Esther Williams, Hollywood, 1946.

Avec Henry Fonda, Hollywood, 1938.
With Henry Fonda, Hollywood, 1938.

Rentrée de Marlène Dietrich à l'Étoile, Paris, 1959, en compagnie de Jean-Pierre Aumont, également vedette à Hollywood.
Marlene Dietrich's return to the Étoile, Paris, 1959, with another Hollywood star, Jean-Pierre Aumont.

Avec Dinah Shore, Hollywood, 1947.
With Dinah Shore, Hollywood, 1947.

Avec Sonia Henie, 1946.
With Sonia Henie, 1946.

De gauche à droite : Jean, Pat Paterson, Louis Jourdan, Charles Boyer, fin des années 1940.
Jean Sablon with (among others) Pat Paterson, Louis Jourdan and Charles Boyer, late 1940s.

Auprès de Greer Garson, Hollywood, 1946.
With Greer Garson, Hollywood, 1946.

105

WED. DEC. 17 to JAN. 6
From Paris to You!
International Ambassador of Song
JEAN SABLON
and **MARGARET SISTERS & BRUNO**
Parisian Dancing Stars in Their First American Appearance
In the World-Famous
COCOANUT GROVE

THE LOS ANGELES Ambassador
DU 7-7011

EDDIE BERGMAN and the
featuring Bill Roberts, Bob Lido,
Cocoanut Grove Orchestra
Larry Neill and Aladdin

12—Sec. I   Fri., Dec. 19, 1952   *Los Angeles Examiner*

Cafe News:

Jean Sablon, French Star, at Cocoanut Grove

Jean Sablon, hailed as France's most popular singing star, is currently at Cocoanut Grove of the Ambassador Hotel for a short singing engagement, following a tour of Europe and South America. Sablon's recordings are top sellers abroad, and his new American records in English and French are already setting high marks in this country.

* * *

BERT BARTON | EDITH PIAF | JEAN SABLON | BUDDY JACK | JOE FREDERICK

Saison au célèbre club Cocoanut Grove de Los Angeles, 1952-1953.
Season at the famous Cocoanut Grove in Los Angeles, 1952-3.

1952, le « plus célèbre chanteur français aux États-Unis » se produit au Cocoanut Grove, Los Angeles Examiner.
"Jean Sablon, hailed as France's most popular singing star, is currently at Cocoanut Grove", *Los Angeles Examiner*, 1952.

Au cours des années quarante et cinquante, Jean se produira dans plusieurs salles de Los Angeles, le Ciro's, le Trocadéro et le Cocoanut Grove, immense salle de mille personnes où Desi Arnaz, le mari de la charmante Lucille Ball, et Harry James l'accompagneront. À l'occasion de l'une de ses premières au Cocoanut Grove, Ira Gershwin, frère de George, et sa femme, organiseront un dîner pour lui permettre de retrouver ses amis Lauren Baccall, Humphrey Bogart, Vincente Minnelli et Judy Garland. Quoique sur le point d'accoucher, Judy tiendra à s'y rendre et chantera avec ses amis jusqu'à cinq heures du matin, prenant congé *in extremis* de l'aimable société pour gagner l'hôpital…

Amoureux de Hollywood et Los Angeles, Jean s'y réinstallera en 1947, demandant à ce que son show CBS soit diffusé depuis la Californie. Il partagera le patio de l'hôtel Bel-Air, son domicile, avec Lana Turner, Van Johnson et Kitty Carlisle puis se choisira une maison, havre de paix où finir ses soirées de récital avec la jeune chanteuse Margaret Whiting, ses compatriotes Jean-Pierre Aumont et Simone Simon, et les figures de la capitale du cinéma.

During the 1940s and 50s, Sablon performed in numerous venues in Los Angeles, including Ciro's, the Trocadero and Cocoanut Grove, a vast auditorium seating a thousand, where he was accompanied by Desi Arnaz, husband of the delightful Lucille Ball, and Harry James. On one of his opening nights at Cocoanut Grove, Ira Gershwin and his wife organized a dinner to which they invited his friends Lauren Bacall and Humphrey Bogart, and Vincente Minnelli and Judy Garland. Although on the point of giving birth, Garland insisted on going, and sang with her friends until five o'clock in the morning – at which point she left for the hospital.

Having fallen in love with Hollywood and Los Angeles, Sablon was back again in 1947, when he asked to broadcast his CBS show from California. This time he lived at the Hotel Bel-Air, where he shared a patio with Lana Turner, Van Johnson and Kitty Carlisle before finding his own house. This was a haven of peace where he would finish off the evening after the show with the young singer Margaret Whiting, his compatriots Jean-Pierre Aumont and Simone Simon, and other luminaries of the film world.

Quelques mots de la très sexy pin-up Betty Grable, Hollywood, 1952.
A few words from "pin-up girl" Betty Grable, Hollywood, 1952.

Chansons de films interprétées par Jean Sablon / Songs from the Cinema sung by Jean Sablon

Le Duo du téléphone, avec Renée Héribel, 1930 (du film *Chacun sa Chance*)
La Chanson d'amour, avec Germaine Sablon, 1931 (*Marions-nous*)
Tout est permis quand on rêve, avec Germaine Sablon, 1931 (*Le Chemin du Paradis*)
Sympathique, 1932 (*Les Vautours de l'or* alias *Rouletabille aviateur*)
Vous ne savez pas, avec Germaine Sablon, 1932 (*Le Truc du Brésilien*)
Plus rien, 1932 (*Une Faim de loup*)
Mimi, aimez-moi ce soir, 1933 (*Love me tonight*, en français : *Aimez-moi ce soir*)
Le Jour où je te vis, 1934 (*Too much Harmony*)
Prenez garde au grand méchant loup, 1934 (Silly Symphony de Walt Disney : *Les Trois Petits Cochons*)
Ça vient tout doucement, 1936 (*Mademoiselle Mozart*)
Can I forget you, 1937 (*High, wide and handsome*, en français *La Furie de l'or noir*)
Says my heart, 1938 (*Cocoanut Grove*)
My walking stick, 1938 (*Alexander's Ragtime band*)
My Own, 1938 (*That Certain age*)
Two Sleepy people, 1938 (*Thanks for the Memory*)
Silver on the Sage, 1938 (*The Texans*, en français *L'Héroïne du Texas*)
Just the Way you look tonight, 1938 (*Swing Time*)
Havin' Myself a Time, 1938 (*Tropical Holiday*)
Change Partners, 1938 (*Carefree*)
At the Darktown Strutters' Ball, 1938 (*The Story of Vernon and Irene Castle*)
J'suis pas Millionnaire, 1939 (*Sing you Sinners*)
Katia (en français : *Il peut neiger*), 1939 (*Katia*)
En septembre sous la pluie, 1940 (*Melody for Two / Stars over Broadway*)
Mon seul amour c'est vous, 1940 (*Las Vegas Nights*)
C'est le Printemps (en anglais : *It Might aswell be Spring*), 1945 (*State Fair*)
Falling in love again, 1948 (*L'Ange bleu*)
Miranda, 1948 (*Miranda*)
At Café Rendez-vous, 1949 (*It's a Great Feeling*)
O'Cangaceiro / Mulher Rendeira, 1953 (*O'Cangaceiro*)
Manha de Carnaval, 1959 (*Orfeu Negro*) ♪

Ces versions ne sont pas toujours les versions originales du film.
L'année indiquée est celle de l'enregistrement de la chanson.
Elle ne correspond pas toujours à celle du film.
Entre parenthèses, le nom du film.

Le Duo du téléphone, with Renée Héribel, 1930 (*Chacun sa Chance*)
La Chanson d'amour, with Germaine Sablon, 1931 (*Marions-nous*)
Tout est permis quand on rêve, with Germaine Sablon, 1931 (*Le Chemin du Paradis*)
Sympathique, 1932 (*Les Vautours de l'or* or *Rouletabille aviateur*)
Vous ne savez pas, with Germaine Sablon, 1932 (*Le Truc du Brésilien*)
Plus rien, 1932 (*Une Faim de loup*)
Mimi, aimez-moi ce soir, 1933 (*Love me Tonight/Aimez-moi ce soir*)
Le Jour où je te vis, 1934 (*Too Much Harmony*)
Prenez garde au grand méchant loup, 1934 (Silly Symphony by Walt Disney: *The Three Little Pigs/Les Trois Petits Cochons*)
Ça vient tout doucement, 1936 (*Mademoiselle Mozart*)
Can I Forget You?, 1937 (*High, Wide and Handsome*)
Says My Heart, 1938 (*Cocoanut Grove*)
My Walking Stick, 1938 (*Alexander's Ragtime Band*)
My Own, 1938 (*That Certain Age*)
Two Sleepy People, 1938 (*Thanks for the Memory*)
Silver on the Sage, 1938 (*The Texans*)
Just the Way You Look Tonight, 1938 (*Swing Time*)
Havin' Myself a Time, 1938 (*Tropical Holiday*)
Change Partners, 1938 (*Carefree*)
At the Darktown Strutters' Ball, 1938 (*The Story of Vernon and Irene Castle*)
J'suis pas Millionnaire, 1939 (*Sing You Sinners*)
Katia (*Il peut neiger*), 1939 (*Katia*)
En septembre sous la pluie, 1940 (*Melody for Two/ Stars over Broadway*)
Mon seul amour c'est vous, 1940 (*Las Vegas Nights*)
C'est le Printemps (*It Might as Well be Spring*), 1945 (*State Fair*)
Falling in Love Again, 1948 (*L'Ange bleu/The Blue Angel*)
Miranda, 1948 (*Miranda*)
At Café Rendez-vous, 1949 (*It's a Great Feeling*)
O'Cangaceiro/Mulher rendeira, 1953 (*O'Cangaceiro*)
Manhã de Carnaval, 1959 (*Orfeu Negro/Black Orpheus*) ♪

(Dates indicate the year in which the song was recorded.)

Jean reçoit Claudette Colbert, Hollywood, 1938.
Greeting Claudette Colbert, Hollywood, 1938.

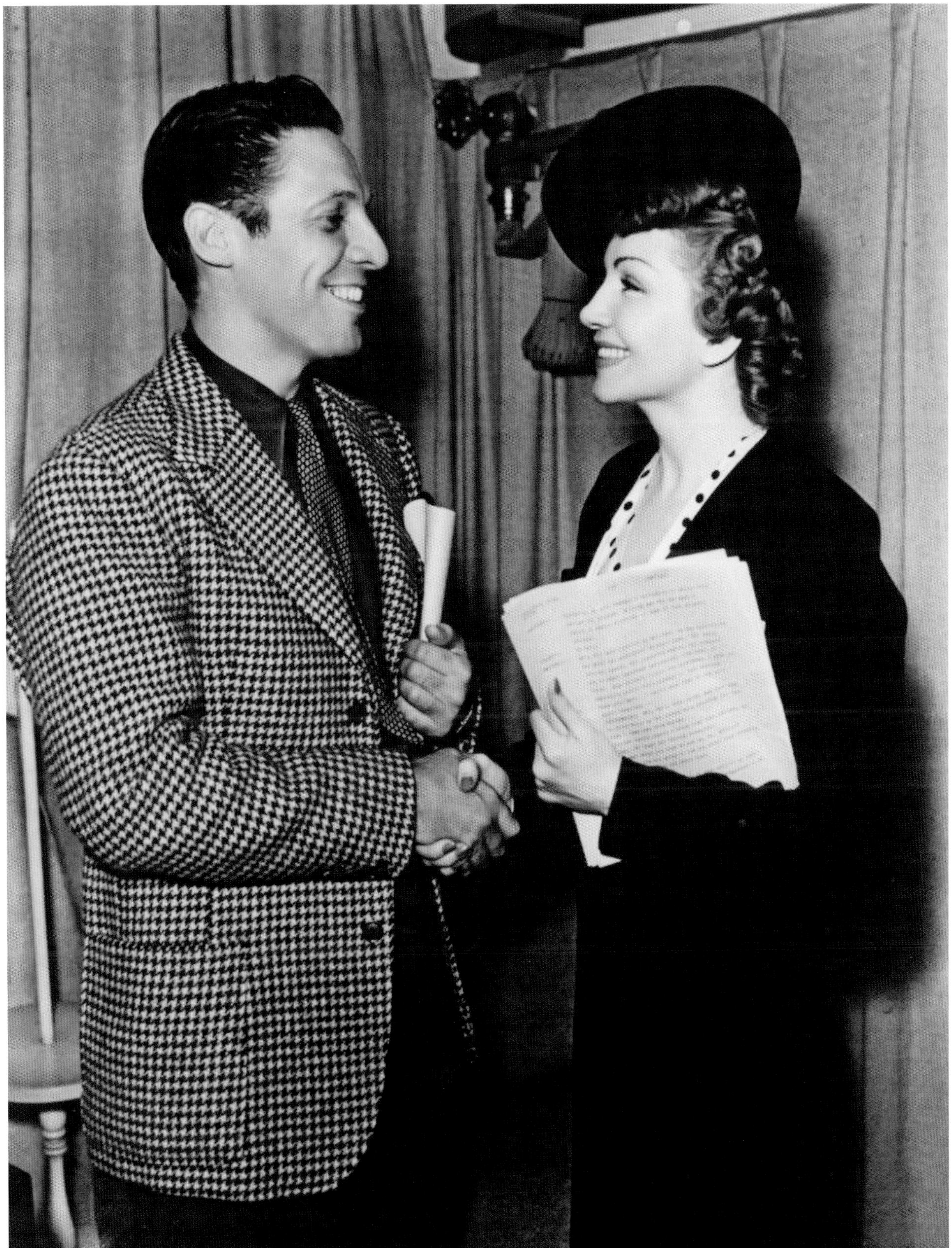

SOMBRES ANNÉES
THE DARK YEARS

Jean est au Brésil lorsqu'un flash à la radio lui apprend la déclaration de guerre, le 3 septembre 1939. Il pense avec tristesse à Paris, où il se produisait à l'ABC six mois plus tôt, et s'inquiète pour sa famille.

Le 14 juin suivant, c'est au Teatro Solis de Montevideo qu'il prend connaissance de la chute de Paris devant un auditoire en larmes...

Pendant la guerre, il multiplie les galas de bienfaisance, au Brésil et en Argentine. Aux États-Unis, où il réside depuis 1937, il se produit au bénéfice des combattants mais, n'étant pas Américain, ne peut le faire au profit de l'USO, organisme de soutien aux troupes, comme le feront Marlène Dietrich ou Bing Crosby. Il collabore en revanche étroitement avec les représentants de la France libre ainsi que les *French American Wives* et chante pour les soldats, comme ce gala de novembre 1941 face aux marins du *Normandie* et aux *coast guards* américains. *Le Normandie* s'embrasera en février, dans une consternation profonde partagée par les Français comme les Américains. Le navire n'aura vécu que sept ans...

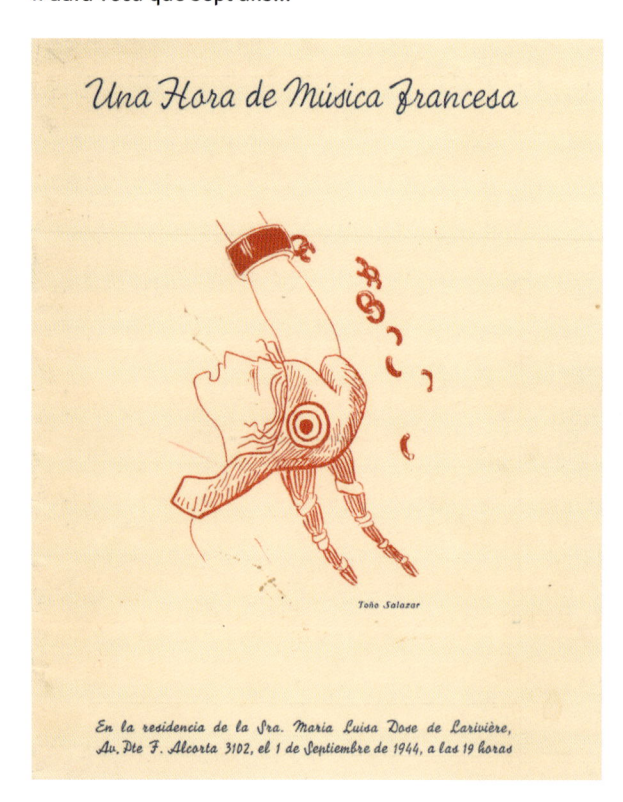

Récital en Argentine en faveur des combattants, 1944.
Fundraising performance for the Free French, Argentina, 1944.

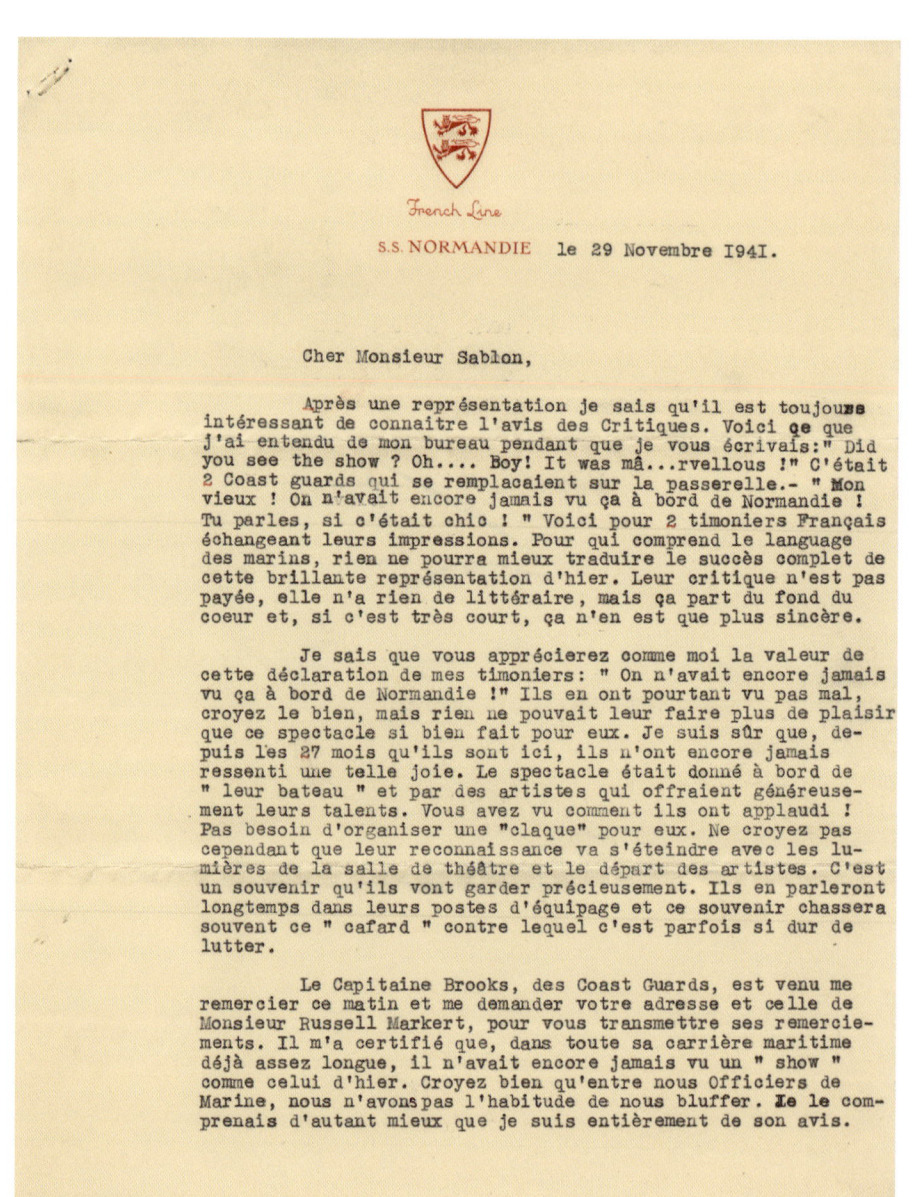

Il passe le plus clair de ces tristes années en Amérique du Sud, surtout en Argentine et au Brésil d'où il entreprend une tournée dans les principales villes du pays, ainsi que dans les villes chiliennes et uruguayennes, sur scène et à la radio, s'envolant de temps à autre pour ses rentrées annuelles à New-York, au Waldorf Astoria ou au Versailles.

Jean retrouvera l'Europe en 1946 à l'occasion d'une suite de récitals aux ABC de Bruxelles et Paris. Il n'aura pas le temps d'adapter son récital présenté aux Amériques aux goûts français et une partie du public n'applaudira pas à ses reprises d'airs traditionnels tel *Alouette,* pourtant réclamés par son auditoire d'outre-Atlantique.

110

Jean Sablon was in Brazil when he heard a news flash on the radio, on 3 September 1939, announcing that war had been declared. His thoughts turned sadly to Paris, where he had performed at the ABC six months earlier, and he was concerned for his family. On 14 June 1940, it was at the Teatro Solis in Montevideo that he learned –before an audience in tears– of the fall of Paris.

During the war he performed at increasing numbers of charity galas in Brazil and Argentina. In the United States, where he had lived since 1937, he gave performances in support of the armed forces, but because he was not American was unable to perform at USO shows alongside Marlene Dietrich and Bing Crosby. But he worked closely with representatives of the Free French and the American Wives and at a gala performance in November 1941 sang for members of the US Coast Guard and the sailors of the *Normandie*, which to the consternation of the Allies was to go up in flames in February 1942, after only seven years in service.

He spent most of the war years in South America, particularly in Argentina and Brazil, where he toured the main towns and cities. He also toured Chile and Uruguay, performing on stage and on the radio, returning to New York for annual visits, when he stayed at the Waldorf Astoria or the Versailles.

In 1946 he returned to Europe to give a series of performances at the ABC music halls in Brussels and Paris. He had little time to adapt his American act to French tastes, and a section of the audience greeted his performances of traditional songs such as *Alouette* –so popular with American audiences– in silence.

Lettre du commandant de bord suite au récital donné sur le *Normandie* au profit des marins, 1941.
Letter from the captain of the *Normandie* after the fundraising concert for sailors given on board, 1941.

Gala de bienfaisance franco-américain sur le paquebot *Ile-de-France* (à gauche, Henri Bonnet, ambassadeur de France), 20 novembre 1946.
Franco-American gala benefit concert on board the ocean liner *Ile-de-France* (on the left, French ambassador Henri Bonnet), November 20, 1946.

« C'est une position absurde que de faire des reproches aux artistes qui travaillaient pendant la guerre et d'en faire également à ceux qui étaient partis. » (Michel Romanoff)

"It is as absurd to criticize artists who carried on working during the war as it is to criticize those who left the country."
Michel Romanoff

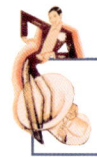

Germaine Sablon et le *Chant des Partisans*
Germaine Sablon and the *Chant des Partisans*

Un soir de mai 1943, Germaine, son compagnon Joseph («Jeff») Kessel et Maurice Druon, neveu de ce dernier, qui ont débarqué le 6 février à Londres pour rejoindre le Général de Gaulle, se rendent au Club Français de Saint James Park. Ils y retrouvent Emmanuel d'Astier de La Vigerie, lequel souhaite leur faire entendre *Guerrilla Song*, joué à la guitare par sa compositrice Anna Marly, guitariste et poète. Voilà deux semaines déjà qu'André Gillois et Emmanuel d'Astier recherchent un indicatif pour le nouveau programme résistant français de la BBC, *Honneur et Patrie*, émis depuis Londres. Ils le diffusent, simplement sifflé, dépourvu de paroles mais souhaitent en faire un hymne emblématique de la Résistance et pensent que Jeff, qui collabore à *Honneur et Patrie*, pourra les écrire. De son côté, Germaine souhaite que Jeff et Maurice, qui lui ont déjà écrit deux chansons, l'aident à renouveler son répertoire. Inspirés par l'air entendu la veille, Jeff et son neveu lui trouvent des paroles, ne conservant de l'air original qu'une ou deux idées, notamment l'image des corbeaux. Germaine transpose la chanson dans un petit carnet et l'enregistre dès le lendemain, le 31 mai, aux studios d'Ealing pour Alberto Cavalcanti. Le cinéaste, à la recherche de deux chansons à joindre à la Marseillaise pour compléter *Pourquoi nous combattons (Three Songs about Resistance)*, l'incluera dans sa trilogie. Le texte sera également imprimé dans les *Cahiers de la Libération* et largué par la RAF sur les territoires occupés. ♪

Germaine et Joseph Kessel vers 1942.
Germaine Sablon and Joseph Kessel, c.1942.

Extrait du cahier de Germaine Sablon. Le premier jet du *Chant des Partisans*, mai 1943.
The first draft of the *Chant des Partisans*, from Germaine Sablon's notebook, May 1943.

Suisse, 21 février 1951. Germaine conserve une place de choix dans le cœur des Français.
Switzerland, 21 February 1951. Germaine Sablon held a special place in French hearts.

One evening in May 1943, Germaine Sablon, her companion Joseph Kessel and Kessel's nephew Maurice Druon, who had arrived in London on 6 February to join the Free French forces of General de Gaulle, went to the Club Français in St James's. There they met Emmanuel d'Astier de La Vigerie, who wanted them to hear the composer, guitar-player and poet Anna Marly sing a song entitled Guerrilla Song. Emmanuel d'Astier and André Gillois had been looking for a signature tune for *Honneur et Patrie,* a new programme dedicated to the French Resistance, broadcast in French by the BBC in London. They were using a whistled version of the song, without words, but wanted to make it a hymn for the Resistance, and asked Kessel, who was a contributor to the programme, if he could write some lyrics. Germaine, who had been active in the Resistance herself, was hoping that Kessel and Druon, who had already written two songs for her, would help to broaden her repertoire. The following day, inspired by the melody they had heard the night before, Kessel and Druon wrote new lyrics, which Germaine copied down in a notebook. Next day, 31 May, she recorded the song for the film director Alberto Cavalcanti at Ealing Studios as part of the series "*Pourquoi nous combattons*". The words were also printed in *Les Cahier de la Libération*, and were scattered over the occupied territories by the RAF. ♪

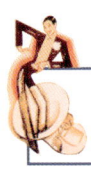

La communauté française aux États-Unis
The French Community in the United States

Nombreux sont les Français à se trouver aux États-Unis pendant la guerre. Jean-Pierre Aumont, Antoine de Saint-Exupéry, Arturo Lopez, Louis Verneuil, Pierre Lazareff, André Maurois, Henri Bernstein, le coiffeur Antoine, Moïse Kisling, Jean Gabin, le constructeur automobile Mathis ou Elsa Schiaparelli ont pour la plupart laissé leur signature sur la table du peintre Bernard Lamotte, également installé à New-York. Jean invite nombre d'entre eux dans son programme radiophonique. ♪

Many French men and women spent the war years in America. The actors Jean-Pierre Aumont, Antoine de Saint-Exupéry, Arturo Lopez, Louis Verneuil, Pierre Lazareff, André Maurois, Henri Bernstein, the hairdresser Antoine, Moïse Kisling, Jean Gabin, the car manufacturer Mathis and Elsa Schiaparelli were among those who congregated at La Grenouille, the restaurant beneath the studio of the painter Bernard Lamotte, which became a bohemian haven. Jean Sablon would invite many of them to appear as guests on his radio show. ♪

Séance de dédicace vers 1940.
Signing session, c.1940.

Signature de Jean Sablon sur la table de Bernard Lamotte à New York.
Jean Sablon's carved his name on Bernard Lamotte's table in New York.

« *Pendant la guerre, nous écoutions* Je tire ma révérence *et dansions sur le* Pont d'Avignon. »
(Pierre Barillet)

"*During the war we listened to* Je tire ma reverence *and danced to* Sur le Pont d'Avignon."
Pierre Barillet

RCA VICTOR
POPULAR COLLECTOR'S ISSUE

Jean Sablon

Le Grand
Spécialiste
de la
chanson
d'amour
parisienne

- J'attendrai
- Le Fiacre
- Reverie
- Mam'zelle
- J'ai ta main
- Insensiblement
- Symphonie
- Vous qui passez sans me voir

LPT 3041
Printed in U.S.A.

L'AMÉRIQUE DU SUD
SOUTH AMERICA

L'ARGENTINE

Argentine d'origine, la marraine de Jean, Nita Ramos, cantatrice sous le nom de Nita de Somar, insuffle dès l'enfance à Jean la tentation de l'Amérique du Sud. Trop jeune pour y accompagner sa famille, il se promet, encore enfant, de prendre un jour sa revanche…

Il débute sa carrière discographique en 1931 avec deux chansons dans le goût argentin de la main de son frère André, qui était du voyage sud-américain refusé à Jean. Ces deux titres, *Que Maravilla* et *Ultimo Adios*, figurent à la *Revue Argentine* au Palace. Jean y occupe un rôle aux côtés de Gloria Guzman, Sofia Bozan et Pedro Quartucci.

Succombant une fois encore à cette mode argentine, les directeurs du Palace, Oscar Dufrenne et Henri Varna, sollicitent à nouveau Jean quand ils enchaînent avec *Parade de Femmes* avec Carlos Gardel pour attraction, s'accompagnant lui-même à la guitare. Le bel Argentin n'a encore chanté qu'une fois en France, y obtenant un triomphe. Quoique né à Toulouse, il ne parle pas français et demande à son jeune partenaire de lui en enseigner la prononciation.

À son arrivée à Buenos Aires en 1940, la répercussion de ces spectacles, les liens tissés avec ses compagnons de scène, de même que les programmes radiophoniques diffusés depuis les États-Unis garantissent à Jean le meilleur accueil. Un dîner est organisé pour lui avec les amis connus à Paris. Eva Duarte est de la fête. Elle est sur le point d'épouser le dictateur Juan Perón. Devenue Eva Perón, elle dressera une liste noire d'artistes qui subiront l'exil, parmi lesquels certains convives de ce soir-là…

Dîner pour l'arrivée de Jean à Buenos Aires. Il retrouve notamment ses amis de la *Revue Argentine* de 1931. À l'avant, Pedro Quartucci. À l'arrière, de gauche à droite : coiffée de blanc, Eva Duarte, sur le point de devenir Eva Peron, Gloria Guzman, Sofia Bozan, Nelida Bilbao et Carl Galm, 1944.
Dinner given for Jean Sablon's arrival in Buenos Aires, at which he was reunited with friends from the *Revue Argentine* of 1931 : in front, Pedro Quartucci ; behind, left to right: Eva Duarte, soon to become Eva Perón (in a white hat), Gloria Guzman, Sofia Bozan, Nelida Bilbao and Carl Galm, 1944.
1940. En tennisman pour un magazine radiophonique argentin!
In tennis togs for an Argentine radio magazine, 1940.

ARGENTINA

Jean Sablon's godmother, the Argentinian-born singer Nita Ramos who performed under the name Nita de Somar, had from his childhood inspired in him a longing to go to South America. Too young to accompany his family when they made the journey, he promised himself that one day he would get his own back.

He began his recording career in 1931 with two Argentinian-inspired songs written by his brother André, who had gone on the South American trip from which young Jean had been left out. These two songs, *Que Maravilla* and *Ultimo Adios*, were featured in the *Revue Argentine* at the Palace, where Sablon joined a cast that included Gloria Guzman, Sofia Bozan and Pedro Quartucci.

The managers of the Palace, Oscar Dufrenne and Henri Varna, then succumbed once more to the vogue for Argentina, and asked Sablon to perform in their next show, *Parade des Femmes* starring Carlos Gardel accompanying himself on guitar. The handsome Argentinian had only once before performed in France, to great success. Although born in Toulouse he spoke little French, and asked Sablon to help him improve his pronunciation.

On his arrival in Buenos Aires in 1940, these performances, the links he had forged with his fellow performers and his radio broadcasts from the United States all helped to guarantee Sablon a warm welcome. A dinner was organized with his friends from Paris, including Eva Duarte, who was about to marry the president and later dictator Juan Perón. The blacklist that Eva Perón would draw up of artists to be sent into exile would include some of the guests present that night.

RADIOLANDIA

JEAN SABLON
FOTO ANNEMARIE HEINRICH

Jean débute au théâtre Broadway de Buenos Aires et se produit à Mar del Plata, Rosario, Cordoba et Mendoza, puis rejoint le Teatro Casino de Buenos Aires, en compagnie de Pepe Arias et Nini Marshall. Tout en ne négligeant pas les passages à la radio ni les enregistrements, qui sont nombreux : *Insensiblement* et surtout *Reviens*, chanson ancienne de Fragson. Elle est sans conteste son plus grand succès en ce pays.

Le programme hebdomadaire qui lui est proposé en 1941 par la NBC de New-York, sponsorisé par le dentifrice Kolynos et diffusé en ondes courtes – ce qui est nouveau –, conforte son audience sud-américaine.

Mais paradoxalement, ce sera à New York qu'il gravera en 1947, *A Media Luz*, tango rebaptisé *Tell me Marianne*, dans un mélange d'anglais et de français.

Sablon opened at the Teatro Broadway in Buenos Aires and performed at Mar del Plata, Rosario, Cordoba and Mendoza before returning to the Teatro Casino in Buenos Aires, with Pepe Arias and Nini Marshall. At the same time he also carried on with his radio shows and made numerous recordings, including *Insensiblement* and above all the Harry Fragson number *Reviens*, which was far and away his biggest hit in Argentina.

In 1941, NBC in New York offered Sablon a weekly radio show sponsored by Kolynos toothpaste and broadcast on shortwave –a novelty at this time– which pleased his South American audience. Paradoxically, however, it was in New York in 1947 that he recorded *A Media Luz*, a tango renamed Tell Me Marianne that he sang in a mixture of French and English.‹

Théâtre Broadway, Buenos Aires, 1940.
Teatro Broadway, Buenos Aires, 1940.

LE BRÉSIL

Jean découvre Rio de Janeiro avec la troupe des Bouffes Parisiens, requise pour l'inauguration du théâtre du Grand Casino et de l'Hôtel Copacabana en 1928. Un beau matin de juillet, après trois semaines de voyage à bord du paquebot anglais *Andes*, il contemple, subjugé, la plus belle baie du monde. Tout l'y enchante, jusqu'à l'hospitalité et la douceur de ses habitants. Seule ombre au tableau, la colère d'Alice Cocéa qui, un soir de représentation où il danse avec elle, finit dans le décor... Encore novice, Jean a commis l'imprudence de ne pas répéter avec ses costumes. Ses semelles de crêpe ayant fondu sous l'action de la chaleur, il est resté littéralement cloué sur le tapis, perdant le contrôle de sa malheureuse partenaire...

Quand il quitte le Brésil, il est convaincu d'y revenir. Il a vécu ses premières émotions avec la musique de ce pays grâce au poète Felipe de Oliveira. Les sambas et les chansons nostalgiques l'ont particulièrement touché. Pour lui, le Brésil est le pays le plus attachant au monde, celui où il aimerait vivre s'il devait quitter sa patrie.

BRAZIL

Jean Sablon first visited Rio de Janeiro with the Bouffes Parisiens theatre troupe, invited for the opening of the Grand Casino and Hotel Copacabana theatre in 1928. One fine morning in July, after three weeks aboard the British steamer *Andes*, he gazed in wonder at the loveliest bay in the world. Everything there enchanted him, including the kindness and hospitality of the people. The only fly in the ointment was the fury of his dance partner Alice Cocéa when during one of their performances she finished up in the scenery. Still a novice, Sablon had made the mistake of not rehearsing in costume. It turned out that in the heat the crêpe soles of his shoes melted, literally gluing him to the floor so that he lost his grip on his unfortunate partner. When he left Brazil, he was persuaded to go back again. He had fallen in love with Brazilian music thanks to the poet Felipe de Oliveira, and found its sambas and nostalgic songs especially poignant. For him Brazil was the most seductive country in the world, the place he would choose to live if he ever had to leave France.

La troupe des Bouffes-Parisiens à bord du paquebot *Andes*, en route pour inaugurer le Casino Copacabana, 1928. Au premier rang : à gauche Adrien Lamy, au centre Edmond Roze ; au deuxième rang: de gauche à droite : Jeanne Roze, Milton, Alice Cocéa, Urban. Debout : à gauche: Christiane Dor, à la droite de Jean, Marthe Derminy.
The Bouffes-Parisiens cast on board the ocean liner *Andes*, on the way to the opening of the Casino Copacabana, 1928. Front row: Adrien Lamy (left), Edmond Roze (centre); middle row, left to right: Jeanne Roze, Milton, Alice Cocéa, Urban; standing: Christiane Dor (left) and Marthe Derminy (on Sablon's right).

Jean enregistre au Brésil à partir de 1939.
Jean Sablon's Brazilian recording career began in 1939.

Jean Sablon et Carmen Miranda à Broadway
Jean Sablon and Carmen Miranda to Broadway

No discussion of Brazilian music can be complete without mentioning Carmen Miranda. The exuberant Portuguese-born Brazilian actress and singer made her American debut in 1939 in *Streets of Paris*, a Broadway musical comedy in which Sablon starred opposite her. It was Lee Shubert, one of the brothers who produced the show, who had decided to become her agent when he met her on a steamer on the way to the Brazilian Pavilion at the New York World's Fair in 1939. Having ascertained that the Brazilian government would pay her travel expenses, he hired her for *Streets of Paris*, undeterred by the fact that she spoke not a word of either English or French, and ostentatiously favoured her by giving her an unscripted singing spot in the show. Sablon had been confident enough not to demand a solo spot in his contract, but was sporting enough not to take umbrage at this unexpected competition, instead becoming firm friends with his flamboyant stage rival.

Although he did not have his own singing spot, Sablon nevertheless managed to score a success with *Le Fiacre*; but by this time he was fed up with Shubert's repeated lack of scruples. Anxious to get his independence back, he left the show and the States, and set off for an engagement at the Casino Atlantico in Rio, eleven years after his first stay there, determined to get his own back on Broadway. But the international situation was now too worrying for him to linger over this disappointment for long. ♪

Comment parler du Brésil sans évoquer Carmen Miranda ? La pétulante actrice et chanteuse luso-brésilienne fait son entrée aux États-Unis en 1939 dans *Streets of Paris,* comédie musicale à Broadway avec Jean pour vedette française. C'est l'un des frères Shubert, producteurs du spectacle, qui a décidé de devenir son agent le jour où il l'a rencontrée sur le paquebot l'emmenant au pavillon brésilien de l'exposition de New York. S'étant assuré de la prise en charge des voyages de Carmen par le gouvernement brésilien, il l'a engagée dans *Streets of Paris* alors qu'elle ne pratique ni l'anglais ni le français, et la favorise exagérément en lui accordant un tour de chant imprévu dans le spectacle. Jean, confiant, n'a de son côté pas exigé dans son contrat qu'un tour de chant lui soit attribué mais, bon joueur, ne prend pas ombrage de cette concurrence imprévue et se lie d'amitié avec son exubérante rivale.

Si, faute de tour de chant complet, il remporte son succès dans *Streets of Paris* avec *Le Fiacre*, Jean finit toutefois par reprendre son indépendance, las des incorrections répétées du producteur. Il quitte les États-Unis pour un engagement au Casino Atlantico à Rio, onze ans après son premier séjour, bien décidé à prendre un jour sa revanche à Broadway. Mais la situation internationale est beaucoup trop préoccupante pour qu'il s'attarde sur cette déception... ♪

La troupe de *Streets of Paris*, Shubert Theatre, Broadway, 1939.
The cast of *Streets of Paris*, Shubert Theatre, Broadway, 1939.

1946. Carmen Miranda demeurera l'amie de Jean jusqu'à sa disparition en 1955.
Carmen Miranda, shown here in 1946, was a friend until her death in 1955.

HEADLINE HITS -
From The New Shubert Production
"STREETS of PARIS"
Starring JEAN SABLON who sings
Rendezvous Time In Paree
We Can Live on Love
ON RECORD No. 26269
IS IT POSSIBLE?
SOUTH AMERICAN WAY
ON RECORD No. 26286
DANCE RECORDINGS FROM THE SAME SHOW
Rendezvous Time In Paree . . . F.T.
Is It Possible? . . . . F.T.
TOMMY DORSEY AND HIS ORCHESTRA
RECORD No. 26264
We Can Live on Love F.T.
South American Way F.T.
SWING AND SWAY with SAMMY KAYE
RECORD No. 26273
Is It Possible? . . . F.T.
South American Way . . . F.T.
OZZIE NELSON AND HIS ORCHESTRA
RECORD No. B-10298
Rendezvous Time In Paree . . . F.T.
We Can Live on Love F.T.
GLENN MILLER AND HIS ORCHESTRA
RECORD No. B-10309
PRINTED IN U.S.A.
VICTOR and BLUEBIRD
RECORDS

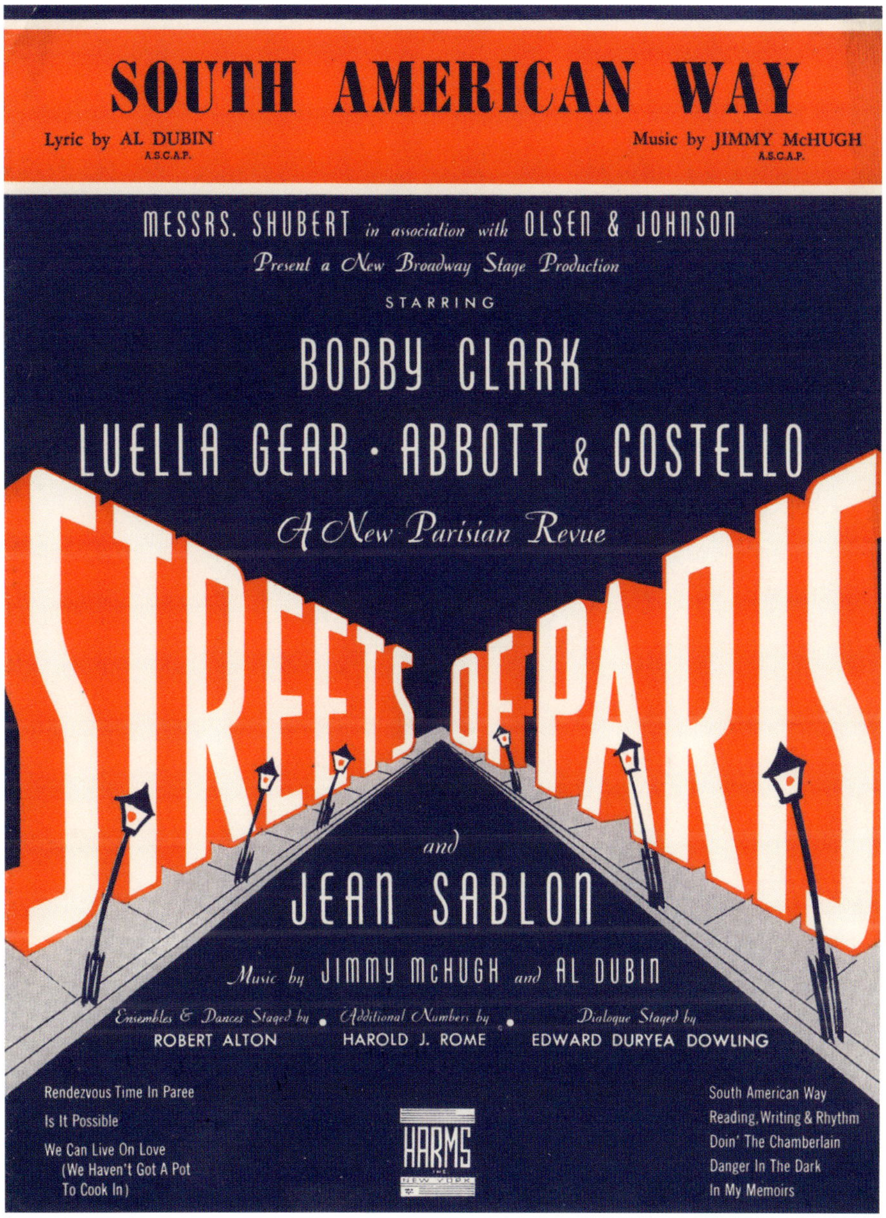

SOUTH AMERICAN WAY
Lyric by AL DUBIN A.S.C.A.P.
Music by JIMMY McHUGH A.S.C.A.P.
MESSRS. SHUBERT in association with OLSEN & JOHNSON
Present a New Broadway Stage Production
STARRING
BOBBY CLARK
LUELLA GEAR · ABBOTT & COSTELLO
A New Parisian Revue
STREETS OF PARIS
and
JEAN SABLON
Music by JIMMY McHUGH and AL DUBIN
Ensembles & Dances Staged by ROBERT ALTON
Additional Numbers by HAROLD J. ROME
Dialogue Staged by EDWARD DURYEA DOWLING
Rendezvous Time In Paree
Is It Possible
We Can Live On Love (We Haven't Got A Pot To Cook In)
HARMS INC. NEW YORK
South American Way
Reading, Writing & Rhythm
Doin' The Chamberlain
Danger In The Dark
In My Memoirs

Le ranch (fazenda) situé près de Sao Paulo dessiné par Jean. Il y recevra Jacqueline Delubac, Madeleine Robinson, Gisèle Casadesus, Pierre Dudan, Nicole et Eddy Barclay ainsi que la danseuse étoile Tatiana Leskova.

The ranch (fazenda) near Sao Paulo, designed by Jean Sablon. There he welcomed Jacqueline Delubac, Madeleine Robinson, Gisèle Casadesus, Pierre Dudan, Nicole and Eddy Barclay as well as the famous ballerina Tatiana Leskova.

Le directeur du Casino Atlantico, Duque, célèbre pour avoir popularisé à la Belle Époque auprès des Parisiens le *maxixe* (la matchiche, danse brésilienne), accueille Jean Sablon. Il se flatte du récent triomphe de Mistinguett et Lys Gauty et se réjouit des nombreuses réservations pour le show de Jean, objet d'une grande publicité.

Tout semble concourir à distraire le public de la menace d'un conflit avec l'Allemagne. Pourtant, cinq jours plus tard, le 3 septembre, la guerre éclate. En dépit de son succès, Jean se sent impuissant, trop éloigné des siens. Son frère Marcel, installé à Monaco, le rassure toutefois quant au sort de sa mère.

Préoccupé par la situation en Europe, Jean ajoute désormais à ses récitals de nombreuses soirées de bienfaisance, notamment au Teatro Municipal (Opéra de Rio) avec Marie Dubas pour co-vedette.

Un jour qu'il se produit sur l'île de Guaruja, il se rend chez des amis dans la montagne à soixante kilomètres de São Paulo. Tombé amoureux de cette nature semi-tropicale, il décide d'acquérir une ferme et quelques terres afin d'y accueillir sa famille si la situation venait à se dégrader en France.

Sa mère débarque aux États-Unis en 1942 et l'accompagne lorsqu'il quitte New York pour Rio où l'attend le Casino Urca. Jean est étonné d'y retrouver de nombreux artistes français. Ray Ventura et son orchestre, Paul Misraki, Micheline Day, Henri Salvador, Coco Aslan et Hubert Giraud s'efforcent d'y oublier la guerre. Marcel Karsenty, Louis Jouvet et Madeleine Ozeray y donnent *L'École des Femmes* avant de rejoindre l'Argentine. Il poursuit sa route avec sa mère vers São Paulo. L'enthousiasme de sa mère décide Jean à joindre une maison à la propriété qu'il dessine tout comme il l'a fait pour le bâtiment principal. Une fois construite, il rachètera d'autres terres et habitations voisines à des amis. Ce n'est qu'en 1957 qu'il se séparera de sa propriété, trop accaparé par ses voyages.

Flushed with the recent successes of Mistinguett and Lys Gauty, the manager of the Casino Atlantico, Duque, famous for having popularized the maxixe, or Brazilian tango, in Belle Epoque Paris, welcomed Sablon to his theatre and ensured healthy advance sales through a major publicity campaign. Everything seemed to conspire to distract audiences from the threat of war with Germany. Just five days later, however, on 3 September, war was declared. For all his success in Rio, Sablon felt powerless, and too far away from his family, though his brother Marcel, who was living in Monaco, was able to reassure him that their mother was safe. Preoccupied with events in Europe, Sablon now added numerous benefit appearances to his performance schedule, notably at the Teatro Municipal and Rio Opera with Marie Dubas as his co-star.

One day when he was performing on the island of Guarujà he went to visit some friends in the mountains, sixty kilometres from São Paulo. Smitten with the beauties of the subtropical landscape, he decided to buy a farm with some land so that he could settle his family there if the situation in France were to deteriorate. His mother arrived in America in 1942, and went with him when he left New York to perform at the Casino Urca in Rio. He was surprised to find a wealth of French artists there, including Ray Ventura and his orchestra, Paul Misraki, Micheline Day, Henri Salvador, Coco Aslan and Hubert Giraud, all attempting to forget about the war. Marcel Karsenty, Louis Jouvet and Madeleine Ozeray were performing Molière's *Ecole des Femmes* before going on to Argentina. Sablon and his mother headed on to São Paulo. So enthusiastic was his mother about the farm that Jean decided to add on another house for her, designing it himself as he had the main house. Once this was built, he bought up more lands and neighbouring houses from his friends. He finally sold this property in 1957, by which time his travelling was taking up all his time and energies.

Indéfectible admirateur de la musique brésilienne, Jean fait adapter la chanson *Brasil* de Ary Barroso (*Brésil*) par le parolier Jacques Larue :
Brésil, lorsque l'on t'a connu, comme je t'ai connu, t'oublier est impossible,
Corcovado tout là-haut, je n'ai rien vu d'aussi beau
Et le Christ sans repos semble protéger Rio, Rio...
Le chanteur sait aussi se faire parolier et adapte en français *A Felicidade* (*Adieu tristesse*) de Tom Jobim, *Nao tem solucao* (*La Solution*) de Dorival Caymmi et *Ai! Que saudades de Amelia* (*Amelia*) de A. Alves et M. Lago. ♪

A fervent admirer of Brazilian music, Sablon had Ary Barroso's song *Brasil* adapted by the lyricist Jacques Larue for a French version, *Brésil*:
Brésil, lorsque l'on t'a connu, comme je t'ai connu, t'oublier est impossible,
Corcovado tout là-haut, je n'ai rien vu d'aussi beau
Et le Christ sans repos semble protéger Rio, Rio...
[Brazil, knowing you the way I've known you, you're impossible to forget,
Corcovado way up above, I've never seen anything finer
And Christ never resting, always protecting Rio, Rio...]
Sablon could also turn lyricist, adapting *A Felicidade* (*Adieu tristesse*) by Tom Jobim, *Nao tem solucao* (*La Solution*) by Dorival Caymmi and *Ai! Que saudades de Amelia* (*Amelia*) by A. Alves and M. Lago. ♪

Jean ne doit pas sa célébrité brésilienne à sa seule voix. Il a pris l'habitude en Californie de porter ses chemises par-dessus le pantalon. Un fabricant, inspiré par cette mode, leur a donné le nom du chanteur qui, plutôt que de poursuivre l'indélicat, préfère s'en amuser. Mais quelle n'est pas sa surprise le jour où, écoutant un reportage électoral à la radio, le présentateur commente le passage du gouverneur de São Paulo vêtu de *Jean Sablon!* ♪

Sablon did not owe his Brazilian fame to his voice alone. In California he had adopted the habit of wearing his shirts outside his trousers. Inspired by this, a shirt manufacturer named his shirts after the singer, who chose to treat this slightly awkward development with amusement. But he was still rather taken aback when one day, listening to an election report on the radio, he heard the presenter describing the governor of São Paulo as wearing a "Jean Sablon". ♪

À table à Rio. À gauche, Roberto Seabra, et à droite le chanteur et compositeur Dorival Caymmi, 1955.
At a restaurant in Rio with Roberto Seabra (left) and the singer-songwriter Dorival Caymmi, 1955.

Affiche du casino Urca, Rio de Janeiro, 1941.
Casino Urca poster, Rio de Janeiro, 1941.

Tout au long des années, Jean se produit en de multiples salles, à Rio (casinos Atlantico, Urca et Copacabana, hôtel Excelsior et Teatro Municipal), à Niteroi (Casino Icarai), à Petropolis (Quitandinha), à São Paulo (Teatro Municipal), au casino de Garuja, à Recife etc.

C'est au cours de l'un de ses shows brésiliens qu'il aperçoit en 1943 la belle Maria della Costa, parmi les superbes créatures présentes sur scène. Il l'aimera aussitôt. Maria deviendra une des célébrités du théâtre national.

Côté disques, Jean fréquente les studios d'enregistrement brésiliens dès 1939. En 1946, Dorival Caymmi, auteur, compositeur et interprète, écrit pour lui la première samba de la chanson française, *Porque*. En 1952, il enregistre *Ave Maria no morro*, *Favela*, puis, en 1953, *Mulher rendeira*, du film *O Cangaceiro*. Des chansons qui témoignent de son intérêt précoce pour les rythmes de ce pays.

S'il interprète en 1959 *Toi si loin de moi* (version française du titre de la chanteuse Maysa, *Ouça*), c'est surtout quand il enregistre la chanson *Manha de Carnaval* du film *Orfeu Negro* que Jean initie la France à la bossa nova. Le film remporte la Palme d'Or du Festival de Cannes de 1959 et passionne un public désormais féru d'une musique jusqu'alors inconnue. Le prix Aquarelle du Brésil lui est décerné en 1960, récompensant le meilleur défenseur de la musique brésilienne.

Fin 1963, en pleins préparatifs de son prochain show télévisé Sablon 19-64, Jean invite Vinicius de Moraes, auteur de *A Garota de Ipanema* et le guitariste Baden Powell pour leur première apparition sur le petit écran français. Séduit par cette chanson que Stan Getz, Jao et Astrud Gilberto viennent d'enregistrer, il en crée la version française, *La Fille d'Ipanema*, consacrant ainsi la bossa nova en France. Au mois d'octobre suivant, un concert historique au Carnegie Hall de New York lancera la mode de la bossa nova, qui fera vite fureur. *La Fille d'Ipanema* fera le tour du monde.

Throughout this time, Sablon performed in numerous different venues in Rio (the Atlantico, Urca and Copacabana casinos, the Hotel Excelsior and the Teatro Municipal), Niteroi (the Casino Icarai), Petropolis (the Quitandinha), São Paulo (the Teatro Municipal) and at the casinos at Guarujà and Recife, among other places.

It was during one of these Brazilian shows that in 1943 he spotted on stage the lovely Maria della Costa, for whom he fell instantly. She was to become one of the great celebrities of Brazilian theatre.

From 1939, Sablon also made numerous recordings in Brazilian studios. In 1946, the writer, composer and singer Dorival Caymmi wrote the first samba in the history of the French chanson, *Porque*, for him. In 1952, he recorded *Ave Maria no morro* and *Favela*, followed in 1953 by *Mulher rendeira* from the film *O'Cangaceiro* – songs that bore witness to his early fascination with Brazilian and Portuguese rhythms.

Although in 1959 he sang *Toi si loin de moi* (a French version of *Ouça*, sung by Maysa), it was with his recording of the song *Manhã de Carnaval* from the film *Orfeu Negro* (*Black Orpheus*) that Sablon introduced the bossa nova to France. The film won the Palme d'Or at the 1959 Cannes Film Festival, and this music that was previously unknown to French audiences became all the rage. In 1960, Sablon was awarded the Aquarelle du Brésil prize in recognition of his championing of Brazilian music.

In late 1963, when preparations for his next television show were in full swing, Sablon invited Vinicius de Moraes, writer of *Garota de Ipanema* (Girl from Ipanema), and the guitarist Baden Powell de Aquino to make their first appearance on French television. Seduced by this song, which Stan Getz, Jao and Astrud Gilberto had just covered, he recorded a French version, *La Fille d'Ipanemo*, so sealing the success of bossa nova in France. The following October, a historic concert at Carnegie Hall in New York was to launch the vogue for boss nova, and *La Fille d'Ipanema* was to travel the globe.

125

À L'HEURE DE LA MONDIALISATION
THE AGE OF GLOBALIZATION

L'EXPLOSION DE LA TÉLÉVISION
THE TELEVISION EXPLOSION

En 1929 déjà, Jean Sablon participe à une expérimentation de télévision. Il retrouve Damia un beau dimanche aux studios de la rue de Grenelle. Maquillés à outrance, les lèvres noircies afin d'accentuer les contrastes à l'écran, ils s'écroulent de rire lorsqu'ils aperçoivent dans le poste une Yvonne Printemps pareillement grimée. Il leur semble plutôt contempler un poisson agitant la bouche dans un bocal !

Mais c'est en 1939, année où débutent les première émissions du petit écran américain, qu'il interprète pour Du Mont Television deux chansons créées deux ans auparavant pour le film avec Danielle Darrieux *Mademoiselle Mozart*. La chaîne a pour slogan « Regardez aussi bien que vous entendez la télévision Du Mont ». Les New-Yorkais sont invités à écouter les vedettes de leur choix sur la fréquence 49,75 MC ou à les regarder sur la fréquence 45,25 de la station W.2.X.B.S.

Jean Sablon's first experience in television was an experiment that took place as early as 1929. One Sunday he met Damia at the studios on rue de Grenelle: both of them were sporting outrageous make-up, their lips painted black to accentuate the contrasts on screen, and they doubled up with laughter when they saw Yvonne Printemps being broadcast in similar war-paint and looking like nothing so much as a goldfish mouthing strenuously in a bowl.

Ten years later, when the first American television broadcasts began in 1939, he sang two songs from the film *Mademoiselle Mozart*, in which he had starred with Danielle Darrieux, for the Du Mont Television Network (slogan: "First with the finest in Television"), which invited New Yorkers to listen to their favourite stars on one frequency and to watch them on another. As television became more

Nouveauté technologique dès 1939, Du Mont Télévision proclame : « Regardez comme vous écoutez la télévision ».
The latest in technological advances, 1939 : "See as well as hear Du Mont television".

Plateau de télévision avec Aimée Mortimer,
l'École des Vedettes, Paris, 1958.
*On set for the television programme
l'École des Vedettes, with Aimée Mortimer (right),
Paris, 1958.*

Programme télévisé NBC au profit de la recherche
contre le cancer, premier téléthon de l'histoire,
avec Milton Berle, Colombus Circle Theatre, New York, 1949.
*The first-ever telethon, with Milton Berle,
broadcast by NBC in aid of cancer research,
Colombus Circle Theatre, New York, 1949.*

Dans les années quarante, le petit écran commence à se propager. Jean participe aux principales émissions américaines : *Texaco Star Theatre*, *The Colgate Comedy Hour* et *The Voice of Firestone*.

La NBC's Broadcasting fait appel à lui en avril 1949 pour le premier Téléthon de l'histoire, une émission au bénéfice d'une œuvre pour le cancer qui se prolonge sur deux jours, diffusée depuis New York et animée par Milton Berle.

widespread in the 1940s, he performed on the main shows: Texaco Star Theatre, the Colgate Comedy Hour and the Voice of Firestone. In April 1949, NBC invited him to take part in the first telethon, a two-day marathon in aid of cancer research, broadcast from New York and hosted by Milton Berle. In France, where television sets had been manufactured at Chatou since 1946, Sablon made his first appearance on Henri Spade's *Joie de Vivre* (1953), followed by *Rendez-vous avec...* presented by Jacqueline Joubert,

Studios de la BBC, vers 1960.
BBC studios, c.1960.

Jean, intrus pour la circonstance dans l'orchestre de Ray Ventura avec d'autres visiteurs inattendus: Jean-Marc Thibault, Roger Pierre, Maurice Biraud, Claude Darget et Raymond Souplex, *La Grande Farandole*, Paris, 1962.
Playing in Ray Ventura's orchestra for *La Grande Farandole* were Jean Sablon and other surprise guests including Jean-Marc Thibault, Roger Pierre, Maurice Biraud, Claude Darget and Raymond Souplex, Paris, 1962.

En France, où l'on fabrique des télévisions à Chatou depuis 1946, Jean fait sa première *Joie de Vivre*, de Henri Spade (1953). Suivent les principales émissions : *Rendez-vous avec...* présentée par Jacqueline Joubert, *L'École des Vedettes*, avec Aimée Mortimer, *Discorama*, avec Denise Glaser ou *Rive Droite*, avec Micheline Sandrel.

Il apprend dès lors à accompagner ses déplacements à l'étranger d'apparitions télévisées, lui garantissant une audience très large puisque, au Canada par exemple, soixante-dix pour cent de la population dispose déjà d'un téléviseur en 1959. L'appareil se popularisera plus lentement en Europe.

Au gré de ses multiples pérégrinations, les programmes télévisés d'Argentine, d'Uruguay, de Belgique, d'Angleterre, de Suisse, d'Espagne, d'Italie, d'Allemagne, du Japon ou d'Australie le solliciteront.

L'Ecole des Vedettes with Aimée Mortimer, *Discorama* with Denise Glaser and *Rive Droite* with Micheline Sandrel. He now learned to complement his foreign tours and performances with television appearances, so ensuring very large audiences: in Canada, for example, 70 per cent of the population owned a television by 1959. In Europe the spread of television was to be much more gradual.

On his many tours abroad, Sablon was asked to appear on television in Argentina, Uruguay, Belgium, Britain, Switzerland, Spain, Italy, Germany, Japan and Australia.

De plus en plus souvent en France à la fin des années soixante, Jean apparaît dans *Musicolor* (1969), émission pionnière de variétés en couleur. Qui ne se souvient également de *Télédimanche* de Raymond Marcillac, du *Sacha Show* avec Sacha Distel ou, plus tard, de *Midi Trente* avec Danièle Gilbert, du *Grand Échiquier* de Jacques Chancel et des *Rendez-vous du Dimanche* de Michel Drucker. Maritie et Gilbert Carpentier, Jean-Christophe Averty, Bernard Lion, Philippe Bouvard et Jacques Martin lui consacreront également des émissions. En 1982, ses adieux seront retransmis en *prime time* sur Antenne 2 et RTL.

In France from the late 1960s, Sablon made more and more frequent appearances on *Musicolor* (1969), a pioneering variety show broadcast in colour. He also appeared on *Télédimanche* with Raymond Marcillac, the *Sacha Show* with Sacha Distel, and later *Midi Trente* with Danièle Gilbert, the *Grand Echiquier* with Jacques Chancel and *Rendez-vous du Dimanche* with Michel Drucker. Maritie and Gilbert Carpentier, Jean-Christophe Averty, Bernard Lion, Philippe Bouvard and Jacques Martin also devoted programmes to him. In 1982, his farewell performance was broadcast in prime time on Antenne 2 and RTL.

Show Stéphane Grappelli, avec Duke Ellington et Bernard Lion, Paris, 1973.
Stéphane Grappelli Show, with Duke Ellington and Bernard Lion, Paris, 1973.

Show Jean Sablon, « de France ou bien d'ailleurs » par J.-C. Averty, 1979.
Jean Sablon Show, "from France or elsewhere", J.-C. Averty, 1979.

De gauche à droite, Jeanne Aubert, Jean et Luis Mariano à la fin des années soixante.
Left to right : Jeanne Aubert, Jean Sablon and Luis Mariano, late 1960s.

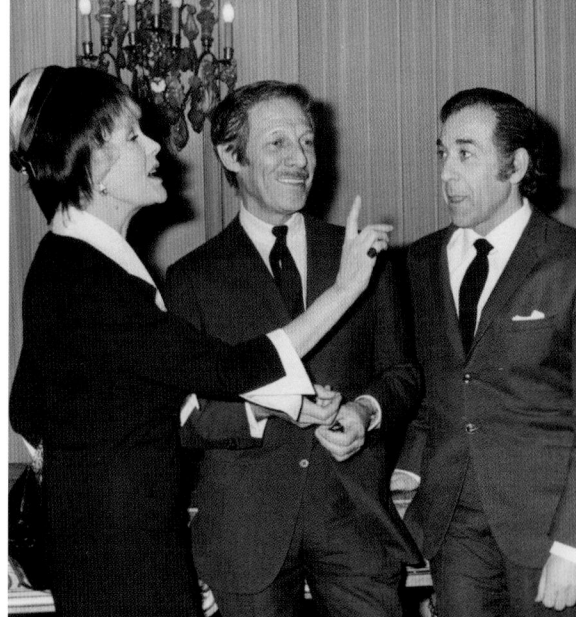

Tino Rossi et Jean, les deux chanteurs de charme d'une génération, 1973.
Tino Rossi and Jean Sablon, the two most seductive crooners of their generation, 1973.

Avec Dalida, Corinne Marchand, Jacqueline Maillan, Mick Micheyl, Roger Gicquel, Evelyne Leclerc, Françoise Dorin, Pierre Saka, Jairo, Paul Guth, Jean Guidoni, Marcel Jullian, Jean, José Arthur et Georges Jouvin à l'occasion des 40 ans d'acier gravé de Mick Micheyl.
Honouring Mick Micheyl's 40-year music score career, with Dalida, Corinne Marchand, Jacqueline Maillan, Mick Micheyl, Roger Gicquel, Evelyne Leclerc, Françoise Dorin, Pierre Saka, Jairo, Paul Guth, Jean Guidoni, Marcel Jullian, José Arthur and Georges Jouvin.

Paris, années 60. Derrière Jean Sablon et Maurice Chevalier on aperçoit Fraisette Desboutin et Suzy Volterra.
Paris in the 1960s. Behind Maurice Chevalier and Jean Sablon are Fraisette Desboutin and Suzy Volterra.

Helmut Zacharias et Jacqueline François, première millionnaire du disque en France et ambassadrice de la chanson française dans le monde, Belgique, années 1970.
Helmut Zacharias and Jacqueline François, France's first millionaire music recording star and a worldwide ambassador for the art of French chanson, Belgium, 1970s.

Avec Georges Brassens, *Numéro 1 Jean Sablon*, Maritie et Gilbert Carpentier, 1979.
With Georges Brassens on the television programme *Numéro 1 : Jean Sablon*, Maritie and Gilbert Carpentier, 1979.

AIR FRANCE — El gran artista Jean Sablon, quando salia de Rio para Buenos Aires.

THE FLYING FRENCHMAN

La carrière de Jean Sablon consiste en quelque sorte en une longue tournée internationale avec pour principales attaches ses domiciles français, américain et brésilien. Une vie itinérante qui le mène jusqu'aux années soixante-dix sur les cinq continents et le tient souvent pour de longs mois éloigné de la France, qui ne réalise pas toujours son rayonnement international. En quarante ans, il n'aura chanté que six mois à Paris…

Ses périples sont autant d'occasions de flâner, voire de visiter les contrées voisines pour satisfaire son éternelle curiosité, comme au Japon, où il décide d'offrir des vacances de quelques semaines à ses musiciens pour pouvoir s'y attarder davantage.

Ses adieux new-yorkais (1981) et brésiliens (1984) concluront une carrière menée sur les cinq continents.

In some ways, Jean Sablon's career was one extended international tour, with its principal venues in his French, American and Brazilian home countries. He continued this itinerant life until the 1970s, spending long months touring the five continents, with the result that audiences in France remained largely unaware of his huge international following. In forty years, he spent only six months performing in Paris.

Sablon's curiosity about other countries was unquenchable, and touring was also an excuse to explore further afield: in Japan, for example, he decided to give himself and his musicians several weeks off in order to take full advantage of being there. His farewell performances in New York in 1981 and in Brazil in 1984 were to bring the curtain down on a truly international career.

1947. En route pour Buenos Aires. Une vie de globe-trotter initiée pendant la guerre qui permettra à Jean, dans les années soixante, d'échapper à la lame de fond yéyé, funeste aux chanteurs d'avant-guerre.

En route for Buenos Aires, 1947. The globetrotting lifestyle that he had adopted during the war years enabled Sablon to avoid the tidal wave of 1960s pop music that was to sweep away so many other singers of the pre-war years.

134

Jean SABLON et le plus jeune sénateur des U.S.A. nous quittent

« Jean Sablon chantait partout dans le monde, tout en transmettant sa propre culture. Parce qu'être international, c'est aussi être national. Il avait à ce titre une force supérieure à Frank Sinatra. » (Nana Mouskouri)

"Jean Sablon sang everywhere in the world, while at the same time communicating his own culture. Because to be international is also to be national. In this respect he was more powerful than Frank Sinatra." Nana Mouskouri

« J'ai rencontré Jean Sablon dans les années soixante. Il était peut-être le chanteur le plus connu internationalement et ne chantait pratiquement plus en France » (Guy Béart)

"I met Jean Sablon in the 1960s. He was perhaps the best-known singer on the international stage, and scarcely performed in France any more." Guy Béart

Départ pour les Baléares. John Fitzgerald Kennedy et Jean empruntent le même avion.
Leaving for the Balearic Islands, on the same plane as John F. Kennedy.

Inde, 1954. India, 1954.

Afrique noire, 1959. Africa, 1959.

Angkor, Cambodge, 1966. Angkor, Cambodia, 1966.

★ Le sympathique Jean Sablon ★ (photo du haut), et le plus jeune sénateur des U.S.A., M. A. Kennedy (30 ans), (photo du bas), se sont envolés hier à midi, de l'aérodrome de Nice dans le même avion, le premier à destination des Baléares où il va terminer ses vacances ; le second, pour reprendre ses fonctions officielles à Boston.
(Photo Manciet)

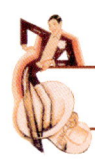

Voyages en avion et premières liaisons aériennes / The Adventures of Early Air Travel

Tôt dans les années trente, Jean et ses musiciens Alec Siniavine, André Ekyan et Django Reinhardt se rendent au Bourget pour rallier Londres où les attend la BBC. L'avion est un mode de locomotion encore rare et impressionne... À la vue du minuscule appareil, Django est saisi d'un fou-rire qui se dissipe aussitôt dans le ciel. Bientôt terrorisé, il exige de quitter l'avion et ses amis ont toutes les peines à l'immobiliser... L'effroi de Django est compréhensible. En ce temps-là, le danger qui guette le passager aérien est bien réel. Mais le bateau est lent et les longs trajets en automobile, souvent chaotiques, n'offrent pas toujours l'assurance d'un logement d'étape.

Quand en 1933 Jean monte à bord du petit bimoteur qui l'emmène de New York à Hollywood pour un vol de dix-huit heures, il est pour le moins surpris de se retrouver presque seul dans la carlingue. Seul autre passager, un homme passablement éméché lui tend une flasque de whisky. Le vol, très inconfortable, effectué à basse altitude à bord de l'appareil ni pressurisé ni chauffé, nécessite plusieurs escales. À chacune d'elles, Jean se console de la précarité du confort par l'accueil que lui réservent les journalistes. Il croit aux conséquences d'une publicité qu'aurait organisée Ramon Novarro, qui l'attend à Hollywood. Une fois arrivé à bon port, il apprend qu'un avion de même type s'est écrasé la veille sans qu'aucun passager ne survive. Seul l'homme ivre et Jean – à son insu – ont bravé le danger. Voilà qui explique l'ébriété de son compagnon de voyage...

In the early 1930s, Sablon and his musicians, Alec Siniavine, André Ekyan and Django Reinhardt, travelled to Le Bourget to fly to London, where the BBC was expecting them. Air travel was still a rare and daunting mode of travel, and at the sight of the tiny aeroplane Reinhardt was overcome by a fit of giggles. Once they were in the air, his amusement swiftly turned to terror and he demanded to be let out. His friends had to hold him down. His fear was understandable, however. At that period the perils of air travel were all too real. But boats were slow, and long road journeys were often chaotic, and finding roadside accommodation a hazardous affair.

In 1933, when Sablon boarded the little biplane that was to take him on the eighteen-hour flight from New York to Hollywood, he was a little surprised, to say the least, to find that he was almost alone in the cabin. The only other passenger, who was tolerably drunk, offered him a flask of whisky. The flight was far from comfortable, as the plane flew at low altitude and the cabin was neither pressurized not heated, and necessitated several stops. At each of these, Sablon was consoled by the presence of a welcoming party of journalists –the fruits, he supposed, of publicity arranged by Ramon Navarro, who was expecting him in Hollywood. Only when he finally arrived in Hollywood did he learn that a plane of the same type had crashed only the day before, killing all on board. In the aftermath, only the unsuspecting Sablon and his companion had been prepared to brave the dangers– a fact that went a long way to explaining his fellow passenger's drunken state.

Départ du Bourget pour Londres avec Peddy Nils, Alec Siniavine, André Ekyan et Django Reinhardt, 1934.
Leaving Le Bourget for London with Peddy Nils, Alec Siniavine, André Ekyan and Django Reinhardt, 1934.

À bord du *Queen Elizabeth*, entre New York et Londres, 1948.
On board the *Queen Elizabeth*, between New York and London, 1948.

De retour à Paris avec sa Cadillac, 1949.
Back in Paris with his Cadillac, 1949.

L'« Ambassadeur international de la chanson ».
The "International ambassador of song".

Au cours de sa longue carrière, Jean goûte régulièrement au luxe incomparable des paquebots transatlantiques. Mais ils sont progressivement supplantés par une concurrence aérienne toujours plus avancée, perfectionnée : en 1928, Jean rejoignait Rio en trois semaines sur le paquebot britannique *Andes*; dix-huit ans plus tard, le 27 juin 1946, il est du premier long courrier pressurisé Air France à destination du Brésil. Un voyage de vingt-deux heures avec escale à Dakar, effectué à bord du *Constellation*. L'« Ambassadeur de la chanson française » empruntera les nouvelles voies qui s'ouvrent à lui pour accomplir sa carrière de globe-trotter et en inaugurera même quelques-unes.

During his long career, Sablon made regular voyages in the peerless luxury of the transatlantic liners in their heyday. But the shipping lines faced growing rivalry from the growing sophistication and constant technical advances of air travel. In 1928, his voyage to Rio aboard the British steamer *Andes* had taken three weeks; eighteen years later, on 27 June 1946, the journey on board the *Constellation*, the first pressurized Air France mail plane to Brazil, with a stopover at Dakar, took just twenty-two hours. The "ambassador for French chanson" was to take full advantage of all the new modes of travel available to him in his globetrotting career, and was even to pioneer some of them.

« Le plus grand crooner que la France ait jamais connu et qui a fait une carrière internationale exceptionnelle. » (Brigitte Bardot)

"The greatest crooner France has ever known, who forged an outstanding international career." Brigitte Bardot

DES CABARETS AUX GRANDES SALLES
FROM CLUBS TO STADIUMS

Artiste au cabaret à ses débuts, Jean ne se sert pas encore du micro lorsqu'il se produit en 1934 au Rex, salle de 3 300 places. La sonorisation moderne facilitera néanmoins ses prestations dans les vastes salles, que ce soit les grands cinémas d'Angleterre ou des deux Amériques comme le Capitol Theatre à Broadway (5 000 places), l'opéra de Rio, le Teatro Colon de Buenos Aires (3 000 places), le stade Pacaembu de São Paulo (42 000 places) et au Japon (jusqu'à 15 000 places).

Originally a cabaret singer, in 1934 Sablon performed in the 3300-seat auditorium of the Rex in Paris without a microphone. Modern amplifications systems nevertheless made it much easier to play to vast auditoriums such as the great cinemas of Britain and America, including the 5000-seat Capitol Theatre on Broadway, the Rio Opera, the 3000-seat Teatro Colon in Buenos Aires and Japanese venues seating up to 15,000, right up to the Pacaembu Stadium in São Paolo with a capacity of 42,000.

L'« homme à la voix d'un million de dollars » succède à Danny Kaye au London Palladium, 1948 (Variety).
The "man with the million-dollar voice" sang after Danny Kaye at the London Palladium, 1948 (*Variety*).

MAN WITH THE MILLION DOLLAR VOICE IS HERE

FIRST person to meet Jean Sablon, man with the film idol's looks, and the million-dollar voice, when he arrived in London this week, was the Irish girl who set him on the road to fame years ago in Paris.

Jean declined to reveal her identity. "She is now happily married and settled down and might not like the publicity."

"But it was grand meeting her," Jean told a "Weekly News" man. "I owe her a lot."

Jean Sablon is here to follow Danny Kaye at the Palladium. It's his first appearance on the stage in this country and, he says, "it threels my marrow."

He's likely to thrill a lot of marrows. He is one of the few singers whose personal appearance lives up to the romantic image conjured up by his songs.

He made his name the hard way in musical comedies in Paris.

"I left school to take a part at a music hall called 'The Bouffe Parisienne,'" he said. "A girl I met on the train persuaded me to go along, and when I was told that I would be given a job I imagined that I was made.

"I told all my school friends to come and see me. But I made only a brief appearance in a 'walking on' part and I was ashamed to have brought all my friends in to see the show.

"In the revue were an Irish girl and her English partner. They did a dancing act. The girl offered to teach me to dance as part of my theatrical education. We got on famously, and when her partner left we teamed up as a dancing act. It was so nice of her to come and see me here."

Jean has travelled a long way since those days. His voice soon made him the idol of Paris.

Although he could not speak English he was soon in demand for the smartest London night clubs, and big radio hook-ups in America. That convinced him that it was worth learning English and he has spent most of the last ten years between France and America.

In his act at the Palladium he will include at least one of three new songs written by British composer, Michael Carr.

JEAN SABLON

Les lieux où il a chanté
Where he sang

FRANCE
Paris :
Cabarets : Le Perroquet, Le Bœuf sur le Toit, le Rococo, Chez Elle, Le Zèbre à Carreaux, La Tête de l'Art, le Don Camillo, la Tour Eiffel.
Théâtres : Bouffes Parisiens, Vieux Colombier, Capucines, Renaissance, Menus Plaisirs, Palace, Casino de Paris, Studio de Paris, Comédie Française, Folies Bergère, Rex, Cirque d'Hiver, Théâtre de Dix Francs, Théâtre de Paris, Mogador, Bobino, Daunou, ABC, Étoile, Olympia, Palais de l'Élysée, Pavillon Gabriel
Versailles : Opéra Gabriel (château)
Nice : Nouveau Casino, Palais de la Méditerranée, Palais de la Préfecture
Juan-les-Pins : Casino, le Provençal
Cannes : Palm Beach, Casino
Antibes : Eden Roc
Mont Genèvre : Le Roi Mage
Lille : Le Capitole
Annecy : Casino
Marseille : l'Alcazar
Deauville : Casino
Vichy : Casino
Lyon, Nancy, Bordeaux, etc.

MONACO
Casino de Monte Carlo

SUISSE / SWITZERLAND
Genève : Kursaal, Victoria Hall
Gstaad : Palace Hotel
Lausanne

BULGARIE / BULGARIA
Sofia
Plovdiv
Nessebar

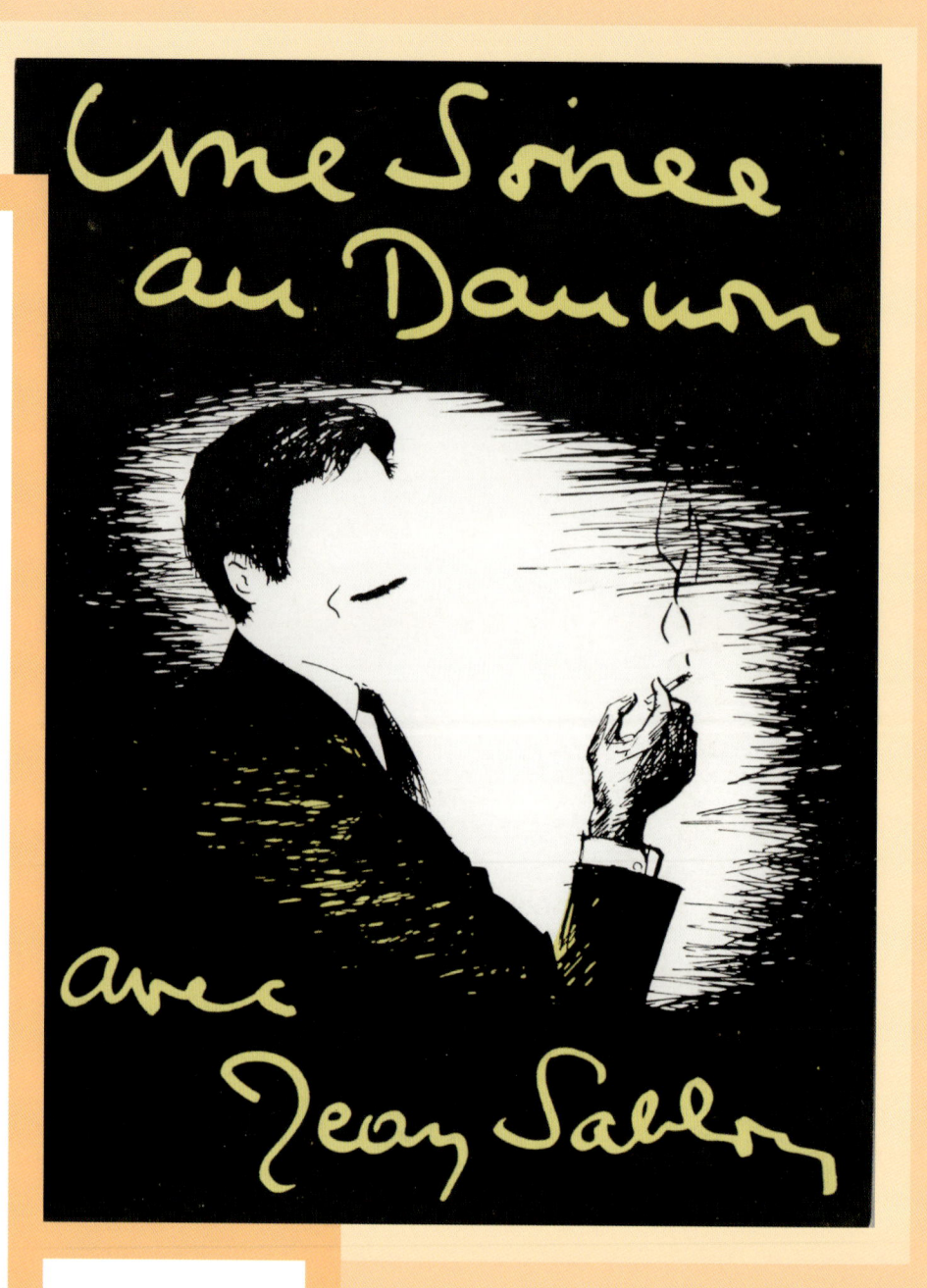

ESPAGNE / SPAIN
Madrid
Barcelone

PORTUGAL
Lisbonne :
Teatro São Luis

ALLEMAGNE / GERMANY
Leipzig
Munich

IRLANDE / REPUBLIC OF IRELAND
Dublin :
Theatre Royal

Récital au Théâtre Daunou, 1961.
Performance at the Théâtre Daunou, 1961.

EUROPE

Tournée du Moss Empires. Grand Opera House, Belfast, mai 1953.
Grand Opera House, Belfast, on the Moss Empires circuit, May 1953.

ROYAUME-UNI / UNITED KINGDOM
Londres : Monseigneur, Café de Paris, Palladium, Royal Albert Hall, Hippodrome Golden Green, Claridge Hotel
Lewisham : Hippodrome
Glasgow : Empire
Leeds : Empire
Paddington : Metropolitan Edgware Road Theatre
Sheffield : Empire
Birmingham : Hippodrome
Liverpool : Empire
Brighton : Hippodrome
Southport : Garrick Theatre
Bristol : Hippodrome
Belfast : Opera House
Blackpool : Hippodrome
Manchester : Hippodrome
Edimbourg : Empire Palace Theatre

BELGIQUE / BELGIUM
Bruxelles : Théâtre du Parc, Broadway, ABC, Grand Siècle, Ancienne Belgique,
Knokke : Casino
Liège

GRÈCE / GREECE
Athènes : Asteria

ITALIE / ITALY
Campione : Casino
Rome
Milan
Viareggio
San Remo : Casino
Venise : Hôtel Dianeli

PAYS-BAS / HOLLAND
Hilversum
Amsterdam

141

Les lieux où il a chanté / Where he sang

URUGUAY
Montevideo : Teatro Solis, Radio City Cinema, Trocadero, Teatro Odeon
Punta del Este : Carrousel, Casino del Estado de San Rafael

BRÉSIL / BRAZIL
Rio de Janeiro : Théâtre Copacabana, Casino Atlantico, Casino Urca, Teatro Municipal, Hôtel Excelsior, Jockey Club, Teatro Museu de Arte Moderna, Copacabana Palace (Golden Room, Grill Room et Boîte), Broadway
Niteroi : Casino Icaraï
Belo Horizonte : Casino Pampulha, Casino Barreiro, Hotel Esplanada
Poços de Caldas : Casino
São Paulo : Teatro Municipal, Casino de Guaruja, Hotel Esplanada, Tortuga Clube, Palace Hotel Lord
Petropolis : Quintandinha
Recife : Teatro Santa Isabel, Grand Hôtel
Bahia : Palace Hôtel
Sao Luis de Maranhao : Grande Hotel
Serra Negra : Grande Hotel
Ouro Preto : Grande Hotel

CHILI / CHILE
Santiago : Teatro Central, Confiteria Goyescas
Valparaiso

COLOMBIE / COLOMBIA
Medellín : Teatro Opera
Bogota : Teatro Municipal (actuel théâtre Jorge Eliécer Gaétan), Grill Europa

ARGENTINE / ARGENTINA
Buenos Aires : Teatro Broadway, Teatro Odeon, Teatro Casino, Teatro Colon, Teatro Trocadero
Rosario : Teatro Odeon
Mar del Plata : Cine Atlantico
Cordoba
Mendoza

PÉROU / PERU
Lima : Teatro Municipal, El Pacifico, Embassy

LATIN AMERICA

MEXIQUE / MEXICO
Mexico : Teatro Margo, Hotel Reforma (Ciro's)

Ciro's
Diner Francais en l'Honneur des Debuts de
JEAN SABLON
au Mexicque

MENU

HUITRES SUR COQUILLES
CONSOMME A LA ROYALE
CREME D'ASPERGES AUX CROUTONS SOUFFLES
FONDS D'ARTICHAUTS AU PATE DE FOIE GRAS
AIGUILLETTE DE SOLE MOSCOVITE
POMMES DUCHESSE
FILET DE BOEUF AUX CHAMPIGNONS FRAIS
POITRINE DE CHAPON, SOUS CLOCHE, LUCULLUS
PETITS POIS AU BEURRE
SALADE A LA VIEILLE MANIERE
PARFAIT AU GRAND MARNIER
GATEAUX SECS
CAFE NOIR

Mexico, D. F., Aout 5, 1946.
Diner $ 100.00

Avec Maria Felix, années cinquante.
With Maria Felix, 1950s.

Rentrée au Mexique, 1946. L'occasion de retrouver les amis mexicains Pedro Vargas, Pedro Armandariz, Elvira Rios et Dolores del Rio ainsi que les Argentines Nini Marshall et Libertad Lamarque, persécutées par Eva Peron.

On his return to Mexico in 1946, Jean Sablon was reunited with his Mexican friends Pedro Vargas, Pedro Armandariz, Elvira Rios and Dolores del Rio, as well as the Argentinians Nini Marshall and Libertad Lamarque, persecuted by Eva Perón.

Les lieux où il a chanté / Where he sang

NORTH AMERICA

BERMUDES / BERMUDA
Hamilton : Hotel Princess

CUBA
La Havane : Sans Souci

CANADA
Montréal : His Majesty Theatre, Tic Toc, Mount Royal Hotel (Normandy Roof), Gayety, Chez Paree, Versailles, El Morocco, Hotel Reine Elisabeth (salle Bonaventure), Loew's
Québec : Porte Saint-Jean, Palais Montcalm, Paree

ÉTATS-UNIS / UNITED STATES
New York : Broadhurst Theatre, Waldorf Astoria (Wedgwood Room et Sert Room), Hotel Plaza (Persian Room), Savoy Plaza, Versailles, Carnegie Hall, Madison Square Garden, Capitol, Roxy Theatre, San Regis (La Maisonnette), Lincoln Center (Avery Fisher Hall), Leader Kranz Hall
Los Angeles-Hollywood : Teatro Intimo de Ramon Novarro, Trocadero, Ciro's, Ambassador (Cocoanut Grove)
Boston : Shubert Theatre, Copley Plaza : (Oval Room)
Las Vegas : Thunderbird
San Francisco : Palace Hotel, Mark Hopkins, Fairmont (Peacock Court), Palace Hotel Rose, Lone Montain University
Chicago : Blackstone Hotel (Mayfair Room), the Grand Theatre, Chez Paree
New Orleans : Beverly Hills Country Club
Washington : Stattler Hotel
Miami : Brook Club
Palm Beach : Hotel Biltmore (Emerald Room), Junior College

Le Cocoanut Grove, Los Angeles, 1952.
Cocoanut Grove, Los Angeles, 1952.

Un mois de récital à Las Vegas, en 1952,
pendant la période électorale qui mènera Eisenhower au pouvoir.
A month-long season at Las Vegas in 1952 fell during
a presidential election period that brought Eisenhower to power.

Les lieux où il a chanté / Where he sang

Japon, 1968. Japan, 1968.

JAPON / JAPAN
Tokyo : Tokyo Prince Hotel (Magnolia Theatre), Metropolitan Hibya Public Hall.
Osaka, Kyoto, Yokohama, Nagoya, etc.

PHILIPPINES
Manille : Hotel Hilton

INDE / INDIA
New-Delhi
Calcutta

HONG KONG
Hotel Hilton

ASIE ASIA

Japon, 1966. Japan, 1966.

Les lieux où il a chanté / Where he sang

MOYEN-ORIENT / MIDDLE EAST

IRAN
Téhéran :
Palais impérial

LIBAN / LEBANON
Beyrouth :
Saint-Georges

AFRIQUE / AFRICA

MAROC / MOROCCO
Casablanca : Jardin d'Été
Tanger

ALGÉRIE / ALGERIA
Alger : Hotel Aleti
Oran : Grand Théâtre de verdure,
Casino Canastel

TUNISIE / TUNISIA

AFRIQUE DU SUD / SOUTH AFRICA
Pretoria
Johannesbourg : Colosseum, Colony
Durban : Claridges, Beverly Hills Hotel
Le Cap

ZIMBABWE
Bulawayo
Harare
Salisbury : Coq d'Or

ÉGYPTE / EGYPT
Le Caire : Ewart Memorial Hall, Hotel Hilton
Alexandrie : Théâtre Mohamet Ali,
Casino Chatby

MOZAMBIQUE
Lorenço Marques :
Teatro Avenida

ZAMBIE / ZAMBIA
Kitwe : Pigalle
Ndola : Mines du Katanga

OCÉANIE / OCEANIA

Des admiratrices... Australie, 1955.
Adoring fans, Australia, 1955.

Nouvelle Zélande, tournée océanienne, 1955.
New Zealand, South Seas tour, 1955.

TAHITI
Léproserie Ora Fara

**NOUVELLE CALÉDONIE
NEW CALEDONIA**
Nouméa : Château Royal

AUSTRALIE / AUSTRALIA
Sydney : Conservatorium
Melbourne : Princess Theatre
Adelaïde : Australia Hotel
Darwin
Brisbane : La Salle

**NOUVELLE ZÉLANDE /
NEW ZEALAND**
Auckland : His Majesty
Wellington : Grand Opera House

The London Palladium

« Quand j'ai vu Jean Sablon au Palladium, j'en suis tombée amoureuse. Il avait la voix tellement douce et juste. » (Petula Clark)

C'est en 1910 qu'ouvre le London Palladium sur Argyll Street, à proximité d'Oxford street, à Londres. Premier music-hall du monde dans les années quarante, ce théâtre de près de deux mille trois cents places devient le passage obligé des plus grands noms. S'y tient chaque année la Royal Variety Performance.

Son directeur, Val Parnell, engage Jean en 1948 pour un tour de chant qui se présente sous les meilleurs auspices : peu avant son arrivée, les princesses Élisabeth, future reine, et Margaret, déclarent posséder tous les disques de celui dont le *Daily Express* déclare qu'il « a rendu le Pont d'Avignon aussi célèbre que le London Bridge ». Quant à Danny Kaye, qui le précède sur la scène du Palladium, il a la gentillesse, au cours de sa dernière, de demander à ce que l'on braque les projecteurs sur Jean et entonne « Dans la salle il y a Jean Sablon », sur l'air de *Frère Jacques*.

Le soir de la première, Élisabeth, le duc d'Édimbourg et le gotha l'applaudissent avec une ferveur que relayent deux cents jeunes filles qui l'attendent à la sortie... Discret, Jean rentre à pied à l'hôtel, dédaignant la Rolls Royce et le chauffeur mis à sa disposition pour accentuer son prestige. Quelques années plus tard, il est à ce point étranger aux honneurs que le jour où le capitaine des Horse Guards lui téléphone, signifiant que la reine l'invite à Buckingham Palace, il croit à une blague...

L'engouement des Anglais l'entraîne à chanter même le dimanche. Mais toute publicité pour un spectacle dominical étant interdite, et les théâtre fermés, Jean se doit d'apparaître en simple tenue de ville dans les salles de cinéma. Seuls en effet sont autorisés chants et conférences, pourvu que les artistes ne soient ni costumés ni maquillés. ♪

Londres, 1948.
London, 1948.

"When I saw Jean Sablon at the Palladium I fell in love with him. His voice was so sweet and so true." Petula Clark

It was in 1910 that the London Palladium opened on Argyll Street, off Oxford Street. The most famous variety hall in the world in 1940s, this 2286-seat theatre became a rite of passage for the great names in show business. It is now associated with the Royal Variety Performance, staged there every year.

In 1948, the managing director Val Parnell booked Sablon for a performance for which the signs could hardly have been better, as shortly before his arrival the young princesses, Elizabeth and Margaret, revealed that they possessed every one of his records. The *Daily Express* declared that he had "made the *Pont d'Avignon* as famous as London Bridge". And Danny Kaye, who performed just before him, was generous enough to ask the spotlights to pick him out and to sing "Jean Sablon is in the house" to the tune of *Frère Jacques*. On the night, he was applauded by the princesses, the Duke of Edinburgh and a glittering audience, as a crowd of some two hundred female fans waited at the stage door to see him. Not wanting to draw attention to himself, he decided to walk back to his hotel rather than use the chauffeur-driven Rolls that had been provided in order to enhance his prestige. So oblivious was he to honours that when a few years later a captain of the Horse Guards telephoned to inform him that the Queen was inviting him to Buckingham Palace, he thought it was a joke. So popular was he with British audiences that he even had to perform on Sundays. But no publicity was permitted for shows on Sundays and theatres were closed. Only singing concerts and lectures were allowed, as long as the performers wore neither costume nor make-up, so Sablon had to sing in cinemas wearing his everyday clothes. ♪

Las Vegas, le Thunderbird
The Thunderbird, Las Vegas

Las Vegas, universellement connue pour ses hôtels et casinos, n'était encore qu'une petite ville du Nevada quand, au début des années trente, la construction d'un barrage et la légalisation des jeux d'argent stimulèrent son développement. Le Thunderbird, fondé en 1948, est le quatrième hôtel à apparaître sur le Strip, portion prestigieuse du Las Vegas Boulevard. Il accueille Jean pour un mois de récitals en 1952, faisant de lui le premier Français à avoir un *one man show* à Las Vegas, destiné de surcroît à un public américain. ♪

Now world-famous for its hotels and casinos, Las Vegas was just a small town in Nevada until the building of a dam and the legalization of gambling in the early 1930s kick-started a building boom. The Thunderbird, founded in 1948, was the fourth hotel to appear on the prestigious section of Las Vegas Boulevard known as the Strip. Sablon performed there for a month in 1952, so becoming the first Frenchman to have a solo show in Vegas, and playing to American audiences to boot. ♪

L'Australie et le Tivoli Circuit
Australia and the Tivoli Circuit

Créées par l'acteur anglais Harry Rickards en 1893, les tournées du Tivoli Circuit seront pendant plus de soixante-dix ans le divertissement de millions d'Australiens, leur proposant spectacles de théâtre, de chanson, de danse ou d'acrobatie. En 1955, les frères Grade engagent Jean pour parcourir l'Australie. L'année suivante, l'introduction de la télévision amorcera le déclin vertigineux des tournées. ♪

The Tivoli Circuit, set up by the English music hall comic Harry Rickards in 1893, provided entertainment –in the form of plays, concerts, dance and acrobatic performances– to millions of Australians. In 1955, the Grade brothers signed up Sablon to tour Australia. The following year, the arrival of television was to signal the start of the circuit's catastrophic decline. ♪

Melbourne, Princess Theatre.
Jean chantera pour les membres de la famille royale britannique en Grande Bretagne et dans le Commonwealth.
Jean Sablon sang for members of the British royal family both in Britain and in the Commonwealth.

Au Royaume-Uni, le Moss Empires Circuit
Britain: The Moss Empires Circuit

Le Moss Empires, fondé en 1898, du nom de Sir Edward Moss, propriétaire de plusieurs théâtres à Londres, devient avec les années la principale chaîne de théâtres du Royaume-Uni, répartie sur tout le territoire. Après son passage au Palladium, Jean accomplit la tournée à partir de 1949 et parcourt plusieurs années consécutives l'Angleterre, l'Écosse et l'Irlande. ♪

Moss Empires, founded in Edinburgh in 1898 and named after the theatre proprietor Sir Edward Moss, grew to become Britain's largest chain of music halls and theatres. After performing at the London Palladium, Sablon toured Moss Empires venues in 1949, returning to tour England, Scotland and Ireland for several consecutive years. ♪

151

L'ABC / The ABC Music Hall, Paris

« Jean Sablon a donné un rythme nouveau à la chanson française. Il a été beaucoup imité mais jamais égalé car il a un style spécial qui permet de le reconnaître entre tous. » (Mitty Goldin, directeur de l'ABC)
Pendant trente ans, de 1934 à 1964, l'ABC voit se succéder les noms du rire et de la chanson. Édith Piaf et Charles Trenet y débutent, ainsi qu'Yves Montand après la guerre. Jean y passe en 1939 et y recrée *Le Fiacre* devant Yvette Guilbert, sa créatrice initiale, en y introduisant des bruitages vocaux, originalité inédite. Il rejoint ensuite son domicile américain. Il retrouvera le public de l'ABC en 1946. ♪

"Jean Sablon lent a new rhythm to the French chanson. He was frequently imitated but never equalled, as he had a distinctive style that made him immediately recognizable."
Mitty Goldin, manager of the ABC
For thirty years, from 1934 to 1964, the ABC gave a stage to many great comedians and singers. Edith Piaf and Charles Trenet made their debuts there, as did Yves Montand after the war. Sablon performed there in 1939, and sang *Le Fiacre* to an audience including Yvette Guilbert, who had first sung it, introducing the novelty of imitating the clip-clopping of the horse's hooves by clicking his tongue. He then went back to America, returning to the ABC in 1946. ♪

Bobino

D'abord salle de caf'conc, Bobino ouvre ses portes en 1880. Devenu un music-hall de référence, son nom reste associé à Georgius, Marie Dubas, Damia ou Lucienne Boyer, qui y firent leurs début. En 1936, Jean y fait scandale avec l'usage du micro. ♪

Bobino opened in 1880 as a café-concert before becoming a famous music hall, where Georgius, Marie Dubas, Damia and Lucienne Boyer made their debuts. Sablon caused a sensation by using a microphone there in 1936. ♪

Paris, 1946.

Théâtre de l'Étoile

Initialement inauguré en 1923 sur les Champs-Élysées, le Théâtre de l'Étoile ne se maintient pas longtemps à cette adresse. Il renaît en 1928 avenue Wagram, disposant de quelque mille deux cents places, sous le nom de Folies-Wagram avant de connaître d'importants travaux et de retrouver son nom de théâtre de l'Étoile lors de sa réouverture en 1936. Nombre de grandes pointures y passent. Jean s'y produit en 1950. Il a compris que son public français attendait de lui des nouveautés et y fait connaître *Arbres de Paris* ou *Utrillo*, aux indéniables qualités poétiques. Le succès du Théâtre de l'Étoile se maintiendra quelques décennies. Il fermera ses portes en 1964. ♪

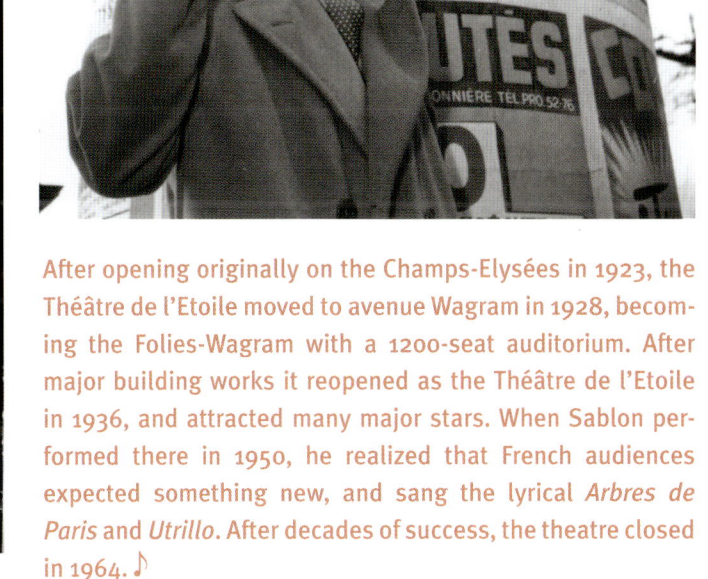

After opening originally on the Champs-Elysées in 1923, the Théâtre de l'Etoile moved to avenue Wagram in 1928, becoming the Folies-Wagram with a 1200-seat auditorium. After major building works it reopened as the Théâtre de l'Etoile in 1936, and attracted many major stars. When Sablon performed there in 1950, he realized that French audiences expected something new, and sang the lyrical *Arbres de Paris* and *Utrillo*. After decades of success, the theatre closed in 1964. ♪

L'Olympia / The Olympia Music Hall, Paris

Salle légendaire, l'Olympia a été fondé en 1893, et est à ce titre le music-hall le plus ancien de Paris. Il est le lieu de passage obligé des plus grandes vedettes, de Mistinguett, Joséphine Baker, Yvonne Printemps et Marie Dubas à Adamo, Mireille Mathieu ou Guy Béart. Édith Piaf, Jacques Brel, Yves Montand et Johnny Hallyday y connaissent leur consécration.

Le nom de l'Olympia est étroitement associé à celui de Bruno Coquatrix, son directeur à partir de 1954, année où Gilbert Bécaud s'y produit pour le premier des trente-trois passages qu'il y fera... Jean y fait sa rentrée, également en 1954, pour quatre semaines.

Classé monument historique, l'Olympia connaît une reconstruction en 1997 pour demeurer une scène emblématique, toujours convoitée par les artistes friands d'associer leur nom à ce symbole de reconnaissance. ♪

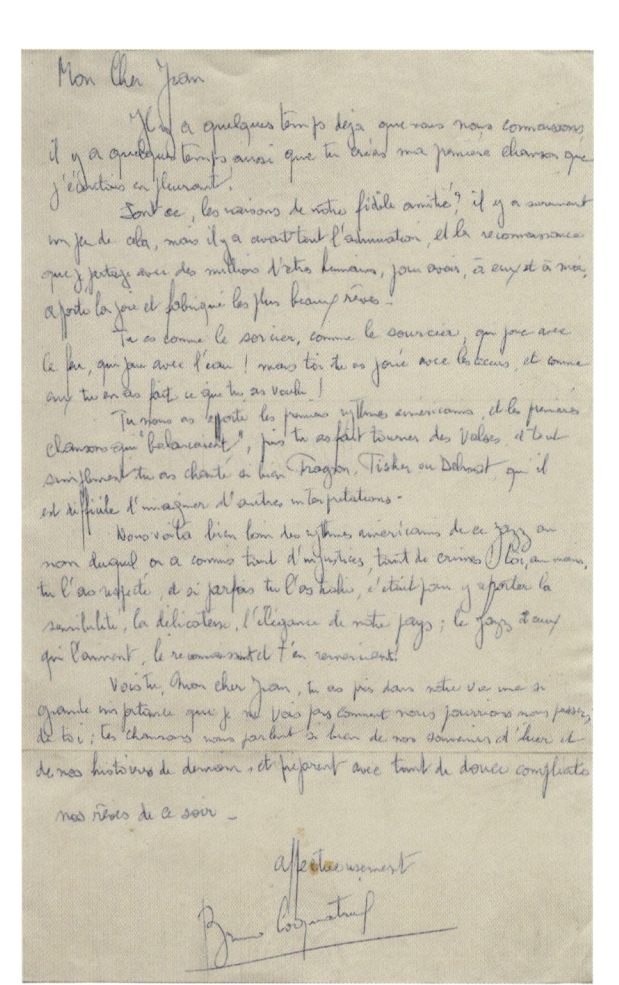

The legendary Olympia music hall, founded in 1893, is the oldest in Paris. Appearing here was a compulsory rite of passage for the great stars, from Mistinguett, Josephine Baker, Yvonne Printemps and Marie Dubas to Adamo, Mireille Mathieu and Guy Béart. Edith Piaf, Jacques Brel, Yves Montand and Johnny Hallyday all established their reputations on its stage.

The Olympia is closely associated with Bruno Coquatrix, its manager from 1954, the year in which Gilbert Bécaud gave the first of his thirty-three performances there. Jean Sablon made a four-week comeback appearance there in the same year.

Officially classified as a historic monument, the Olympia was rebuilt in 1997 to restore it to its iconic status as a high-profile and sought-after performance space. ♪

Olympia, 1954.
Lettre de Bruno Coquatrix.
Letter from Bruno Coquatrix.
Libération, 30 juin 1954.
Libération, 30 June 1954.

La brillante rentrée de Jean Sablon à l'Olympia

RIEN de plus périlleux, pour un artiste longtemps absent de Paris, que d'affronter de nouveau son public, surtout dans une salle aussi ample que celle de l'Olympia. Le spectacle actuel le prouve.

Pour Jean Sablon, son retour est la promesse, la certitude d'une faveur publique retrouvée, quant à ses anciens auditeurs, ou conquise, en ce qui concerne les jeunes. C'est que, tout comme Trenet, Jean Sablon a gardé une jeunesse d'allure intacte et que, depuis ses triomphes d'avant guerre, il a su évoluer. On le raillait pour un manque de volume vocal qui le vouait à la chanson douce et aux salles confidentielles ? Soit... Mais ses séjours aux Amériques lui ont appris à se servir très habilement du micro — ce micro dont si peu de chanteurs d'aujourd'hui peuvent se passer mais dont si peu savent user. Et puis il a remarquablement assimilé le style de la chanson sud-américaine et spécialement brésilienne : son interprétation de l'air du film *O, Cangaceiro* le prouve (encore l'aurait-il bien mieux rendue en recourant au texte originel. S'il est sûr de tenir tous les publics avec les *sambas*, son succès n'est pas moins évident avec des airs de son ancien répertoire (*Le Fiacre* ; *Vous qui passez sans me voir*) ou avec des nouveautés.

Tant mieux pour lui comme pour nous : sa manière gentille, simple, très française, sera un opportune antidote à trop de truquages épileptiques.

La démonstration inverse, c'est la rentrée de Carmen Torrès qui la fournit. Elle a acquis une stature de *prima donna* quasi wagnérienne, elle a gardé, sinon amplifié sa voix qui ne manque certes ni de qualités ni de culture. Mais quelle idée se fait-elle d'une chanson populaire ? Qu'il s'agisse d'*Espana*, des *Deux Croix*, où d'*Avril au Portugal*, elle les interprète comme s'il s'agissait du grand air de *Lakmé*. Faut du *bel canto*, pas trop n'en faut sous peine de lasser très vite un auditeur qui demande de la sensibilité.

Il y a, parmi le programme toujours très divers qu'annonce intelligemment Yvonne Solal, une attraction incomparable, celle de Michèle Marconi, qu'on a raison d'appeler « pur-sang » de la danse : parée d'une jaquette rouge d'écuyère et d'un maillot noir qui étreint ses jambes minces de gagnante du prix de Diane, elle mime les exercices de haute école d'un cheval de cirque... et voici que survient un magnifique coursier, impeccablement monté par André Rancy ; et la Belle et la B..., non la Monture, accomplissent ensemble de nouveaux exercices d'un merveilleux unisson. C'est le tout beauté.

Autre excellent numéro d'une fantaisie très originale : celui de Félix Barrell, dont les parodies polyglottes, les instruments de musique d'une invention baroque irrésistible attestent les dons de savoureux humoriste.

Il y a aussi le tour d'« histoire » de Jacques Meyran. Outre qu'elles manquent de nouveauté et que sa manière emprunte trop visiblement ses procédés aux uns et aux autres, nous ne pouvons que protester contre l'inadmissible grossièreté de son « baratin » : il a tort de confondre un music-hall avec un corps de garde ou un cabaret montmartrois confidentiel.

Guy DORNAND.

Un robinson à Tahiti / Tahiti

À la faveur d'un périple en Nouvelle-Zélande et aux Fidji, Jean réalise un rêve d'enfant quand il atterrit en Polynésie, en avril 1955. L'exubérance de la nature, la chaleur de ses habitants, à la fois simples et civilisés, le touchent immédiatement. Il s'y fait des amis dès le premier jour, les Sylvain. Il est français et photographe. Elle est une superbe Tahitienne. Inspiré par la beauté de son épouse, il popularise dans les années cinquante l'image mythique de la belle vahiné mirant sa nudité dans le lagon, la fleur de tiaré sur l'oreille. Les Sylvain lui trouvent un faré, petite maison sans eau ni électricité au milieu des cocotiers, à deux pas de celui jadis occupé par Gauguin. Privé du confort moderne, Jean doit, pour téléphoner, se rendre chez Paul-Émile Victor. Le sable est blanc, la température toujours agréable, la nature généreuse en fruits, poissons et langoustes. Guère attaché aux biens matériels, il ne lui en faut pas davantage pour se décider à y demeurer quelques mois.

Mais l'on n'est pas habitué à être exempt de tout souci… Jean désire retrouver son activité et, repris pas son désir de voyages, quitte Tahiti couvert de colliers de fleurs. À l'heure de s'installer dans le midi de la France, il baptisera sa maison de Théoule-sur-Mer du nom de *Iorana*, « bonjour » en tahitien. ♪

Suzy Volterra, Françoise Sagan et Jean, vers 1960.
Suzy Volterra, Françoise Sagan and Jean Sablon, *c*.1960.

Thanks to a tour of New Zealand and Fiji, Sablon saw a childhood dream come true when he landed in Polynesia in April 1955. He was immediately moved by the lushness of the tropical vegetation and the warm hospitality of the inhabitants. On his first day there, he made friends with the French photographer Adolphe Sylvain and his Tahitian wife. Inspired by his wife's beauty, in the 1950s Sylvain created popular images of local beauties against a backdrop of the island's natural glories. The Sylvains found him a *faré*, a cabin with no water or electricity in the middle of a coconut grove, just a stone's throw from the cabin in which Gauguin had lived. With no telephone, Sablon had to go to the house of the ethnologist Paul-Emile Victor in order to keep in touch with the world. After a few months of living amid the warm white sands and palm trees of Tahiti, Sablon decided to return to his travels and performing, leaving the island wreathed in flower garlands. When he later moved to the south of France, he called his house at Théoule-sur-Mer *Iorana*, Tahitian for "hello". ♪

Moorea, Polynésie française, avec Jeanine Tehani Sylvain, 1955.
Moorea, French Polynesia, with Jeanine Tehani Sylvain, 1955.

155

UN IMPORTATEUR DE RYTHMES ÉTRANGERS...
IMPORTER OF FOREIGN RHYTHMS...

Le naturel curieux de Jean Sablon l'a régulièrement poussé à introduire de nombreux rythmes nouveaux en France.

Dès 1931, il enregistre les tangos *Que Maravilla* et *Ultimo Adios*. Il en gravera d'autres pendant la guerre, en Argentine, avec l'orchestre de Dajos Bela.

De retour d'un voyage en Martinique, il demande en 1932 à Michel Emer et Jamblan de lui écrire une biguine, *Béguin Biguine*, et enregistre avec l'orchestre cubain de Don Barreto. En 1933, il interprète également *Ah ! La Biguine* dans l'opérette *Dix-neuf Ans*.

Jean fait aussi, en 1936, la connaissance d'Antonio Machin, tout comme lui de la distribution de l'opérette de Moyses Simons, le *Chant des Tropiques* au Théâtre de Paris. Le chanteur cubain y crée *El Manisero*, chanson appelée à une popularité internationale sous le nom de *Peanut Vendor*. Un succès qui conduira Jean et d'autres interprètes tels Raquel Meller et Tino Rossi à incorporer dans leur répertoire des compositions de Moyses Simons.

Grand format du tango *Che que maravilla*, 1931, sur une musique du frère de Jean, André Sab.
Sheet music for the tango *Che que maravilla*, 1931, composed by Jean Sablon's brother André Sab.

Spurred on by his natural curiosity, Jean Sablon introduced numerous new rhythms to France from abroad.

As early as 1931, he recorded the tangos *Que Maravilla* and *Ultimo Adios*, following these with others recorded in Argentina during the war years with Dajos Bela and his orchestra. On his return from a trip to Martinique in 1932, he asked Michel Emer and Jamblan to write a beguine for him, *Béguin Biguine*, and made recordings with Don Bareto and his Cuban orchestra. In 1933, he also sang *Ah! La Biguine* in the light opera *Dix-neuf Ans*.

In 1936, Sablon also met Antonio Machin, who like him was in the cast of Moisès Simons's musical the *Chant des Tropiques* at the Théâtre de Paris. The Cuban singer sang *El Manisero*, to become popular internationally as The Peanut Vendor. This success was to encourage Sablon and other singers such as Raquel Meller and Tino Rossi to include other Moisès Simons songs in their repertoire.

Petit format de *Béguin-Biguine*, enregistrée en 1932.
Sheet music for *Béguin-Biguine*, recorded in 1932.

Grand format de *Ouai Ouai le Tiaré*, paroles de Jean Sablon, enregistrée en 1964.
Sheet music for *Ouai Ouai le Tiaré*, with lyrics by Jean Sablon, recorded in 1964.

Aux États-Unis, il enregistre en 1946 une samba de Dorival Caymmi, *Porque,* et un calypso écrit pour lui par son chef d'orchestre Paul Baron, *Rhum et Coca-Cola*, que Francis Blanche adaptera en français.

En 1950, il poursuit dans la veine du folklore antillais avec *Maladie d'Amour* et de la samba avec *Pedro Gomez* d'Hubert Giraud, puis, en 1951, grave la rumba *Voyage à Cuba*.

Durant les décennies cinquante et soixante, Jean importera de nombreux succès brésiliens tels *Ave Maria no Morro*, *Favela* et *Mulher rendeira* – issus du film *O' Cangaceiro* –, *Manha de Carnaval*, du film *Orfeu Negro,* ou *Brésil (Aquarela do Brasil)* de Ary Barroso. Et c'est en 1964 qu'il invite Vinicius de Moraes et Baden Powell dans son show télévisé *Sablon 19-64*. Les deux célèbres brésiliens y font connaître *La Fille d'Ipanema* dont Jean est le premier interprète français. Il préside ainsi à l'avènement de la bossa nova en France et continue à enregistrer de grands succès brésiliens : *Adieu Tristesse* (*A Felicidade*), d'Antonio Carlos Jobim, *La Solution* (*Nao tem Solucao*), de Dorival Caymmi, ou *Amelia* d'Alves.

In America in 1946, Sablon recorded a samba by Dorival Caymmi, *Porque*, and a calypso written for him by his orchestra leader Paul Baron, *Rum and Coca-Cola*, which Francis Blanche adapted into French. In 1950 he continued in the traditional West Indian style with *Maladie d'Amour*, sang another samba, *Pedro Gomez*, by Hubert Giraud, and in 1951 recorded the rumba *Voyage à Cuba*.

During the 1950s and 60s, Sablon imported numerous Brazilian hits to France, including *Ave Maria no Morro*, *Favela* and *Mulher rendeira* (from the film *O'Cangaceiro*), *Manha de Carnaval* (from the film *Orfeu Negro/Black Orpheus*) and *Brésil (Aquarela do Brasil)* by Ary Barroso. In 1964 he invited Vinicius de Moraes and the guitarist Baden Powell on to his television show, where they performed *La Fille d'Ipanema* (The Girl from Ipanema), which Sablon was the first French singer to perform. He also introduced the bossa nova to France, and carried on recording Brazilian hits such as *Adieu Tristesse* (*A Felicidade*) by Antonio Carlos Jobim, *La Solution* (*Nao tem Solucao*) by Dorival Caymmi and *Amelia* by Alves.

Petit format de *Porqué*, enregistrée en 1946, qui, traduite, deviendra la première samba de la chanson française en 1948.
Sheet music for *Porqué*, recorded in 1946 ; translated into French, it would become the first samba in French chanson in 1948.

Petit format du calypso *Rhum et Coca-Cola*, sur une musique de Paul Baron, chef d'orchestre de Jean, enregistrée en 1946.
Sheet music of the calypso *Rhum et Coca-Cola*, composed by Paul Baron, Jean Sablon's bandleader and recorded in 1946.

159

... ET UN EXPORTATEUR DE CHANSONS FRANCAISES
... AND EXPORTER OF THE FRENCH CHANSON

Grand voyageur, l'« Ambassadeur de la chanson française » est probablement le plus grand exportateur de succès français autour du globe. Les éditeurs, auteurs et compositeurs ne s'y trompent pas, lui donnant à créer de nombreuses chansons leur ouvrir le marché américain.

En 1950, sur les onze chansons qui ont rapporté le plus de droits à la SACEM, Société des Auteurs, Compositeurs et Éditeurs, il en a popularisé sept.

C'est ainsi qu'en dehors des chansons dont il est le créateur – c'est-à-dire le premier interprète –, Jean a fait connaître *J'attendrai* – peut-être son interprétation la plus populaire dans le monde –, *Les Feuilles Mortes*, *Pigalle*, *C'est si bon* et *Symphonie* au public international, tandis que d'autres interprètes les incarnaient en France.

> « *Jean Sablon est l'un des premiers à exporter la chanson française aux États-Unis. Il a conquis l'Amérique et ce n'est pas un vain mot.* »
> **(Pierre Dudan)**
>
> *"Jean Sablon was one of the first to export the French chanson to the United States. He conquered America, and I don't use the word lightly."* Pierre Dudan

A great traveller, the "Ambassador for the French chanson" was probably also the greatest and most successful exporter of French popular music around the globe. Publishers, lyricists and composers were under no illusions: having their songs performed by Sablon opened up the American market for them.

In 1950, of the eleven songs that earned the most royalties for the Société des Auteurs, Compositeurs et Editeurs (SACEM), Sablon had made hits of seven.

In addition to the songs that he was the first to perform, Sablon also brought songs such as *J'attendrai,* perhaps the most popular of his songs throughout the world, *Les Feuilles Mortes, Pigalle, C'est si bon* and *Symphonie* to an international audience, while other singers performed them in France.

Photo dédicacée par Pedro Vargas, Rio, 1940.
Signed photograph of Pedro Vargas, Rio, 1940.

La Sacem se félicite de ses recettes records à l'international. Jean s'y révèle le principal exportateur de chansons françaises. *France Soir*, 16 février 1950.
Sacem (Société des Auteurs, Compositeurs et Editeurs de Musique) celebrates record international sales, with Jean Sablon as the principal exporter of the French chanson, *France Soir*, 16 February 1950.

Grand format brésilien de *J'attendrai*, enregistrée en mars 1938.
Brazilian sheet music for *J'attendrai*, recorded in March 1938.

LES INSTANTANÉS DE « FRANCE-SOIR »
En 1/4 d'heure vous saurez tout sur... ce que rapporte une bonne chanson

LES SEPT NOTES DE LA GAMME ONT RAPPORTÉ EN 1949 UN MILLIARD CENT MILLIONS AUX AUTEURS ET COMPOSITEURS DE MUSIQUE

La chanson française préférée de la princesse Margaret (et des Anglais) reste « Sur le pont d'Avignon »

« SUR le pont d'Evignonn », on-ey dens', on ey dens' !
Nous sommes dans le plus grand music-hall de Londres, le Palmarium. Salle pleine, bon public qui entend, ici, se détendre de toutes les restrictions. La vieille chanson monte aux cintres en vagues sonores, rieuses et, à cause de la prononciation que nous avons respectée, même fort bizarre pour des oreilles françaises. Car la foule qui chante ne connaît généralement pas le français. Mais Jean Sablon est la vedette du programme et, avant même son entrée en scène, le public a réclamé la chanson qu'il aime, cette vieille œuvre du folklore français qu'il reprendra en chœur à chaque refrain.

La princesse Margaret, l'enfant terrible de la famille royale anglaise, entonne, elle aussi, cette joyeuse chanson dans les cabarets où elle se rend parfois.

De même, lorsque Sablon interprétera « Le Fiacre » de Xanrof, son auditoire, transporté de joie, imitera avec lui le bruit des sabots du vieux cheval qui « allait trottinant ».

Ainsi le succès de la chanson française à l'étranger est une chose qui se constate aisément, car la réaction sympathique de l'auditoire est un des meilleurs tests du plaisir qu'elle donne. Certes, à Londres, à Edimbourg ou en Islande, la vedette française chante bien d'autres œuvres de chez nous, des chansons d'amour notamment, avec cette « whispering voice », cette voix murmurée, si prisée de nos jours, mais nos vieux chœurs joyeux restent dans la mémoire des auditeurs et entretiennent cette affection pour la France que nous « exportons » par nos artistes.

On ne voudrait pas diminuer l'action de nos diplomates qui n'est pas toujours aisée. Mais combien efficace est, aussi, celle des « ambassadeurs » de la chanson française, les Chevalier, Lucienne Boyer, Jean Piaf, Dussary, Trenet, Guétary, Montand, Agnès Capri, Bordas, Bourvil, sans oublier les Compagnons de la Chanson, et, quelques autres qui font à notre pays la plus sympathique des propagandes. Il suffit, pour s'en rendre compte, d'aller...

dirigeantes de la S.A.C.E.M. (Société des Auteurs, Compositeurs et Editeurs de Musique) qui a fêté ces jours derniers son centenaire.

La forteresse Radio en Amérique

L'AUTRE jour, Edith Piaf, qui obtenait un beau succès à Versailles, un des plus chics cabarets de New-York, soupirait : « C'est dur à obtenir, la radio... »

En effet, les circuits radiophoniques américains, qui touchent quelque cent millions d'auditeurs, ne s'ouvrent que très difficilement aux chanteurs, même fort cotés au music-hall. Il y a bien, de temps à autre, une « invitation » à chanter deux ou trois chansons au cours d'une émission, mais la vraie marque de la notoriété, c'est être invité pour les œuvres d'un bonne heure, au faire et à l'introduire dans cette solide forteresse qu'est la radio aux U.S.A., « Maurice Chevalier, Lucienne Boyer et Jean Sablon. Le premier y a, on le sait, ajouté le prestige du cinéma, car Hollywood l'a plusieurs fois accueilli et fêté.

La S.A.C.E.M. est née d'une consommation non payée

POUR nommer la S.A.C.E.M., on dit « la grande dame de la rue Chaptal », et, malgré les cent ans qu'elle atteint cette année, Année que vont marquer de belles festivités, notamment un panorama de la chanson française depuis le milieu de l'autre siècle.

On pourra dire aussi de 1950, « l'année du millard », car le bel anniversaire coïncide avec la perception de ces cents millions de droits que la S.A.C.E.M. a touchés en 1949, et répartis entre ses vingt mille adhérents.

Près de quatre cents employés accomplissent, dans l'immeuble de la rue Chaptal, le gigantesque travail de contrôle des programmes portant sur quelque cinq cent mille œuvres et l'équitable répartition des droits, avec l'aide des machines à calculer perfectionnées. Le président actuel est Albert Willemetz.

Voilà cent ans, le Conseil d'administration de la S.A.C.E.M. se réunissait seulement tous les soirs autour d'une bonne table, chez le président, et, l'heure des cigares venue, se répartissait environ 4.500 francs de droits entre une centaine d'auteurs. On ne faisait 9.000 francs par mois de notoriété. Le célèbre géographe Adam avait touché, en 1850, 24 francs en trois mois pour l'ensemble de ses œuvres.

La Société avait été fondée l'année précédente à la suite d'une mésaventure arrivée à un faiseur de chansons, Paul Henrion. Celui-ci était allé aux Ambassadeurs où l'on jouait une de ses œuvres, « le précurseur de protestation, de payer sa consommation. Certains de ses confrères l'imitèrent, et l'affaire se termina en correctionnelle, où les auteurs eurent gain de cause, mais décidèrent alors de fonder une société chargée de défendre leurs droits.

Aujourd'hui, la S.A.C.E.M. a des inspecteurs dans toutes les grandes villes, et des sommes très importantes sont infligées aux tricheurs, une chanson est même un excellent héritage : « Fascination », par exemple, rapporte des sommes très importantes aux héritiers de Marchetti. La chanson est un des plus valeurs or.

Les chansons les plus aimées à l'étranger

Voici les chansons françaises qui ont eu le plus de succès à l'étranger depuis cinq ans (l'ordre de préférence n'est pas indiqué dans cette liste) :

AH ! LE PETIT VIN BLANC (a rapporté à Borel Clerc 520.000 francs, en trois mois, pour la seule exécution).
PARLEZ-MOI D'AMOUR ;
L'AIR D'ACCORDÉON ;
CHEVEUX AU VENT ;
VOUS QUI PASSEZ SANS ME VOIR ;
MA MIE ;
LA VIE EN ROSE ;
SYMPHONIE ;
IMAGINEZ... ;
COUCHES DANS LE FOIN...
et (naturellement), LA MADELON.

Les Egyptiens aiment « Boire un petit coup »

Le chansonnier Charles Cluny, époux d'une charmante Suédoise, se trouvait un jour en vacances à Copenhague. Il alla dîner dans un grand restaurant. L'orchestre du lieu, sachant qu'un Français honorait l'établissement de sa visite, exécuta une *Marseillaise* impeccable. Fort ému, le chansonnier remercia le maestro de sa si délicate attention, mais lui fit gentiment observer que l'hymne national était l'affaire d'accueil des hautes personnalités.

Boire un petit coup c'est agréable ! C'est pourtant ce qui arriva lors de la dernière tournée égyptienne de la trépidante fantaisiste.

Plus drôles encore — et émouvantes — sont ces petites fêtes de Haïphong et de Hanoï que j'entendis, en 1938, chanter de leurs voix aiguës :
« On m'appelle ma ti'te Sinoise »
« Ma Tonkiki, ma Tonkinoise... »

250 millions de droits

Il est juste de dire que le succès chez nos œuvres jouées ou interprétées dans le monde est si favorable pour une bonne part, au talent de nos artistes qui gagnent des auditoires immenses à la chanson de chez nous.

Nos « vedettes internationales » ont, d'ailleurs, une manière fort délicate de remercier les publics étrangers. A l'ultime représentation en Argentine ou au Portugal, par exemple, Jean Sablon fait ses adieux en chantant en espagnol ou en portugais ; Agnès Capri en italien ; les Compagnons de la Chanson à ravissent les Canadiens avec une vieille complainte du temps de Jacques Cartier dans la vieille française de l'époque.

Bordas, rentrant du Moyen-Orient, ne nous a pas dit si elle « a poussé sa dernière » en arabe. Mais elle en est bien capable.

Ces trois « vieilles » sont encore jeunes

Voici les trois chansons anciennes qu'on chante encore le plus souvent aujourd'hui :

AUPRÈS DE MA BLONDE (les soldats de la Révolution la chantaient déjà) ;
LE TEMPS DES CERISES (de Jean-Baptiste Clément, membre de la Commune de Paris, en 1871) ;
LA CHANSON DES BLÉS D'OR (composée, en 1852, par Doria).

Revenant, huit jours plus tard, dîner dans le même restaurant, M. Cluny s'entendit accueillir par une pimpante *Madelon*. Touchante idée d'un orchestre qui voulait le saluer avec une *Marseillaise* plus familière.

Essayez d'imaginer un cabaret au Caire ou au music-hall à Alexandrie où le public, exclusivement composé d'hommes coiffés du « tarbouch » national, entonne avec Bordas (et avec enthousiasme) :

(Copyright by France-soir and Ecoop Agency. Reproduction, même partielle, strictement interdite.)

Erik Satie enthousiasme les night clubs

BIEN sûr, il est assez rare qu'une œuvre soulève tous les publics, sans distinction de latitude. Chevalier, Lucienne Boyer, Jean Sablon et Edith Piaf ont fait applaudir aux Etats-Unis des chansons comme « Prosper », « Parlez-moi d'amour » ou « J'attendrai » ; mais en constatant que des œuvres assez inattendues émeuvent l'immense auditoire américain pour des raisons bien diverses. C'est ainsi qu'un éminent directeur de théâtre parisien entendait récemment un grand éditeur américain lui déclarer que, parmi les « best sellers » de la chanson française outre-Atlantique se trouve « Ma Mie », de Jambian.

Prévert, Kosma, et même le compositeur humoristique que fut Erik Satie, le précurseur de Debussy, connaissent aussi, en des milieux moins populaires, il est vrai (night clubs, universités), de remarquables engouements, surtout en Angleterre et en Suisse.

Puisque nous sommes en Amérique, notons ce trait touchant. Jean Sablon donnait un gala à l'Université de Columbia. La recette (confortable) servit à faire faire en France à une jeune fille, la meilleure élève du cours de français, La chanson française figure d'ailleurs dans plusieurs programmes d'études universitaires aux États-Unis.

Canada et Louisiane n'oublient pas la mère-patrie

Il est peu utile de dire l'accueil affectueux que le Canada fait à la chanson de chez nous, lorsque les Canadiens entendent les chants de l'ancien folklore : *Auprès de ma blonde*, *Le roi a fait battre tambour*, ou quelque vieil air de marins, tel ce Biscayen des 17e et 18e siècles...

Francis GATTEGNO

J'Attendrai

C'est aux États-Unis que Jean reçoit de Jean Bérard, directeur des disques Columbia en France, *Soir d'Amour*, sur des paroles de Jacques Larue, titre adapté d'une chanson italienne, *Tornerai*. Il le crée à la radio NBC tout en lui apportant une orchestration à son goût. Quelques temps après, Bérard lui envoie de nouvelles paroles qu'il lui réserve pour sa rentrée parisienne. Jean tardant à rentrer, c'est Rina Ketty qui le créera en France, et Jean sur le continent américain. Il l'enregistrera souvent, le popularisera à l'international et l'interprétera même en japonais ! Son nom sera étroitement associé à la chanson : un jour où il assiste à un match de football au Brésil, un présentateur signale sa présence aux spectateurs qui entonnent spontanément *J'Attendrai*. ♪

Jean Sablon was in America when Jean Bérard, president of Columbia Records France, sent him *Soir d'Amour*, adapted from an Italian song, *Tornerai*, with lyrics by Jacques Larue. Sablon adapted the orchestration and performed the song on NBC. Some time later, Bérard sent him new lyrics that he was keeping for him when he returned to Paris. As Sablon delayed his return, Rina Ketty first performed the new song in France, while Sablon sang it in America. He was to make many recordings of it and made it an international hit (he even sang it in Japanese). So closely did he become associated with it that when on one occasion at a football match in Brazil the commentator pointed out his presence, the crowd launched into a spontaneous rendition of *J'attendrai*. ♪

Grand format argentin d'*Insensiblement*, créée par Jean au Brésil puis enregistrée en 1942 à Buenos-Aires.
Argentinian sheet music for *Insensiblement*, first performed by Jean Sablon in Brazil, then recorded in Buenos Aires in 1942.

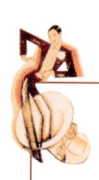

Ses grandes chansons françaises
The Greatest French Chansons sung by Jean Sablon

Ce Petit Chemin

Puisque vous partez en voyage

Vous qui passez sans me voir
(Grand prix du disque en 1937)

J'attendrai

La valse au Village

J'ai peur de l'automne

Rêverie

La Chanson de Paris

Je tire ma révérence

Darling je vous aime beaucoup

Il ne faut pas briser un rêve

La Chanson des rues

Insensiblement

C'est le Printemps
(Grand prix du disque en tant qu'auteur en 1948)
(Grand prix du disque for songwriting, 1948)

Laura

Rhum et Coca-Cola

Ciel de Paris

Syracuse

GRAND PRIX DE LA CHANSON
A.B.C. 1950
LA CHANSON DE PARIS
JEAN SABLON
Disque "La Voix de son Maître" SG 20
PAROLES ET MUSIQUE DE
JEAN DRÉJAC
YVES-BONNAT
LES NOUVELLES EDITIONS MERIDIAN
5, Rue Lincoln -- Paris (8e)
POUR LA BELGIQUE:
SOUTHERN BELGIUM
13, rue de la Madeleine
BRUXELLES
POUR LA SUISSE:
SOUTHERN A/G
40, Stauffacherquai
ZURICH
NOUVELLES EDITIONS MERIDIAN
Imprimé en France

Les autres chansons qu'il a popularisées dans le monde
Other International Hits

Miss Otis regrette (Miss Otis Regrets)
Sur le Pont d'Avignon (version swing) (swing version)
Le Fiacre
It Might as Well be Spring
Ma Mie (All of Sudden My Heart Sings)
Maladie d'Amour
Symphonie
La Vie en rose (version masculine) (male version)
Les Feuilles Mortes
(premier enregistrement à New York en 1947)
(first New York recording, 1947)
Pigalle
C'est si bon
Clopin Clopant
Avril à Paris

L'histoire du *Fiacre* illustrée par Edouard Halouze.
The story of *Le Fiacre*, illustrated by Edouard Halouze.

Les standards anglo-saxons qu'il a créés
English Standards First Performed by Jean Sablon

These Foolish Things

Two Sleepy People

Dinner for One Please James
(Un seul couvert please James)

In the Still of the Night

It Might as Well be Spring
(dans sa version française : C'est le Printemps)
(in French, C'est le Printemps)

A Tune for Humming

Darling je vous aime beaucoup

« J'aimais bien Jean Sablon, sa voix, son répertoire, et j'avais envie, bien naturellement, qu'il chante une de mes chansons. Il m'a reçu dans sa loge très gentiment, très simplement et il me semble bien qu'il a écouté deux ou trois chansons avec bienveillance. » (Jean Ferrat)

"I loved Jean Sablon, his voice and his repertoire, and of course I very much wanted him to sing one of my songs. He received me in his dressing room and was very kind and unpretentious, and I'm sure that he'd listened favourably to two or three of my songs." Jean Ferrat

Grand format de *Dinner for One, Please James*, enregistrée en 1936.
Sheet music for *Dinner for One Please James*, 1936.

Avec Henri Salvador, années cinquante.
With Henri Salvador, 1950s.

Ses musiciens
Musicians who Worked with Jean Sablon

Georges Van Parys	Emil Coleman
Gaston Lapeyronnie	Jan Savitt
A.J. Pesanti	Guy Luypaerts
Don Barreto	Dick La Salle
Mireille	Pierre Spiers
Clément Doucet	Harry Sosnik
Michel Emer	Émile Stern
Django Reinhardt	Ellis Larkin
Garland Wilson	Jacques Metehen
Alec Siniavine	Raymond Legrand
André Ekyan	Larry Neill
Louis Vola	Skitch Henderson
Stéphane Grappelli	George Melachrino
Walberg	Jo Boyer
Guy Paquinet	Eddie Barclay
Fred Mélé	Herman Garst
Casper Reardon	Frank Cordell
Merle Alderman	Mario Bua
Victor Young	Duke Ellington
Lou Bring	Marcel Bianchi
Leonard Joy	Paul Mauriat
Orgatron Everett	Hubert Rostaing
Toots Tutti Camarata	Jean Sala
Eduardo Armani	François Rauber
Paul Baron	Jean Claudric
Dajos Bela	Pierre Porte
Irving Ross	Maurice Vander
Carlos Machado	Lucien Lavoute
Hamilton Varela	

Ses auteurs et compositeurs
Lyricists and Composers who Worked with Jean Sablon

Jamblan	Francis Lopez
Jean Nohain	Michel Vaucaire
Mireille	Kurt Weill
Al Dubin	Pierre Dudan
Richard Rodgers	Bruno Coquatrix
Richard Whiting	Sammy Cahn
Henri Christiné	Jule Styne
Cole Porter	Hubert Giraud
Charles Trenet	Jean Dréjac
Johnny Hess	Francis Lemarque
Michael Carr	Emile Stern
Jacques Larue	Jacques Prévert
Paul Misraki	Pierre Delanoë
Maurice Yvain	Gilbert Bécaud
Jean Tranchant	Eddy Marnay
Moisès Simons	Maysa
Oscar Hammerstein	Maurice Pon
Jérôme Kern	Henri Salvador
Alec Siniavine	Bernard Dimey
Francis Carco	Luiz Bonfa
Hoagy Carmichael	Francis Lai
Jimmy Mc Hugh	Antonio Carlos Jobim
Frank Loesser	Jacques Plante
Irving Berlin	Charles Aznavour
Fragson	Léo Ferré
Raymond Asso	Philippe Sarde
Marguerite Monnot	André Salvet
Albert Willemetz	Holt Marvell
Dorival Caymmi	James Strachey
Vincent Scotto	Hubert Ithier
Henri Contet	Georges Brassens
Paul Durand	

167

L'AUTEUR ET COMPOSITEUR
SONGWRITER AND COMPOSER

Au temps de la revue *Streets of Paris*, William Morris Jr, l'un des plus importants agents, conseille à Jean d'écrire ses chansons. S'il inspire quelquefois ses auteurs et compositeurs, leur suggérant des phrases musicales ou des arrangements, il estime toutefois être avant tout chanteur. Certes, les perspectives de gain seraient décuplées mais en 1939, à part de très rares exceptions, un compositeur est un compositeur, un parolier est un parolier et un interprète, un interprète. Il déplore la généralisation progressive de cette pratique, souvent motivée par des impératifs commerciaux, convaincu que chaque discipline fait appel à des talents différents et que beaucoup d'auteurs-compositeurs ne sont pas les meilleurs interprètes de leurs propres

When he was performing in the Broadway musical *Streets of Paris*, Jean Sablon was advised by William Morris Jr, one of the most prominent agents at the time, to write his own songs. But although he sometimes gave inspiration to his lyricists and composers, suggesting musical phrases and arrangements, he always saw himself first and foremost as a singer. It might have greatly increased his earning potential, but in 1939, with only a few rare exceptions, a composer was a composer, a lyricist was a lyricist, and a singer was a singer. He deplored the gradual generalization of songwriting, often motivated by commercial considerations, convinced that each discipline required different talents, and that many singer-songwriters were not the best

> « Peut-être Jean Sablon était-il plus poète que moi. » (Jamblan)
>
> *"Perhaps Jean Sablon was more of a poet than I am."* Jamblan

œuvres... Dans cette optique, l'on pourrait dire qu'il revient au compositeur de faire la musique, à l'auteur d'écrire les paroles et à l'interprète... de faire la chanson !

À ses moments perdus, Jean sera toutefois auteur ou compositeur d'une quarantaine de chansons, à la demande d'un auteur ou par simple plaisir. Des chansons qu'il ne songera pas toujours à déposer... C'est le cas de la version swing du *Pont d'Avignon*, qui connaîtra une remarquable destinée, ou de *Clopin Clopant* que Jean traduira par *Comme-ci comme ça*.

C'est le Printemps permettra à Jacqueline François de gagner le Grand Prix du Disque 1948, sur des paroles françaises de Jean.

Blossom Dearie, Fernandel, Charles Dumont et d'autres interpréteront certaines de ses compositions.

performers of their own songs. As he saw it, it was the composer's job to write the music, the lyricist's to write the words, and the singer's to create the song.

Sablon nevertheless wrote some forty songs in his spare time, at the request of writers or for the sheer pleasure of it. Some of them have stood the test of time, as with his remarkably successful swing version of *Sur le Pont d'Avignon*, or *Clopin Clopant*, which in his version became *Comme-ci comme ça*.

C'est le Printemps, for which he penned the French lyrics, meanwhile won the Grand Prix du Disque for Jacqueline François in 1948, and Blossom Dearie, Fernandel and Charles Dumont were only some of those who performed his songs.

Petit format de *C'est le Printemps*, traduction française de *It Might as Well Be Spring*. enregistré en 1945.
Sheet music for *C'est le Printemps*, the French translation of *It Might as Well be Spring*, recorded in 1945.

Petit format de *La Bouillabaisse*. Paroles de Jean Sablon et Roger Lucchesi sur une mélodie d'Hubert Giraud.
Sheet music for *La Bouillabaisse*, with lyrics by Jean Sablon and Roger Lucchesi to music by Hubert Giraud.

À L'ÉCART DE LA SCÈNE
OFF STAGE

UN PARFAIT GENTLEMAN
A PERFECT GENTLEMAN

Dès son débarquement aux États-Unis en 1937, les journalistes assaillent le jeune étranger de questions des plus saugrenues : ce qu'il pense des femmes américaines, son inclination envers les brunes ou les blondes. Ils s'étonnent de ses quatre-vingt seize costumes, de son caniche marron, un French poodle, et de son phonographe portable. Pour leur part, les autorités, soucieuses de savoir à qui elles ont affaire, s'inquiètent davantage de ce qu'il pense du président Roosevelt…

L'agent du jeune Français sait exploiter au mieux son charme exotique. De la même manière que Jean est considéré en son pays comme le chanteur le plus américain, les États-Unis voient en lui un représentant de l'élégance et du savoir-vivre français.

Le Paris d'avant-guerre, où affluent nombre de personnalités ou d'intellectuels, est encore considéré comme un phare culturel. Un chanteur français est donc en quelque sorte un produit d'exportation contribuant à l'image de son pays, comme peuvent l'être la mode ou le parfum… Jean sait jouer de cette estampille sans toutefois se prendre au sérieux : facétieux, il aime, dans ses shows, à traduire littéralement des expressions typiquement françaises pour amuser son auditoire, ou à interpréter des succès traditionnels de son pays sans craindre de paraître démodé. Les Américains adorent *Le Fiacre*, popularisé jadis par Yvette Guilbert, *Alouette*, *Frère Jacques* et en redemandent ! Sa version swing du *Pont d'Avignon* fait fureur.

Favori de la haute société internationale, Jean chante pour la duchesse d'Argyll, en présence de Gary Cooper, Paul Getty, Douglas Fairbanks, le prince Romanov et le gotha, Londres, 1960.
The darling of international high society, Jean Sablon sang for the Duchess of Argyll, in the presence of Gary Cooper, Paul Getty, Douglas Fairbanks, Prince Romanov and the cream of London society, 1960.

Montréal, 1951.
Montreal, 1951.

Line Renaud et Judy Garland, Paris, 1960.
Line Renaud and Judy Garland, Paris, 1960.

From the moment of his arrival in America in 1937, Jean Sablon was bombarded with silly questions by journalists: What did he think of American girls? Did he prefer blondes or brunettes? They marvelled at his wardrobe of ninety-six suits, at his French poodle, at his portable gramophone. The authorities, meanwhile, anxious to know who they were dealing with, quizzed him on his attitude to President Roosevelt.

His agent knew just how to exploit his Gallic charm to the full. Just as in France Sablon was viewed as the most American of singers, in America he was admired as the quintessence of French elegance and savoir-vivre.

Pre-war Paris, a cosmopolitan melting pot of artists and intellectuals, was still a beacon of culture. A French singer could thus be seen as an export adding value to the image of his country in the same way as fashion or perfumes. Sablon was well able to play on this status while at the same time refusing to take himself seriously: he took a mischievous delight in translating French expressions literally during his shows, to the great amusement of his audience, and he took pleasure in singing traditional French songs without being the least concerned about appearing old-fashioned. American audiences adored the old Yvette Guilbert hit *Le Fiacre*, *Alouette* and *Frère Jacques*, and asked for them over and over again. His swing version of *Sur le Pont d'Avignon* was a huge hit.

New York, 1937.

Mais une image de séducteur se construit et les producteurs sont très directifs. Lorsque Jean gagne Hollywood pour y animer le programme *Hollywood Hotel*, l'agent de la NBC n'hésite pas à lui déclarer qu'il le croyait plus grand... Le producteur Rudy Maté lui conseille de réduire la longueur de ses dents ou de se laisser pousser la moustache. Une moustache désormais considérée comme très française outre-Atlantique tandis que les Français lui trouvent un faux air de Clark Gable et y voient la marque du Nouveau Monde...

Chacun y va de sa représentation du jeune premier : en Amérique du Sud, les photographes forcent quelque peu sur le maquillage pour le transformer en beau ténébreux, genre *latin lover*. Les objectifs des photographes contribuent activement à constituer cette image : en France, les studios Harcourt ; aux États-Unis, Clarence Sinclair Bull – qui œuvre aussi pour Greta Garbo –, George Hurrell – qui sublime des stars hollywoodiennes –, ou encore le photographe de mode et de publicité George Platt Lynes. Il n'en faut pas plus pour que Jean soit élu *Pin up boy* en 1942.

But an image of a Gallic seducer was being constructed around him, and producers were highly controlling. When he arrived in Hollywood to host the Hollywood Hotel show, the NBC agent had no compunction in telling him that he was shorter than he had imagined, while the producer Rudy Maté advised him to either get his teeth shortened or grow a moustache – a moustache that was subsequently considered as very Gallic in America, while French fans thought it gave him an air of Clark Gable.

Each country had its own image of this romantic young crooner. In South America he was photographed with heavy make-up to transform him into a sultry Latin lover. Everywhere, photographers played an important part in shaping his image: at Studio Harcourt in France, and in America at the studios of Clarence Sinclair Bull, who also photographed Greta Garbo; of George Hurrell, who photographed many Hollywood stars; and of fashion and advertising photographer George Platt Lynes. As a result, he was elected "Pin-up Boy" of 1942.

Galante compagnie aux États-Unis pour l'« élection du pin-up boy », États-Unis, 1942.
Glamorous company for the election of the American "Pin-up Boy", 1942.

Buenos Aires, 1940.

> « *Jean Sablon a été et reste l'interprète qui honore le plus la distinction de la chanson française.* »
> (Charles Dumont)
>
> "*Jean Sablon has been and remains the performer who brings most honour and distinction to the French chanson.*"
> Charles Dumont

> « *Jean Sablon, c'est l'aristocratie de notre métier.* »
> (Jacqueline François)
>
> "*Jean Sablon is the aristocrat of our métier.*"
> Jacqueline François

> « *Il y a quelqu'un que j'admire beaucoup et qui est un peu un phare pour moi, c'est Jean Sablon. Un type modeste, très élégant, qui avait vraiment du talent.* »
> (Hugues Aufray)
>
> "*Someone whom I admire and who is something of a leading light for me is Jean Sablon. Modest, extremely elegant and truly talented.*"
> Hugues Aufray

Quoique discret, il demeure un modèle pour le sexe faible. Il est l'idole attitrée des femmes élégantes, dites *nylon soxers*, selon le magazine *Bachelor's Club* en 1948. Férues de sondages, les Américaines le classent en 1951 parmi les représentants les plus élégants du sexe fort des cinquante dernières années et le font figurer parmi les trois voix ayant le plus de charme, aux côtés de Bing Crosby et de Frank Sinatra. Elles lui demeurent fidèles et, ne dédaignant pas les quinquagénaires, le font apparaître en 1959 parmi les célibataires les plus séduisants au monde, entre Joe di Maggio, le joueur de baseball devenu l'époux de Marilyn Monroe, et le premier ministre britannique Anthony Eden.

Guère infatué par ces hommages, il garde la lucidité et le détachement du vrai *gentleman* qu'il est. Tout comme le jour où il refuse la Légion d'honneur, considérant que ses frères et sa sœur l'ayant reçue à titre militaire, il ne la mérite pas « à titre de chansonnette ».

« *J'adorais Jean Sablon pour son talent, sa bonté, sa simplicité. Pour l'ami irréprochable qu'il a toujours été. J'aimais aussi sa sœur Germaine. Ils étaient l'amitié même.* » (Jean Marais)

"*I adored Jean Sablon for his talent, his kindness, his lack of pretension. For being the perfect friend that he always was. I loved his sister Germaine too. They were the very essence of friendship.*" Jean Marais

Dans son appartement de la rue Foucault, Paris, 1969.
In his apartment on rue Foucault, Paris, 1969.

Anniversaire de Loulou Gasté. De gauche à droite : Jacques Chirac, Jean-Pierre Aumont, Jean, Annabella, Lova Moor, Yvette Horner, Charles Level, et Gérard Darmon. Au second plan, Annie Cordy, Claudine Auger, Christian Morin, Line Renaud, Bernadette Chirac, Michel Leeb, Jean-Pierre Foucault, Loulou Gasté, Jean-Claude Brialy et Muriel Robin. Fouquet's, Paris, 1988.
Loulou Gasté's birthday celebrations at Fouquet's. From left to right: Jacques Chirac, Jean-Pierre Aumont, Jean Sablon, Annabella, Lova Moor, Yvette Horner, Charles Level and Gérard Darmon; back row: Annie Cordy, Claudine Auger, Christian Morin, Line Renaud, Bernadette Chirac, Michel Leeb, Jean-Pierre Foucault, Loulou Gasté, Jean-Claude Brialy and Muriel Robin. Paris, 1988.

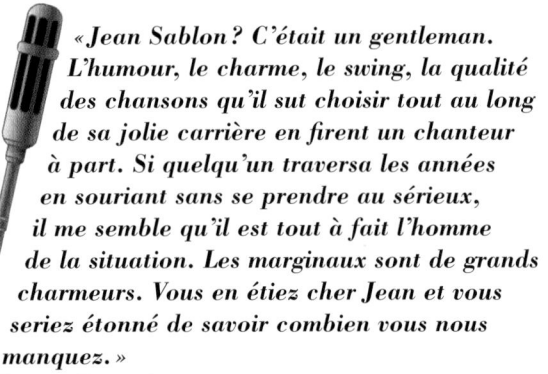

« *Jean Sablon ? C'était un gentleman. L'humour, le charme, le swing, la qualité des chansons qu'il sut choisir tout au long de sa jolie carrière en firent un chanteur à part. Si quelqu'un traversa les années en souriant sans se prendre au sérieux, il me semble qu'il est tout à fait l'homme de la situation. Les marginaux sont de grands charmeurs. Vous en étiez cher Jean et vous seriez étonné de savoir combien vous nous manquez.* »
(Pierre Perret)

"*Jean Sablon? He was a gentleman. Humour, charm, swing, the quality of the songs that he selected throughout his fine career all made him a singer in a class of his own. If anyone could go through the decades with a smile on his face, not taking himself too seriously, then it was definitely him. It's the unconventional types who have the most charm. You were one of them, dear Jean, and if you knew how much we miss you you would be astonished.*" Pierre Perret

Although discreet in his private life, by 1948 he was, according to the magazine *Bachelors" Club*, the idol favoured by housewives and "nylon soxers". In an opinion poll in 1951, the American public voted him one of the most elegant men of the past fifty years, and –alongside Bing Crosby and Frank Sinatra– one of the three most charming singers. They remained faithful to him, in 1959 –by which time he was into his fifties– voting him one of the world's most eligible bachelors, between the baseball player Joe di Maggio, who married Marilyn Monroe, and the British prime minister Anthony Eden.

Jean Sablon's head was never turned by all this attention, and he always retained the clear judgement and detachment of the true gentleman that he was. This was epitomized in his refusal of the Légion d'Honneur, on the grounds that since his brother and sister had received this honour for their wartime military service, he scarcely merited it for his "light-hearted ditties".

L'élégance française
Elegance *à la française*

À l'époque de Jean, l'aura des stars ne tenait pas qu'à leur seule apparence. Si elles la peaufinaient à ce point, c'est qu'elles savaient que leur rôle était d'entretenir une forme d'illusion, offrant une part de rêve au public. Dans un siècle qui eut sa part de convulsions et de désillusions, le *show-business* avait pour mission de fabriquer un ailleurs et ses grandes figures détenaient la responsabilité d'incarner un monde idéal.

À la lueur des mutations qu'a connu le monde du spectacle depuis une cinquantaine d'années, l'on peut se demander s'il n'est pas préférable, face aux doutes que connaît inévitablement toute époque, qu'un artiste continue d'incarner ce monde idéal, fût-il illusoire, plutôt que, cherchant à ressembler à son public, de clamer avec lui à l'unisson son désarroi ou sa rébellion. Si les deux attitudes visent le même but, tendre à un monde meilleur, elles n'en témoignent pas moins d'approches radicalement différentes, la recherche de l'élégance et de la pure beauté paraissant désormais bien désuète... ♪

In Jean Sablon's time, the aura of the stars was not merely a matter of appearances. If they devoted such lavish care on their image, it was because they knew that their role was to maintain an illusion, to offer their public a dream. In a century riven by strife and disillusion, show business set out to create a world of fantasy, and it fell to its major figures to inhabit this make-believe land of perfection.

In the light of the changes the world of entertainment has undergone in the last fifty years, who is to say whether it would not be preferable –given the doubts that beset any era– if artists still sought to embody this ideal world, however illusory, in a quest for an elegance and a beauty that now seem to hark back to a different age? ♪

> *La chanson française s'exportait comme un tailleur de Chanel ou un parfum de Givenchy* (Jean Sablon).
>
> The French chanson travelled well, like a Chanel suit or a Givenchy perfume (Jean Sablon).

L'amie Elsa Schiaparelli, 1952.
With his friend Elsa Schiaparelli, 1952.

En compagnie de Claude Nollier et Jacques Fath, 1952.
With Claude Nollier and Jacques Fath, 1952.

Au Bœuf sur le Toit avec Christian Dior (à gauche), Germaine Sablon, Jean Marais et Paulette Dorisse, vers 1946.
At the Bœuf sur le Toit with Christian Dior (left), Germaine Sablon, Jean Marais and Paulette Dorisse, c.1946.

Avec Pierre Cardin et Patrick Sabatier, Moulin Rouge, 1984.
With Pierre Cardin and Patrick Sabatier, Moulin Rouge, 1984.

« JE TIRE MA RÉVÉRENCE »
"JE TIRE MA RÉVÉRENCE": BOWING OUT GRACEFULLY

La Maritana, villa de Madame Sablon puis de sa fille Germaine à Agay, aquarelle de la main de Jean.
La Maritana, the villa belonging to Madame Sablon and afterwards her daughter Germaine at Agay, watercolour by Jean Sablon.

Au coin du feu à Iorana, sa maison de Théoule-sur-Mer, 1970.
Tending the fire at Iorana, his house at Théoule-sur-Mer, 1970.

Convaincu qu'il est un temps où il convient de laisser sa place aux jeunes, a fortiori lorsque l'on est un chanteur reconnu pour sa séduction, Jean Sablon décide de céder dans les années soixante-dix à la tentation d'une paisible retraite, longtemps différée par les sollicitations venues de l'étranger. « On ne se remet pas à table après un bon repas » dit-il.

S'il a beaucoup donné à son métier, il s'est toujours émerveillé des découvertes que lui réservaient ses voyages, désireux de visiter chaque pays, d'en rencontrer les habitants, fussent-ils humbles ou célèbres. Il ne s'en résout pas moins avec bonheur à se fixer à Théoule-sur-Mer en 1967, dans la maison jadis acquise pour sa marraine tant aimée, la transforme, y apporte mille merveilles glanées chez les antiquaires de la région. Enfin il peut, en amoureux de la nature, soigner son jardin où croissent des essences rapportées des quatre coins du monde, sans omettre un violon d'Ingres, la peinture, qu'il pratique en autodidacte et partage quelquefois avec son amie Simone Simon. Il parcourt le Var et les Alpes Maritimes à la recherche d'un beau point de vue ou d'un paysage charmant.

C'est toutefois sans compter sur les sollicitations qui lui parviennent des Bermudes ou d'Asie et surtout, d'un producteur américain, George Wein, qui forme pour lui d'autres projets. Il souhaite le voir chanter à l'Avery Fisher Hall, au Lincoln Center de New York, accompagné par l'orchestre de Frank Sinatra, lui offrant de voyager dans les meilleures conditions. On ne peut refuser un cadeau pareil… C'est ainsi que le 28 mars 1981, Jean chante pour ses soixante-quinze ans au bénéfice de la French American Cultural Service and Educational Aid devant un public new-yorkais qui retrouve avec nostalgie son vieil ami français.

NEW YORK POST, THURSDAY, MARCH 26, 1981

On the Town
Legendary Sablon here
By RICHARD M. SUDHALTER

"WHEN I met Django," Jean Sablon was saying the other day, "he was living just outside Paris — in his car.

"Believe me when I say he had nothing. No passport. No address. Nothing. And he couldn't read music."

But the word had already spread about the itinerant, illiterate Gypsy musician who was a jazz guitarist without peer. His name was Jean Baptiste Reinhardt — Django to his friends.

"So," said Sablon, "I engaged him to make records with me — they were his first. He turned out to be even better than his reputation, and made a great success."

That was 1934. Nearly half a century ago. Yet the man doing the reminiscing doesn't look half old enough to have that long a memory.

Jean Sablon turned 75 this week. Sablon, who did for popular singing in France what Bing Crosby did in this country is still youthfully handsome and vital — and still singing beautifully.

He'll be proving it Saturday evening in concert at Avery Fisher Hall, his first U.S. appearance in nearly 20 years. Bobby Short and George Wein, co-producers of the event, term it *A Return to Romance*. Few will disagree.

Sablon's smooth, mellow baritone — like Crosby, he started his career closer to tenor range and deepened with the years — and suave good looks made him a national idol in France throughout the '30s.

Like Crosby, he was among the first to develop a style of singing suited to the microphone: light, flexible, with an intimacy both new and immediately appealing. It also reflected strong appreciation of jazz — Django and other jazzmen show up frequently on Sablon's records.

From 1937 onward he was an ever more frequent visitor to this country, remaining through World War II and starring in his own 15-minute weekly radio show.

Jean Sablon due at Avery Fisher Saturday.

"That show was such a pleasure for me," said Sablon. "Tutti Camarata led the band. We had wonderful guests — and I got to meet people such as Bing and the wonderful Mildred Bailey, Dinah Shore and Maxine Sullivan."

Sablon lives on the French Riviera. But he still records and appears often on television. His New Year's Special last year was broadcast across Europe.

Many of his early records, frequently reissued, are treasured collector's items. Some were French versions of songs he had heard here: among them *Prenez Garde au Mechant Loup* — more familiarily known as *Who's Afraid of the Big Bad Wolf*. Many of them boasted accompaniments and solos by the incomparable Django.

"There was no one like him," said Sablon — which could just as easily be said of Jean Sablon himself.

Tickets are still available, priced between $10 and $25, at the Avery Fisher box office.

Le *New York Post* annonce le récital du 28 mars 1981.
The *New York Post* announcement of Jean Sablon's performance of 28 March 1981.

L'affiche du spectacle au Lincoln Center.
Poster for his show at the Lincoln Center.

Firmly believing that the there is a time when it is right to make way for the younger generation, and all the more so when you are singer known especially for your romantic repertoire, in the 1970s Jean Sablon decided to yield to the temptations –put off for many years owing to invitations to perform abroad– of a tranquil retirement. "You don't sit down to eat when you've just had a good meal," he would say.

Throughout a demanding career, he had always marvelled at all the new experiences that awaited him on his travels, and was always eager to visit different countries and meet the people who lived there, whether famous or simply ordinary. But in 1967 he was also delighted to move into the house that he had orginally bought for his beloved godmother at Théoule-sur-Mer, transforming it to his taste and adding many treasures gleaned from local antique dealers. Always a lover of nature, now at last he could spend time tending his garden, where he grew plants from around the world, and indulge his self-taught passion for painting, a pastime he sometimes shared with his friend Simone Simon, driving the length and breadth of the Var and Alpes Maritimes in search of irresistible views and landscapes.

Invitations to perform continued to arrive, however, from Bermuda and Asia, and especially from the American promoter George Wien, who was always making plans for him. He wanted to see Sablon sing at the Avery Fisher Hall in the Lincoln Center in New York, accompanied by Frank Sinatra's orchestra, and lured him with tempting conditions that it was impossible to refuse. So it was that on 28 March 1981, Jean Sablon celebrated his seventy-fifth birthday by singing at a benefit performance for the

Jean Sablon triomphe à Rio

L'Indépendant 13/04/84

RIO n'est pas « passé sans le voir ». « Clopin, clopant », Jean Sablon a redécouvert le Brésil. A défaut de « Syracuse », il a revu les grands oiseaux qui s'amusent à passer « L'aile sous le vent ». C'est « Si bon », tellement bon que le chanteur n'a toujours pas « tiré sa révérence ».

Ce pot-pourri de titres de ses succès peut résumer son passage à Rio où, à 78 ans, il vient de faire un triomphe dans un récital unique pour une œuvre de charité.

Ses adieux, le chanteur pensait les avoir déjà faits à New York en 1981 et à Paris en 1982. Pourtant 56 ans après l'avoir découvert dans l'opérette « Lulu » jouée par la troupe des Bouffes parisiens, Rio l'a réclamé. Et Jean Sablon de céder à ses amis brésiliens.

Optimisme à toute épreuve

L'œil vif, inchangé — si ce n'est la moustache et les cheveux grisonnants, Jean Sablon promène partout son indéfectible optimisme. Le poids des ans n'a pas altéré son tonus sur la scène de Rio où il a repris une vingtaine de chansons, ponctuant chaque couplet de son éternel sourire.

« Je suis tombé amoureux du Brésil lors de mon premier séjour ici à l'occasion de mes débuts avec les Bouffes parisiens en 1928 », raconte Jean Sablon, « Jamais je n'ai rien vu de si beau qu'un lever de soleil sur Rio depuis les hauteurs du Corcovado ».

Il a par la suite passé l'essentiel de sa carrière aux quatre coins du monde, notamment aux Etats-Unis, au Japon, en Angleterre. « Je n'ai chanté que quatre fois en France, chaque fois un mois, en trente ans », rappelle-t-il.

Les « Cariocas » (habitants de Rio) se sont arraché le chanteur à son arrivée. Jean Sablon est intarissable sur la gentillesse des Brésiliens. « On finit par excuser leurs retards permanents aux rendez-vous » affirme-t-il.

Il veut même oublier une petite mésaventure dans la rue. Trois jeunes femmes ont tenté de lui faire les poches. « Mais je les ai mises en fuite », dit-il, toujours en souriant.

Rio aura-t-elle été la scène de ses derniers « vrais » adieux ? « C'est fini », assure le chanteur. « Je ne veux pas arriver sur scène avec des béquilles. Et le chanteur de fredonner un nouvel air, « Le regard de Lily », mis en musique par Francis Lai. Le sourire s'efface. « Non, cette mélodie mérite d'être revue. Mais les paroles sont tellement belles. Je vais l'enregistrer à mon tour ».

Montand à New York

Yves Montand participera le 13 mai prochain à une soirée de gala exceptionnelle organisée par le « Métropolitan opéra » de New York pour célébrer son centième anniversaire.

Cette soirée réunira de nombreux artistes, tant du monde des variétés que de celui de la musique classique, et commémorera le premier gala de ce type présenté par le « met » le 21 avril 1884 à la fin de sa première saison, indique un communiqué du célèbre opéra new yorkais.

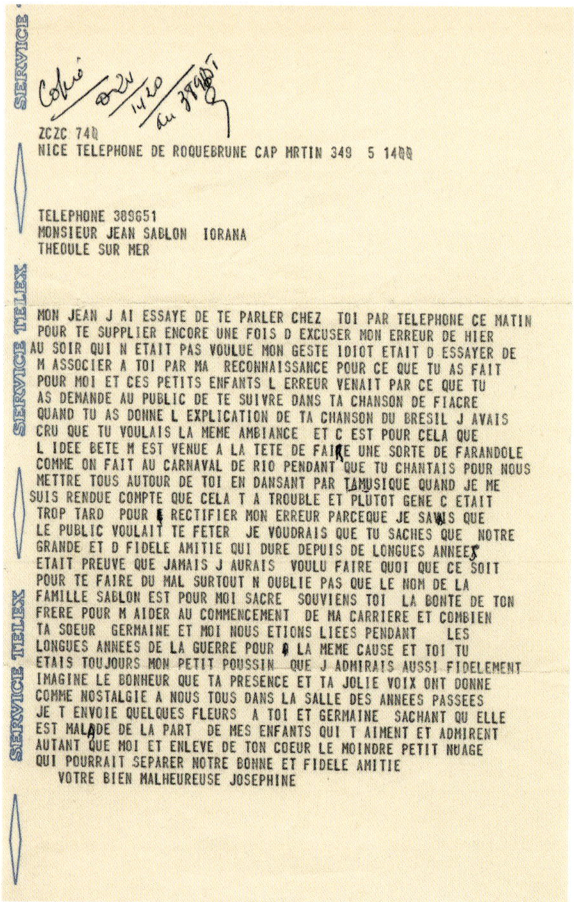

Il n'oublie naturellement pas Paris où il offre, le 25 novembre 1982, une soirée au Pavillon Gabriel, au profit du Variety Club de France, retransmise en *prime time* sur Antenne 2 et RTL. Enfin, il réserve à Rio de Janeiro et à l'œuvre *O Sol* son ultime révérence au public, au Copacabana Palace, en mars 1984. Jamais pourtant il ne prononcera le mot d'adieux, trop triste à son goût.

Dix ans se passeront encore à l'écart du *show-business*, sans négliger toutefois, voyages, soirées de gala, premières et expositions ou, plus simplement, les dîners intimes qu'il apprécie particulièrement, offrant à ses amis un poulet tahitien ou l'une des recettes familiales. S'il reste discret sur les évolutions de la chanson et la tristesse que lui inspire l'oubli dont font l'objet nombre de ses aînés et contemporains, il est assez sage pour s'en amuser car il sait que tout passe et que seule compte, à la fin de l'existence, la mémoire des quelques moments heureux qui l'ont émaillée. Une existence qu'il sait avoir été extrêmement privilégiée et dont le seul souvenir l'enchante.

Aux journalistes qui le sollicitent, il répond toujours présent, n'acceptant que rarement de chanter, comme par hasard, dans son salon.

Lorsqu'il sera fatigué, le rythme du soleil et des saisons demeureront sa joie et son réconfort.

Le 24 février 1994, Jean Sablon quittera cette terre qu'il a tant admirée, sous tant de latitudes, au travers de tant d'êtres qu'il sut fidèlement aimer avec une sagesse, une simplicité et une tendresse que le succès n'altéra jamais.

L'Indépendant relate l'ultime récital à Rio, 1984.
Coverage in *L'Indépendant* of Jean Sablon's farewell performance at Rio, 1984.

Dernier récital parisien avec Hubert Rostaing avec sa formation de 32 musiciens et Maurice Vander au piano. Pavillon Gabriel, 1982.
His final Paris show, with Hubert Rostaing and his band of 32 musicians and Maurice Vander at the piano. Pavillon Gabriel, 1982.

Télégramme de Joséphine Baker à Jean Sablon, 1973.
Telegram from Joséphine Baker to Jean Sablon, 1973.

French American Cultural Service and Educational Aid, in front of a nostalgic New York audience who were delighted to greet their French friend from old times once more.

Not forgetting Paris, naturally: on 25 November 1982 he gave a performance at the Pavillon Gabriel in support of the Variety Club de France, broadcast in prime time on Antenne 2 and RTL. Finally, he reserved his final last bow for *O Sol* at the Copacabana Palace in Rio, in March 1984. But the words "farewell" or "*adieu*" –too melancholy for his taste– were never to pass his lips.

The next ten years were to be punctuated by trips abroad, gala evenings, first nights and exhibitions, as well as the intimate dinners that he loved to give his friends, offering them a Tahitian chicken dish or old family favourites. Always discreet when it came to changes in the world of singing and songwriting, and to his sadness that so many of his predecessors and contemporaries were being forgotten, he was wise enough to take a philosophical view and to see the funny side of it all, as in the end all any of us has is the memory of happy times. And there were many of those in a life that he recognized had been enchanted in many ways.

Journalists always found him a willing interviewee, though only rarely would he agree to sing –as if by chance– in his living room. In his declining years, the rhythms of the sun and the changing seasons continued to bring him joy and comfort.

On 24 February 1994, Jean Sablon left this world that he had so admired, in so many different latitudes and through so many different people whom he had loved both wisely and well, with a simplicity and tenderness that fame and success could never alter.

«*J'adore l'histoire de Jean Sablon. En pleine gloire, il a décidé de s'installer dans le Midi et on n'a plus entendu parler de lui. Je suis plus fasciné par ce genre de destin que par celui de John Lennon.*»
(Jean-Jacques Goldman)

"I adore the story of Jean Sablon. At the height of his fame, he decided to move to the south of France and we never heard of him again. I find a life story like this far more intriguing than that of John Lennon."
Jean-Jacques Goldman

Pavillon Gabriel, 1982 en présence de Dalida, Charles Dumont, Jacqueline Delubac, Maritie et Gilbert Carpentier, Rika Zaraï, Mireille, Léon Zitrone, Franck Pourcel, Loris Azzaro, Hugues Aufray, Marcel Karsenty, Raf Vallone, les princes de Yougoslavie, Michel Duchaussoy, Anja Lopez, la beghum Aga Khan, Karen Cheryl, Nana Mouskouri, Cary Grant, Dave, Henri Salvador, Yves Saint-Martin, Jean-Jacques Debout et Chantal Goya, Michèle Torr, Line Renaud, Yvonne Vallée et Annie Cordy.
Among the audience at the Pavillon Gabriel in 1982 were Dalida, Charles Dumont, Jacqueline Delubac, Maritie and Gilbert Carpentier, Rika Zaraï, Mireille, Léon Zitrone, Franck Pourcel, Loris Azzaro, Hugues Aufray, Marcel Karsenty, Raf Vallone, the princes of Yugoslavia, Michel Duchaussoy, Anja Lopez, the Begum Aga Khan, Karen Cheryl, Nana Mouskouri, Cary Grant, Dave Levenbach, Henri Salvador, Yves Saint-Martin, Jean-Jacques Debout and Chantal Goya, Michèle Torr, Line Renaud, Yvonne Vallée and Annie Cordy.

Eddie Barclay, Michel Delpech, Carlos, Michel Sardou, Jean et Henri Salvador. Cannes, Midem, 1972.
Eddie Barclay, Michel Delpech, Carlos, Michel Sardou, Jean Sablon and Henri Salvador. Cannes, Midem, 1972.

Je tire ma révérence

Je tire ma révérence
Et m'en vais au hasard
Par les routes de France
De France et de Navarre
Mais dites-lui quand même
Simplement que je l'aime
Dites-lui, voulez-vous,
Bonjour pour moi et voilà tout.

J'avais sa préférence
J'étais son seul bonheur
Hélas ! Les apparences
Et le sort sont trompeurs
Un autre a pris ma place
Tout passe, tous casse, tout lasse
Des grands mots ? Oh pourquoi ?
Non ! Dites-lui bonjour pour moi.

Elle croit que j'ai beaucoup de chagrin
Aujourd'hui non, mais peut-être demain…

Je n'ai plus d'espérance
Je remporte mon cœur
Par les routes de France
De France ou bien d'ailleurs
Mais dites-lui quand même
Simplement que je l'aime
Dites-lui, voulez-vous,
Bonjour pour moi et voilà tout

(Paroles et musique de Pasca Bastia,
© Editions et Productions Théâtrales Chappell)

O my friends, my memories
If you see her coming back
Tell her that my weary heart
Has just broken with the past.

I was her special one
Her only happiness
Alas! Appearances
And fate are an illusion
Someone new has taken my place
Everything passes, everything ends,
  everything stales
Fine words? What's the point?
No! Say hello to her from me.
She thinks I'm filled with sorrow
Not today, but maybe tomorrow…

I've no hope left
I'm taking back my heart
Along the roads of France
Of France or anywhere
But tell her all the same
Simply that I love her
Say to her, if you will,
Hello from me and that's all.

Petit format de *Je tire ma révérence*, enregistrée en 1939.
Sheet music for *Je tire ma révérence*, 1939.

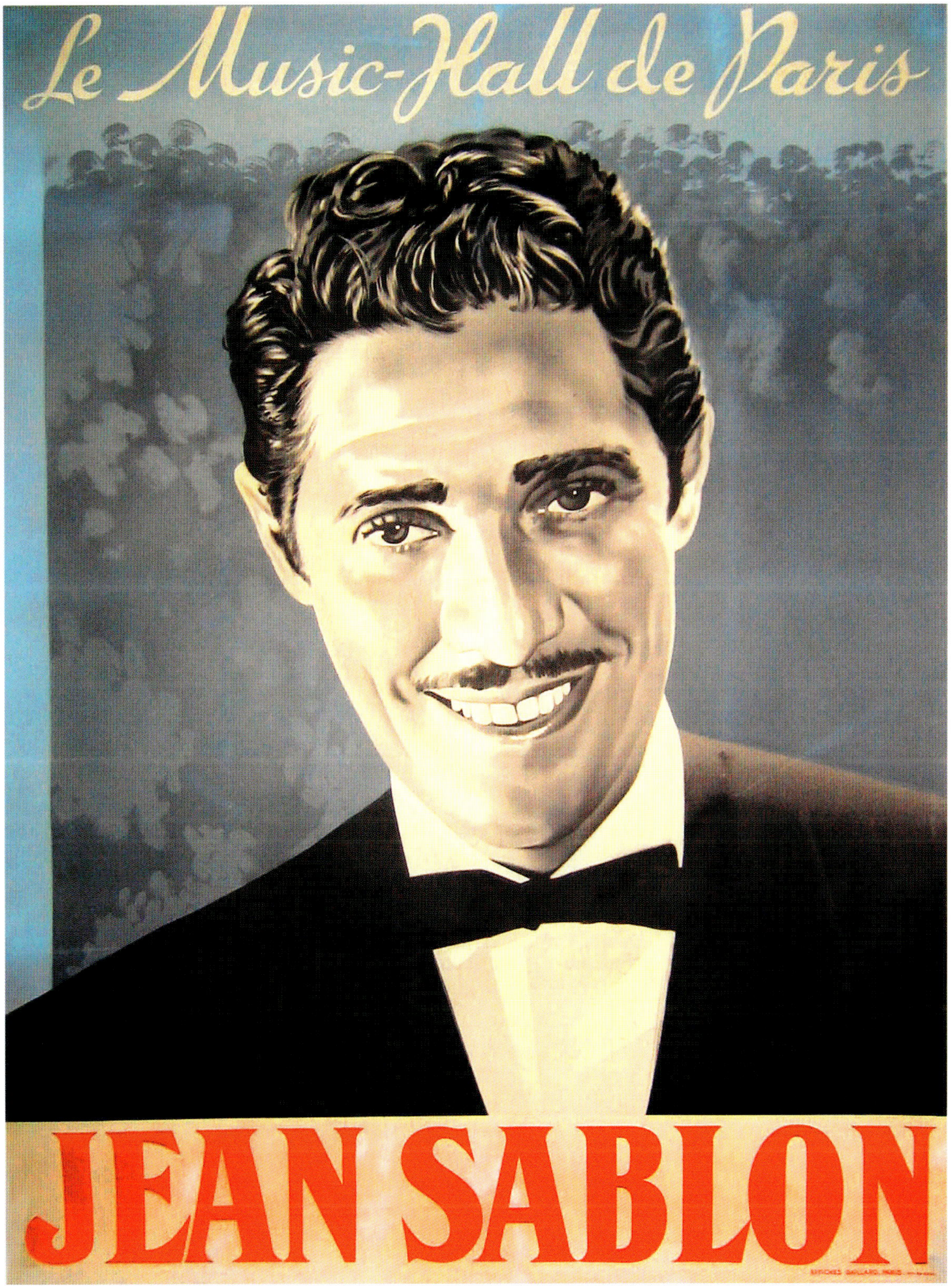
Le Music-Hall de Paris
JEAN SABLON

De nombreux artistes reprennent ses chansons comme Julien Clerc (*Je tire ma révérence*), Arielle Dombasle ou Pink Martini (*Rhum et Coca-Cola*), Patricia Kaas, Michel Leeb (*Pigalle, Vous qui passez sans me voir*), Jacques Dutronc et Françoise Hardy (*Puisque vous partez en voyage*) ou Patrick Bruel (*Vous qui passez sans me voir*), Stacey Kent (*C'est le printemps*)...

Le 30 avril 2004 a été inaugurée l'allée Jean Sablon dans le 16ᵉ arrondissment à Paris.
Le 7 septembre 2006 a été inaugurée la promenade Jean Sablon en bord de Marne, à Nogent-sur-Marne, et une exposition pour son centenaire.
Le 10 avril 2010 a été inaugurée l'allée Jean Sablon sur la Croisette à Cannes

Many artists have covered Jean Sablon's songs, including Julien Clerc (*Je tire ma révérence*), Arielle Dombasle and Pink Martini (*Rhum et Coca-Cola*), Patricia Kaas, Michel Leeb (*Pigalle, Vous qui passez sans me voir*), Jacques Dutronc and Françoise Hardy (*Puisque vous partez en voyage*), Patrick Bruel (*Vous qui passez sans me voir*) and Stacey Kent (*C'est le Printemps*).

On 30 April 2004, a street in the 16th arrondissement of Paris was named allée Jean Sablon.
On 7 September 2006, the promenade Jean Sablon was opened on the banks of the Marne in Nogent-sur-Marne, with an exhibition to mark the centenary of his birth.
On 10 April 2010 the allée Jean Sablon was opened on the Croisette at Cannes.

La promenade Jean Sablon sur les bords de la Marne à Nogent, inaugurée 2006.
Promenade Jean Sablon on the banks of the Marne at Nogent, opened in 2006.

Jean Sablon Aujourd'hui
JEAN SABLON TODAY

L'allée Jean Sablon sur la Croisette à Cannes, inaugurée en 2010.
Above: Allée Jean Sablon on the Croisette at Cannes, opened in 2010.

L'allée Jean Sablon, jardins du Ranelagh, seizième arrondissement de Paris, inaugurée en 2004.
Allée Jean Sablon, Jardins du Ranelagh, 16th arrondissement, Paris, opened in 2004.

Le globe-trotter de la chanson à 82 ans.
The "globe-trotter of French chanson", aged 82.

POSTFACE
AFTERWORD

Pour plusieurs générations d'amoureux du huitième art aux quatre coins du monde, Jean Sablon a été le principal représentant de la chanson française. Et nulle part la chanson n'a été aussi riche qu'en France. Ce fut un art français par excellence et il en fut l'ambassadeur privilégié.

En France, tout finit par des chansons. Et ces chansons, qui se mêlent de tout, nous accompagnent dans nombre de moments de la vie. Sans doute est-ce pour cette intimité que beaucoup sont injustes envers elle, comme on peut l'être envers un témoin trop informé de notre passé. Car à chaque heure, à chaque humeur correspond toujours une chanson qui est une sorte de miroir.

La chanson ne m'a jamais quitté. Elle s'est insidieusement glissée en moi. Sa légèreté, son charme éphémère, loin de l'entacher de superficialité, ont embelli ma vie. La poésie est son affaire, facile ou recherchée, qui apporte un sens, une couleur différente à chaque jour.

Ma rencontre avec Jean Sablon a été tout aussi décisive. D'abord parce qu'il y avait en lui de cette poésie. Son métier était sa nature même. Il le pratiquait comme il vivait, avec simplicité, humilité. Quoi de plus évident dès lors de m'être attaché à retrouver ses traces dans le monde, visitant les principaux théâtres où il se produisit, rencontrant nombre de ses relations, et de vouloir perpétuer sa mémoire pour pallier les effets de son extrême modestie ?

Jean Sablon demeure le seul chanteur français, où que l'on soit dans le monde, dont une création, une interprétation, s'échappe du clavier d'un piano, lorsque l'on rentre le soir à l'hôtel. Plus d'un siècle après sa naissance, il demeure discrètement présent, laissant dans son sillage un peu de ce qui fit aimer la France, mélange de l'élégance et de la proximité chaleureuse qui fit sa popularité.

Philippe Jadin

For lovers of the art of singing and songwriting the world over, Jean Sablon has for several generations been the principal exponent of the art of the chanson. No country has a richer tradition of song than France. And no singer was a finer ambassador for the quintessentially French art of chanson than Jean Sablon.

En France, tout finit par des chansons, goes the popular saying. The French chanson is part of the texture of French life, accompanying us through all its moments of emotion. Perhaps it is the very intimacy of this relationship that makes some people so critical of it, as we can sometimes be to those who know too much about our past. After all, every one of our moods, every point in our day is mirrored in a chanson.

French chanson has always stayed with me, has slipped unnoticed into my very being. Its lightness and its fugitive charm (not to be confused with superficiality) have embellished my life. Poetry and lyricism, simple or sophisticated, are its raison d'être, endowing the passing days with meaning and colour.

Meeting Jean Sablon was also a decisive moment for me. First and foremost because this poetry was an inherent part of him; his art expressed his very nature. He performed as he lived, with simplicity and humility.

From that moment on, it was clear to me that I had to retrace his steps, visiting the principal theatres in which he performed, meeting many of the people he knew and was close to, and –in the face of his own deep-seated modesty– perpetuating his memory.

Wherever we may travel in the world, whichever hotel or piano bar we may visit, Jean Sablon remains the only French singer whose songs we are sure to hear. Over a century after his birth he remains a discreet presence, leaving in his wake something of the qualities that made him so loved in France and abroad, that combination of elegance and warmth that have ensured his enduring popularity.

Philippe Jadin

DISCOGRAPHIE ET CINÉMA
DISCOGRAPHY AND FILMOGRAPHY

JEAN SABLON Discographie (1929-1937)

1re partie : 1929-1937 (tous les enregistrements 78 tours sont effectués à Paris)

Acc. à deux pianos, par Georges Van Parys et André Sab — 3 février ou 8 mars 1929
- WL 1455 **Ukulélé** (p. Jean Uhl – m. André Sablon) — Columbia inédit
- WL 1456 **Da, Da, Da, Dee** (m. Harry Revel) — Columbia inédit
(NB : Il n'est pas certain que Jean Sablon chante sur ce deuxième titre.)

Acc. non identifié — 1930
- **Le duo du téléphone** (en duo avec Renée Héribel)
Bande sonore du film « Chacun sa chance »
(p. René Pujol – m. W. Kolb, N. Dostal)

Gaston Lapeyronnie et son « Jazz Orchestra » — Février-mars 1931
- 3736 LR **Ché, Qué Maravilla** (Quelle merveille !) — Discolor inédit
De la Revue Argentine du Palace
(p. Léo Sevestre, Marc Cab, Henri Varna – m. A. Sab)

Germaine et Jean Sablon, acc. piano : André Sablon — Même date
- 3799 LR **Quand l'amour meurt** (lorsque tout est fini) — Discolor inédit
(p. Georges Millandy – m. Octave Crémieux)
- **La chanson d'amour** (My Future Just Passed) — Discolor G 1632
Du film « Marions-nous »
(p. Saint-Granier – m. Richard A. Whiting)
- **Tout est permis quand on rêve** — Discolor G 1632
Du film « Le chemin du paradis »
(p. J. Boyer – W. R. Heymann)
(NB : Il semblerait que ce disque ait connu un couplage avec Jean Legrand, à l'époque le Baryton créateur de l'opérette « Nina-Rosa », et également mari de Germaine Sablon.)

Orquestra Tipica A. J. Pesenti, du « Coliseum » de Paris
Refrain chanté par Jean Sablon — Fin mars 1931
- WL 2898-1 **Ché, Qué Maravilla** (Quelle merveille !) — Columbia DF 466, DF 1328
De la Revue Argentine du Palace
(NB : Sur le pressage DF 1328, le titre « Qué Maravilla » devient « Ché, Qué Maravilla », et a comme couplage « Nuits napolitaines », par l'orchestre Nullo Romani.)
- WL 2899-1 **Ultimo adios** (idem) — Columbia DF 466

Jean Sablon, du « Palace », acc. piano et guitare — Fin juin 1931
- M 4090 **C'est vous, Madame** (Dubin – Burke) — Discolor inédit
- M 4091 **Mieux que les fleurs** (For you) (Dubin – Burke) — Discolor G 1690
De la Grande Revue de Printemps du Palace « Parade de femmes » (Mi-mai 1931.) Couplage M 4079 par Bruno et son Jazz Symphonique Français.

Jean Sablon, du « Palace », acc. Gaston Lapeyronnie et son Jazz — Fin juin 1931
- M 4102 **Un cocktail** (You'll be mine in apple blossom time) — Discolor G 1689
De la Grande Revue de Printemps du Palace « Parade de femmes » (p. H. Varna, Marc-Cab – m. Peter de Rose)
- M 4105 **J'aime les fleurs** (p. Lucien Boyer – m. Max Darewski) — Discolor G 1689
(NB : Produit pour Gaumont Franco Film Aubert. L'étiquette mentionne « Répertoire Maurice Chevalier ». Couplages différents selon les pressages, avec Nicolas Amato ou avec Bruno et son Jazz Symphonique Français.)

Don Barreto et son Orchestre Cubain du Melody's Bar
Refrain chanté par Jean Sablon — 3 mai 1932
- WL 3690-1 **Béguin-biguine** (p. Jamblan – m. Michel Emer) — Columbia DF 878
(Couplage même orchestre, avec chant en espagnol.)

Mireille et Jean Sablon, acc. piano Pleyel : Mireille — 10 juin 1932
- WL 3778 **Vingt et vingt** (p. Jean Nohain – m. Mireille) — Columbia refusé
- WL 3779-1 **Quand on est au volant** (p. Max Blot, Max Eddy – m. Mireille) — Columbia DF 917
(Couplage par Mireille seule.) — 11 juin 1932
- WL 3784 **Presque oui** (p. J. Nohain – m. Mireille) — Columbia inédit

Jean Sablon du Casino de Paris, acc. piano : Georges Van Parys — 4 juillet 1932
- WL 3822-1 **Sympathique** (p. Veber – m. Georges Van Parys) — Columbia DF 1015
Du film « Les Vautours de l'Or », alias « Rouletabille aviateur ».
(Couplage Germaine Sablon seule, 5 octobre 1932.)

Mireille et Jean Sablon, acc. piano : Mireille — 11 juillet 1932
- WL 3850-1 **Ma grand-mère était garde-barrière** (p. J. Nohain – m. Mireille) — Columbia DF 947
- WL 3851-1 **Vingt et vingt** (p. J. Nohain – m. Mireille) — Columbia DF 947

Germaine et Jean Sablon, Orch. Pierre Chagnon — 3 octobre 1932
- WL 3890-1 **Vous ne savez pas** (p. Pierre Bayle – m. Mireille) — Columbia DF 1003
Du film « Le Truc du Brésilien »
(Couplage Mireille seule, même film, même date.)

Mireille et Jean Sablon, acc. piano : Ralph Carcel — 15 novembre 1932
- WL 4010-3 **Le petit bureau de poste** (p. J. Nohain – m. Mireille) — Columbia rejeté
De l'opérette « Un mois de vacances »
(NB : La version commercialisée de cette chanson est interprétée par Pills et Tabet, les documents de studio attribuent la version rejetée WL 4010 à Mireille et Jean Sablon. L'opérette « Un mois de vacances », spécialement créée pour le disque, n'a donc jamais été jouée sur une scène.)

Jean Sablon, acc. piano : Ralph Carcel — Même date
- WL 4011-1 **Plus rien** (p. J. Nohain – m. Mireille) — Columbia refusé

Mireille et Jean Sablon, acc. piano : Ralph Carcel — Même date
- WL 4012-1 **Les pieds dans l'eau** (p. J. Nohain – m. Mireille) — Columbia DF 1075
De l'opérette « Un mois de vacances »
(NB : Couplage Pills et Tabet. Les matrices WL 4010-1 et 2 par Mireille seule, inédits. WL 4012-1 avec clapotis d'eau.)

Pills et Tabet, Mireille et Jean Sablon, acc. piano Pleyel : Georges Tabet — 13 décembre 1932
- WL 4072-1 **C'est un jardinier qui boite** (p. J. Nohain – m. Mireille) — Columbia DF 1074
De l'opérette « Un mois de vacances »
(Couplage par Pills et Tabet.)
- WL 4073-1 **La partie de bridge** (p. J. Nohain – m. Mireille) — Columbia DF 1077
De l'opérette « Un mois de vacances »
(Couplage par Mireille seule.)

Pills et Tabet, Mireille et Jean Sablon, acc. piano : Mireille — 16 décembre 1932
- WL 4080-1/2 **Le joli pharmacien** (p. J. Nohain – m. Mireille) — Columbia refusés

Mireille et Jean Sablon, acc. piano : Mireille — 1er mars 1933
- CL 4197-1/2 **Presque oui** — Columbia refusés
De l'opérette « Un mois de vacances » — 23 février ou 3 mars 1933
- CL 4201-1/2 **Le joli pharmacien** — Columbia refusés

Jean Sablon, acc. piano Pleyel : Clément Doucet — 9 mars 1933
- CL 4220-1 **Aimez-moi ce soir** (p. André Hornez – m. Richard Rodgers) — Columbia DF 1177
Du film « Mimi »
- CL 4221-1 **Plus rien** — Columbia DF 1177
Du film « Une faim de loup »
(et de la Revue « Ces Messieurs-Dames » ?) et chantée dans la Revue de Carco.
(NB : Pour les besoins du film « Une faim de loup » de la Société Internationale Cinématographique, Jean Sablon double la voix de Pierre Brasseur dans la bande-son. Il chante « Plus rien » et « Je m'en fiche », également de Mireille et Jean Nohain, accompagné par l'orchestre de Jacques Méthéhen. Le titre a été déclaré à la SACEM : « Je n'ai plus rien qu'un chien ».)

Mireille et Jean Sablon, acc. piano Pleyel : Mireille — 10 mars 1933
- CL 4225-1 **Les pieds dans l'eau** (refait) — Columbia DF 1075
(NB : La seconde gravure de ce titre ne comporte pas de clapotis d'eau, sauf à la fin de la chanson, mais à peine audibles. Il existe donc bien deux enregistrements différents de ce titre, et qui ont pressés et commercialisés sous le même numéro de catalogue DF 1075.)

Orch. du Théâtre Daunou, dir. Jef de Murel — 14 mars 1933
- OPG 638 **Dix-neuf ans** (p. Jean Bastia – m. Pascal Bastia) — Gramophone K 6862
De l'opérette « Dix-neuf ans »
(Couplage par Eliane de Creus seule.)
- OPG 640-1 **Ah ! La biguine** (p. J. Bastia – m. P. Bastia) — Gramophone inédit
De l'opérette « Dix-neuf ans »
- OPG 640-2 **Ah ! La biguine** — Gramophone K 6861
(Couplage Orchestre seul.)

(NB : Parmi les musiciens, Faustin Jeanjean (tp) ;
Léon Ferreri (tp, tb, vln, voc) ; Roger Jeanjean (as, cl) ;
Paul Jeanjean (ts, cl, saxo. alto) ; Russell Goudey (as, bars) ;
Michel Warlop (vln) ; Michel Emer (p, arr) ; Django Reinhardt (g) ;
Henri Bruno (b) ; Max Elloy (dm).

Eliane de Creus et Jean Sablon
Acc. Michel Emer (p), Django Reinhardt (g) et Max Elloy (dm) — Même date
OPG 642-1 **Parce que je vous aime** (p. J. Bastia – m. P. Bastia) — Gramophone inédit
De l'opérette « Dix-neuf ans »
OPG 642-2 **Parce que je vous aime** — Gramophone K 6863
OPG 643-1 **Si j'aime Suzy** (p. J. Bastia – m. P. Bastia) — Gramophone inédit
OPG 643-2 **Si j'aime Suzy** — Gramophone K 6863
De l'opérette « Dix-neuf ans »

Acc. Django Reinhardt et André Ekyan — Même époque
Parce que je vous aime — Soubitez inédit

Jean Sablon, acc. Michel Emer (Célesta), Léon Ferreri (p),
Django Reinhardt (g), Max Elloy (b) — 3 avril 1933
CL 4257-1 **Le même coup** (p. J. Bastia et Paul Nivoix – m. P. Bastia) — Columbia DF 1191
De l'opérette « Dix-neuf ans »
(NB : Avec soutien vocal de Léon Ferreri et Max Elloy.)

Jean Sablon, acc. Michel Emer (p), Léon Ferreri (vln),
Django Reinhardt (g), Max Elloy (b) — Même date
CL 4258-1 **Je suis sex-appeal** (p. J. Bastia et Paul Nivoix – m. P. Bastia) — Columbia DF 1191
De l'opérette « Dix-neuf ans »
(NB : Intervention « scat » de Max Elloy.)
CL 4258-2 **Je suis sex-appeal** — Columbia inédit

Jean Sablon, acc. piano : Clément Doucet — 6 avril 1933
CL 4274-1 **Depuis que je suis à Paris** (p. J. Nohain – m. Mireille) — Columbia DF 1209
CL 4275-1/2 **Vous avez déménagé mon cœur** (p. J. Nohain – m. Mireille) — Columbia refusés
De l'opérette « A la belle bergère » — 8 avril 1933
CL 4275-3 **Vous avez déménagé mon cœur** — Columbia DF 1209
CL 4282-1 **Mon chant d'amour est une valse** — Columbia DF 1274
(p. fr. Lucien Besnard, lyrics René Dorin – m. Robert Stolz)
De l'opérette « L'Auberge du Cheval Blanc »
CL 4283-1 **Eteignons-nous et couchons-nous** — Columbia DF 1274
(Let's put out the lights and go to sleep)
(p. fr. Louis Hennevé – m. H. Hupfeld)

Mireille et Jean Sablon, acc. piano : Clément Doucet — 12 mai 1933
CL 4357-1 **Presque oui** (refait) — Columbia DF 1076
(Couplage par Pills et Tabet. Les quatre disques,
soit huit chansons, regroupés sous le titre
« Un mois de vacances », constituent une *opérette disquée*,
dixit Mireille. On notera que, contrairement à ce que
rapporte Mireille dans ses mémoires, le titre
« Ce petit chemin » n'en fait pas partie.
Pas plus que les deux titres « Le joli pharmacien »
et « Les fleurs et les champignons » cf. CL 5917,
dont les enregistrements n'ont jamais été publiés à l'époque.)

Jean Sablon, et le chœur de Mireille (sic), acc. piano : Mireille — 10 novembre 1933
CL 4538-1 **Ce petit chemin** (p. J. Nohain – m. Mireille) — Columbia DF 1353
(Couplage Mireille seule.)

Jean Sablon, acc. André Ekyan et son Orchestre Jazz — 16 janvier 1934
CL 4661-1 **Le jour où je te vis** (The day you came along) — Columbia DF 1406
(p. fr. L. Hennevé, L. Palex – m. Arthur Johnston, Sam Coslow)
Du film "Too much Harmony"
CL 4661-2 **Le jour où je te vis** — Columbia inédit
CL 4662-1/2 **Avec un sou dans la poche** — Columbia inédit
(p. Félix Gandera – m. Michel Emer)
CL 4663-1 **Prenez garde au grand méchant loup** — Columbia DF 1406
(Who's afraid of the big bad wolf?)
(p. fr. Robert Valaire, Jean Valmy – m. Frank E. Churchill, Ann Ronell)
De la Silly Symphony de Walt Disney « Les trois petits cochons »
CL 4663-2 **Prenez garde au grand méchant loup** — Columbia inédit
CL 4664-1 **Pas sur la bouche** (p. Le Pelletier – m. A. Sablon) — Columbia test
(NB : L'orchestre comprenait notamment
André Ekyan (saxo alto) ; Eugène d'Hellemmes (tb) ;
Stéphane Grappelli (vln) ; Michel Emer (p) ; Django Reinhardt (p).)+

Jean Sablon, acc. André Ekyan (clarinette), Alec Siniavine (p),
Django Reinhardt (g) — 11 avril 1934
CL 4807-1 **Je sais que vous êtes jolie** — Columbia DF 1506, BF 404
(p. Henri Poupon – m. Henri Christiné)
CL 4808-1 **Par correspondance** (p. J. Nohain – m. Mireille) — Columbia DF 1506, BF 404

Acc. piano : Garland Wilson — 7 janvier 1935
CL 5176-1 **Continental** (The Continental) — Columbia refusé
(p. fr. L. Hennevé, L. Palex – m. C. Conrad, H. Magidson)
De la Revue des Folies-Bergère « Femmes en folie »
CL 5177-1 **Miss Otis Regrets** (p. fr. L. Hennevé, L. Palex – m. Cole Porter) — Columbia DF 1672
CL 5178-1/2 **Un baiser** (p. Pierre Luc – m. Bruno Coquatrix) — Columbia refusé

Acc. Alec Siniavine (p), Jungo (sic) Reinhardt (g) — Même date
CL 5179-1 **La dernière bergère** (p. Louis Sauvat – m. A. Siniavine) — Columbia DF 1714

Acc. Garland Wilson (p), Jungo (sic) Reinhardt (g) — 11 janvier 1935
CL 5176-2 **Continental** (The Continental) — Columbia DF 1672
CL 5178-3 **Un baiser** — Columbia DF 1714

Acc. piano : Alec Siniavine — 24 janvier 1935
CL 5203-1 **Je m'en fous car je l'aime** (p. A. Hornez – m. M. Emer) — Columbia DF 1715
CL 5204-1 **La baignoire** (p. J. Nohain – m. Mireille) — Columbia DF 1715
(NB : Avec voix de femmes, dont Bordas.
Pressage U.S.A. Columbia 4192 M.)

Germaine et Jean Sablon, acc. André Ekyan (clar) ; Alec Siniavine (p) ;
Django Reinhardt (g) ; Louis Vola (acc. 1 et ctb. 2) — 17 mai 1935
OLA 520-1 **Un amour comme le nôtre** (p. Alex Farel – m. C. Borel-Clerc) — Gramophone K 7517
OLA 521-1 **La petite île** (p. J. Nohain – m. Mireille) — Gramophone K 7517

Jean Sablon et Marcelle Bordas, avec acc. piano : J. Sablon — Eté 1935
Pot-pourri des vacances de Jean Nohain — Acétate inédit
(NB : Enregistré au domicile de Jean Sablon,
Bld Malesherbes.)

Jean Sablon, acc. Stéphane Grappelli (vln) ; Alec Siniavine (p) ;
Django Reinhardt (g) ; Joseph Reinhardt (g) ; Louis Vola (ctb) — 18 octobre 1935
CL 5487-1 **Cette chanson est pour vous** — Columbia inédit
(p. Henri Varna, Marc Cab – m. D'Ahlert)
CL 5487-2 **Cette chanson est pour vous** — Columbia inédit
CL 5488-1 **Darling je vous aime beaucoup** (p. et m. Anna Sosenko) — Columbia inédit
CL 5488-2 **Darling je vous aime beaucoup** — Columbia inédit
CL 5489-1 **La dernière chanson** (?) — Columbia inédit
(NB : CL 5487-1 et 5487-2 sans piano. CL 5489-1 acc.
piano slmt. CL 5487 : les feuilles de studio portent le titre
« Cette chanson est pour vous, Madame » ;
le titre est écourté sur le 78 tours DF 1847,
mais repris intégralement sur les rééditions.)

Avec acc. d'orchestre — 7 décembre 1935
CL 5487-3R **Cette chanson est pour vous** — Columbia DF 1847
CL 5518-1 **Rendez-vous sous la pluie** — Columbia DF 1847
(p. Charles Trenet – m. Johnny Hess)
(NB : Peut-être acc. Stéphane Grappelli (vln) ;
Django et Joseph Reinhardt (g) ; Louis Vola (ctb).
Pressage Brésil 3838-BX.)

Mireille et Jean Sablon, acc. piano : Alec Siniavine — 12 décembre 1935
CL 5525-1 **Fermé jusqu'à lundi** (p. J. Nohain – m. Mireille) — Columbia DF 1846
CL 5526-1 **Puisque vous partez en voyage** (p. J. Nohain – m. Mireille) — Columbia DF 1846

Radio Three with piano — 20 décembre 1935
BA 15507-2 **When I get you all alone** (Mireille) — Columbia inédit
(NB : Disque épreuve. Chanté en français et en anglais.)

Jean Sablon et Loulou Hégoburu, orch. Wal-Berg — 18 janvier 1936
CL 5569-1 **Ca vient tout doucement** (p. Camille François – m. Wal-Berg) — Columbia DF 1868
Du film « Mademoiselle Mozart »
CL 5570-1 **Deux sur un trapèze** (p. Fernand Rouvray – m. A. Siniavine) — Columbia DF 1881
De la Revue « Pirouettes 35 »
CL 5571-1 **Le bonheur, c'est un rien** (p. C. François – m. Wal-Berg) — Columbia DF 1868
Du film « Mademoiselle Mozart »
CL 5572-1 **Le moulin qui jase** (p. André de Badet – m. Harry Bols) — Columbia DF 1881

189

Mistinguett et Louis Moïses, avec acc. piano : Jean Sablon — 2 février 1936
    Pot-pourri des succès de Mistinguett — Souple Soubitez

Mistinguett et Jean Sablon, avec acc. piano Jean Sablon — 21 février 1936
    Medley des succès de Mistinguett — Inédit
    You're driving me crazy (p. et m. W. Donaldson) — Souple Soubitez
    (NB : Enregistrement privé réalisé au domicile de Jean Sablon.)

Acc. piano Jean Sablon, avec Django Reinhardt (g) et son épouse — 29 février 1936
    Elle avait une jambe en bois — Acétate inédit
    Blue Drag — Acétate inédit
    Blue Drag II — Acétate inédit
    Miss Otis Regrets — Acétate inédit

Jean Sablon, acc. piano : Garland Wilson — 11 mars 1936
CL 5651-1 Un seul couvert, please, James
    (Dinner for one, please, James) — Columbia DF 1903
    (p. fr. Jacques Larue – m. Michael Carr)
    (NB : Pressage U.S.A. 4174 M.)
CL 5652-1 Si tu m'aimes (p. R. Ordner – m. M. Emer) — Columbia DF 1903
    (NB : Matrices doublées pour certaines
    éditions étrangères : L 5651 II et L 5652-2
    sur Columbia DF 2673.)

Répétition de l'émission Radio Cadum
Jean Sablon, s'acc. au piano — 27 mars 1936
    Répétition de la présentation,
    dialogue avec Paulette Doris — Acétate inédit
    Un seul couvert, please, James — Acétate inédit
    Ce petit chemin — Acétate inédit

Emission « Cadum Variétés » du Poste Parisien, enregistré Salle de la Chimie
Orch. Guy Paquinet, avec Chœurs — Mars 1936
    Un seul couvert, please, James — Acétate radio inédit
    Ce petit chemin — Acétate radio inédit
Un seul couvert, please, James — Soubitez

Acc. piano : Alec Siniavine — 15 juin 1936
OLA 1121 La baignoire — Gramophone inédit

Orch. Wal-Berg, acc. piano : Alec Siniavine — 19 juin 1936
CL 5793-1 Ces petites choses (These foolish things) — Columbia DF 1977
    (p. fr. Jacques Larue – m. J. Strachez)
    (NB : Pressage U.S.A. 4174 M.)
CL 5794-1 These foolish things (en anglais) — Columbia inédit
    (p. H. Marvell, H. Linck – m. J. Strachey)
CL 5795-1 Seul (Alone) Du film « Une nuit à l'opéra » — Columbia DF 1951
    (p. C. Davson – m. Nacio Herb Brown)
CL 5796-1 Un poisson dans l'eau — Columbia DF 1951
    (p. Claude Mariel – m. Ted Grouya, R. Monta)
CL 5797-1 Vous qui passez sans me voir — Columbia DF 1977
    (p. C. Trenet, Raoul Breton – m. J. Hess, Paul Misraki)
    Grand Prix du Disque 1937 Fondation Candide
    (NB : Pressage U.S.A. 4158-M, DB 1670 en Angleterre
    et sur Columbia Suisse DZ 295.) — 19 octobre 1936
CL 5903-1 Quand je te parle d'amour (Tormented) — Columbia DF 2010, BF 382
    (p. fr. Maurice Derblay – m. Will Hudson)

Germaine et Jean Sablon, acc. Wal-Berg et son orchestre — Même date
CL 5904-1 Duo des aveux — Columbia DF 2029
    (p. Louis Sauvat, Robert Champfleury – m. Moises Simons)
    (NB : De l'opérette « Le Chant des Tropiques ».
    Créée au Théâtre de Paris le 3 octobre 1936,
    dont la carrière fut très brève.)

Jean Sablon, Orch. Wal-Berg, acc. Piano Pleyel : Alec Siniavine — Même date
CL 5905-1 La chanson des rues (p. Michel Vaucaire – m. Rudolf Goer) — Columbia DF 2029, DF 2147
    (NB : 4158-M aux U.S.A. et DB 1670 en Angleterre.)
CL 5906-1 Il ne faut pas briser un rêve (p. et m. Jean Jal) — Columbia DF 2010, BF 382

Mireille, Jean Sablon, Pills et Tabet, avec acc. d'orchestre — 3 novembre 1936
CL 5917 Les fleurs et les champignons (p. J. Nohain – m. Mireille) — Columbia inédit
    (NB : Probablement John Ellsworth, alias Jacques Méténen.)

Orch. Wal-Berg, réalisé dans les studios Decca
Retransmis aux USA par Genève (Magic Key) — Circa 1936
    Annonces — Inédit
    Darling je vous aime beaucoup — Inédit

Jean Sablon, Orch. Wal-Berg, acc. piano : Alec Siniavine — 19 janvier 1937
CL 6033-1 Plus rien n'existe (p. Charles Faure – m. Doddy) — Columbia DF 2147
CL 6034-1 Mélancolie (p. L. Hennevé – m. Wal-Berg) — Columbia DF 2084
CL 6035-1 Pour vous j'avais fait cette chanson — Columbia DF 2084
    (p. J. Larue – m. A. Siniavine)

JEAN SABLON Discographie (1937-1950)

2e partie : Durant la période considérée, la carrière artistique et phonographique de Jean Sablon se poursuit principalement à l'étranger, Etats-Unis, Brésil, Argentine, Grande-Bretagne, entre autres. Nombre des enregistrements qu'il effectue alors ne sont pas destinés à l'exportation, et n'ont pas été distribués sur le marché européen. Nous avons, pour ceux-ci, réunis le plus grand nombre d'informations, dans la mesure où elles ont été mises à notre disposition.

(VSM : La Voix de son Maître - HMV : His Master's Voice)

Orch. Ernie Butson - Magic Key of Radio (NBC Broadcasting) — New York, 19 juin 1937
    Annonces — Acétate radio inédit
    Too marvellous for words — Acétate radio inédit
    Darling je vous aime beaucoup — Acétate radio inédit

New York, 11 juillet 1937
    Violino Tzigano (Avec Jack Dempsey) — Acétate radio inédit
    (Sérénade in the night – Un violon dans la nuit)
    (p. ita. Bixio Cherubini – p. fr. Marc Cab, Henri Varna –
    m. Cesare Andrea Bixio) De la Revue du Casino de Paris
    « Parade du Monde »

Orch. Norman Cloutier, avec Casper Readon à la harpe — New York, 5 août 1937
BS 011654-1 Can I forget you (en anglais) — Victor 25643
    (p. Oscar Hammerstein – m. Jerome Kern) — Gramophone K-7984
    Du film "High, wide and handsome" — HMV B-8635
    LP RCA Victor LXA-1021
BS 011655-1 Comment t'oublier — Victor 25654
    (p. fr. Barois – m. J. Kern) — Gramophone K-8013
    Du film "La furie de l'or noir" ("High, wide and handsome")
BS 011656-1 Afraid to dream (en anglais) — Victor 25643
    (p. Harry Revel – m. Mack Gordon) — Gramophone K 7984
    Du film "You can't have everything" — HMV B-8635
    LP RCA Victor LXA-1021
BS 011657-1 J'ai peur de rêver — Victor 25654
    (p. fr. Barois – m. M. Gordon) — Gramophone K-8013
    Du film "Brelan d'as" ("You can't have everything")
BS 011658-1 Le doux caboulot — Victor 25655
    (p. Francis Carco – m. Jacques Larmanjat) — Gramophone K-8014
BS 011659-1 Si mon cœur pouvait te dire (p. et m. Michel Emer) — Victor 25655
    Gramophone K-8014

Orch. NBCWF de la NBC Broadcasting, dir. Norman Cloutier — New York, 8 septembre 1937
    Si petite (p. Pierre Bayle – m. Gaston Claret) — Acétate radio inédit
    La chanson de Fortunio — Acétate radio inédit
    (p. A. De Musset – m. Jacques Offenbach)
    La maison grise (p. Caillavet, Flers – m. André Messager) — Acétate radio inédit

New York, 29 décembre 1937
    Why do you pass me by (Vous qui passez sans me voir) — Acétate radio inédit
    (NB : Adaptation en anglais par Desmond Carter.)
    Once in a while — Acétate radio inédit
    Afraid to dream — Acétate radio inédit

New York, 28 ou 29 janvier 1938
    Stardust Chanté en angl. et en frç. — Acétate radio inédit
    (p. Mitchell Parish – m. H. Camichael)
    Alone (Seul) Chanté en français — Universal Records
    I still love to kiss you goodnight — Universal Records
    Un baiser — Universal Records

New York, 2 février 1938
    Indicatif, annonce — Acétate radio inédit
    Once in a while — Acétate radio inédit
    Dinner for one, please James — Acétate radio inédit
    When day is done — Acétate radio inédit
    (Madona, Du bist schöner als der Sonnenschein)

Orch. du Studio V.A.B.C. Broadcast Lucky Strike
"Hit Parade Programme" — New York, 19 février 1938
    Interview — Acétate radio inédit
    These foolish things — Acétate radio inédit
    (Chaque petite chose) Chanté en angl. et en frç.

Orch. du Studio NBC Broadcast, The magic Key of Radio — New York, 26 février 1938
    Darling je vous aime beaucoup — Acétate détruit
    Stardust — Acétate radio inédit
    (Adaptation française de Jean Sablon, puis en anglais)

New York, 5 mars 1938
    Tu sais (You know) — Acétate radio inédit
    (p. José de Bérys, Jean Lenoir – m. Serge Walter, Eddy Ervande)
    Medley : Le temps des cerises –
    In the shade of the new apple tree — Acétate radio inédit
    Indicatif de fin — Acétate radio inédit

Orch. Norman Cloutier
Emission sur WEAF (NBC) "Coast to Coast" — New York, 26 mars 1938
    Little Lady make believe — Acétate radio inédit
    Seul (Alone) — Acétate radio inédit
    J'attendrai (Tornerai) (p. fr. L. Poterat – m. Dino Olivieri) — Acétate radio inédit

Orch. du studio, dir. Merl Alderman
Magic Key of Radio, NBC Broadcasting — Hollywood, 19 juin 1938
    Indicatif fredonné — Acétate radio inédit
    Présentation de Ben Cage — Acétate radio inédit
    Says my heart Du film "Coconut groove" — Acétate radio inédit
    Un baiser "The Kiss" — Acétate radio inédit
    Let me wisper I love you - Closing — Acétate radio inédit

Hollywood, 10 juillet 1938
    Indicatif fredonné et présentation — Acétate radio inédit
    My walking stick Du film "Alexander's Ragtime Band" — Acétate radio inédit
    Le chaland qui passe (Parlami d'amore, Mariu) — Acétate radio inédit
    (p. ita. Ennio Neri – p. fr. André de Badet – m. C. A. Bixio)
    Sur le pont d'Avignon (Folklore) — Acétate radio inédit
    I hadn't anyone' till you — Acétate radio inédit
(NB : Les deux derniers titres en différé, sur supports Electrovox.)

Orch. Victor Young, du Hollywood Hôtel
Radio Programme, pour la radio CBS Broadcast — Hollywood, 9 septembre 1938
    My own (Vous seul) — Acétate radio inédit
    (p. Henri Lemarchand – m. D. Mauprey & J. Mc Hugh)
    So help me (If I don't love you) — Acétate radio inédit

Orch. Victor Young, du Hollywood Hôtel
Radio Programme, pour la radio CBS Broadcast
Avec Francis Langford — Hollywood, 16 septembre 1938
    Medley Noël Coward (avec chœurs) — Acétate radio inédit
    Two sleepy people — Acétate radio inédit
    (p. Frank Loesser – m. Hoagy Carmichael)
    Du film "Thanks for the memory"

Orch. Lou Bring (Claude Thornill), arrgts C. Thornill — Hollywood, 12 octobre 1938
BS 026186-1 **J'ai ta main** (p. et m. Charles Trenet) — Victor 26078
BS 026187-1 **Two sleepy people** (en anglais) — Victor 26092-B / Victor 45963 (Bré.) / HMV B-8848 / RCA Victor LXA-1021
BS 026188-1 **Un cousin, deux têtes** (Two sleepy people) — Victor 26096
    (p. fr. J. Deval, Serge Trépannier – m. H. Carmichael)
    Du film "Thanks for the memory"
BS 026189-1 **Cette mélodie** (Stardust) — Victor 26096
    (p. fr. S. Trépannier – m. H. Carmichael)
BS 026190-1 **Stardust** — Victor 26078 / HMV B-8848 / RCA Victor LXA-1021
BS 026191-1 **Blue nightfall** (p. F. Loesser – m. Burton Lane) — Victor 26092-A / Victor 45963 (Bré.) / RCA Victor LXA-1021

(NB : Lou Bring est le pseudonyme de Claude Thornill, qui a également signé les arrangements des chansons.)

Orch. Victor Young, Radio CBS Broadcast — Hollywood, 28 octobre 1938
    Silver on the sage (La chanson du cow boy) — Acétate radio inédit
    (p. L. Rubin – m. R. Rainger)
    Du film "Heroïna do Texas" ("Héroïne du Texas")
    Mimi (en anglais) Avec Francis Langford — Acétate radio inédit
    Medley des œuvres de Rodgers et Hardt
    Avec Francis Langford — Acétate radio inédit

Hollywood, 30 octobre 1938
    Change partners — Acétate radio inédit
    Why do I love you ? — Acétate radio inédit
    De la comédie musicale « Show Boat »
(NB : Le programme sera remplacé par Orson Welles et sa troupe.)

Hollywood, 4 novembre 1938
    Hommage à Vincent Youmans Avec Francis Langford — Acétate radio inédit
    Tea for two De l'opérette "No No Nanette" — Acétate radio inédit
    Hit the deck (Hallelujah) — Acétate radio inédit
    Time on my hands (and You in my arms)
    Avec Francis Langford — Acétate radio inédit
    More than you know Avec Francis Langford — Acétate radio inédit

    Lovelight in the starlight — Acétate radio inédit
    Serenade in the night — Acétate radio inédit

Hollywood, 11 novembre 1938
    Melodies of Jerome Kern — Acétate radio inédit
    Just the way you look tonight — Acétate radio inédit
    My own Du film "That certain age" — Acétate radio inédit

Hollywood, 18 novembre 1938
    When I grow too old to dream — Acétate radio inédit
    Two sleepy people — Acétate radio inédit
    (Chanté en anglais avec couplet en français de Jacques Deval)

Même programme, même orchestre
Présentation de William Powel — Hollywood, 25 novembre 1938
    Alouette (Traditionnel) — Acétate radio inédit
    As long last love — Acétate radio inédit

Bande originale du film "The story of Vernon, and Irène Castle"
RKO Orchestra, dir. Victor Baravelle — Hollywood, fin novembre 1938
    At the Darktown Strutter's Ball — Inédit
    Alexander's Ragtime Band (I. Berlin) — Inédit
(NB : Jean Sablon n'apparait pas à l'image du film. Le titre « Alexander's Ragtime Band » a été supprimé au montage du film, on n'entend Jean Sablon qu'en voix off sur le premier titre.)

Radio Programme CBS Broadcast "Hollywood Hôtel"
Orch. et Chœurs Victor Young — Hollywood, 2 décembre 1938
    Medley — Acétate radio inédit
    Seul (Alone)
    Ces petites choses (These foolish things)
    Chanté en français et en anglais
    From now on De la comédie musicale "Leave it to me"
    Leave it to me, avec chœurs De la comédie musicale "Tomorrow"

Hollywood, fin décembre 1938
    Change partners — Acétate radio inédit
    Why do I love you — Acétate radio inédit

Orch. Wal-Berg — Paris, 8 mars 1939
OLA 3002-1 **Sur le pont d'Avignon** (Folklore – Arrgts Wal-Berg) — Gramophone K-8297 / VSM K-8297 / HMV B-9054 / Victor 45966 (Bré.)

(NB : Titre prévu sur Columbia CL 6997, transféré sur étiquette Gramophone le 18 mars 1939.)

Paris, 25 mars 1939
OLA 3007-1 **Allez lui dire que je l'aime** — Gramophone K-8348
    (p. Louis Sauvat – m. André Cadou)
OLA 3008-1 **La valse au village** (— Gramophone K-8348
    p. Louis Poterat – m. Vincent Rose, Larry Stock)
OLA 3009-1 **Le fiacre** « The Cab » — Gramophone K-8320 / HMV B-8986 (Ang.) / RCA Victor 26-7002 B (USA)
    (p. et m. Léon Xanrof, arrgt Wal-Berg)
OLA 3009-2 **Le fiacre** — Victor 26927 (Chi.) / Victor 45962 (Bré.)
    (NB : Doublage de matrice pour l'édition au Chili et en Argentine.)
OLA 3009-3 **Le fiacre** — Voce del Padrone HN-2229
    (NB : Doublage de matrice pour l'édition en Italie.)
OLA 3010-1 **Je tire ma révérence** — Gramophone K-8297 / VSM K-8297 / HMV B-9054 / Victor 45966 (Bré.)
    (p. Jean Bastia, Jean de Wissant – m. Pascal Bastia)

(NB : Désormais en Europe, les disques de Jean Sablon portent l'étiquette « Gramophone » ou « His Master's Voice », H.M.V., en Angleterre. Ils reprennent, outre les nouveaux enregistrements réalisés à Paris, des titres enregistrés aux Etats-Unis, pour Victor.)

Paris, 4 avril 1939
OLA 3014-1 **J'suis pas millionnaire** (I've got a pocketful of dreams) — Gramophone K-8384 / Victor 45987-A (Arg.)
    (No soy Millonario)
    (p. fr. R. Valeire – m. J. Burke, Monaco)
    Du film « Sing you Sinners »
OLA 3015-1 **Paris, tu n'as pas changé** (Paris, you have not changed) — Gramophone K-8320 / VSM K-8320
    (p. J. Nohain – m. A. Siniavine)

OLA 3015-2	**Paris, you have not changed**	HMV B-8986
		Victor 45962 (Bré.)
		Voce del Padrone HN-2229
	(NB : Doublage de matrice pour l'édition en Italie.)	
OLA 3016-1	**J'attendrai** (Tornerai)	Gramophone K-8384
		RCA Victor 26-7002 A (USA)
OLA 3017-1	**Sérénade sans espoir** (Penny Sérénade)	Gramophone K-8366
	(p. fr. André Hornez – m. Melle Weersma)	
	Paris, 7 avril 1939	
OLA 3018-1	**Katia** (Il peut neiger) *Du film « Katia »*	Gramophone K-8366
	(p. Roger Fernay – m. Wal-Berg)	Victor 45987-B (Arg.)
OLA 3019-1	**Rêverie** (p. Jacques Larue – A. Siniavine)	Gramophone K-8321
OLA 3020-1	**Mon village au clair de lune**	Gramophone K-8321
	(p. J. Larue – m. Jean Lutèce)	
	Grand Prix ABC de la Chanson-	

Orch. Leonard Joy		New York, 24 mai 1939
BS 037148-1	**Rendez-vous time in Paree**	Victor 26269
	(p. A. Dubin – m. J. Mc Hugh)	
	De la comédie musicale « Streets of Paris »	
BS 037149-1	**Is it possible ?** (p. A. Dubin – m. J. Mc Hugh)	Victor 26286
	De la comédie musicale "Streets of Paris"	Victor 45961 (Brésil)
BS 037150-1	**We can live on love** (We haven't got a pot to cook in)	Victor 26269
	(p. A. Dubin – m. J. Mc Hugh)	
	De la comédie musicale « Streets of Paris »	
BS 037151-1	**South American Way**	Victor 26286
	(p. A. Dubin – m. J. Mc Hugh)	Victor 45961 (Brésil)
	De la comédie musicale "Streets of Paris"	RCA Victor LXA-1021

Orch. du Casino Atlantico, dir. Francisco Ferreira Filho		Rio de Janeiro, 28 septembre 1939
33162	**Silver on the sage** (La chanson du cow boy)	Victor 45964 (Brésil)
	Du film "Heroïna do Texas"	
33163	**J'attendrai** (Esperare)	Victor 45964 (Brésil)
		Victor 26927 (Chili)
	(NB : Victor 26927, couplage OLA 3009-2 du 8 mars 1939.)	

Avec acc. guitare et piano		Rio de Janeiro, 5 mai 1940
33418	**En septembre sous la pluie** (September in the rain)	Victor 45995 (Brésil)
	(p. fr. J. Larue – m. Harry Warren)	
	Du film "Melody for two" ou "Stars over Broadway"	
33419	**Un violon dans la nuit** (Violino Tzigano)	Victor 45995 (Brésil)
	(p. fr. Marc Cab, Henri Varna – m. Cesare Andrea Bixio)	
	De la Revue du Casino de Paris « Parade du Monde »	

Orch. Hamilton-Varela		Buenos Aires, août 1940
	Bonsoir Buenas noches	Victor 39076-A (Arg.)
	(p. J. Larue, J. Sablon – m. A. Siniavine)	
	La Mère Michel (Folklore – Arrgts J. Sablon)	Victor 39076-B (Arg.)

Orch. Orgatron Everett		Buenos Aires, sept./oct. 1940
	Plaisir d'amour	Victor 39087-A
	(p. Jean-Pierre Claris de Florian – m. Martini)	
	Reviens (Vuelve)	Victor 39087-B
	(p. Henri Christiné, Harry Fragson – m. H. Christiné, H. Fragson)	

Orch. du Casino Atlantico, dir. Francisco Ferreira Filho		Rio de Janeiro, 20 février 1941
52125	**Le moulin qui jase** (p. A. de Badet – m. Harry Bols)	Victor 45726 B (Brésil)
52126	**Mon seul amour c'est vous** (I'll never smile again)	Victor 45726 A (Brésil)
	Du film "Las Vegas nights"	

Orch. Salvador "Toots Tutti" Camarata (ou Leonard Joy)		New York, 2 juin 1941
BS 065670-1	**Sur les quais du vieux Paris**	Victor 27500
	(p. L. Poterat – m. Ralph Erwin)	
BS 065671-1	**J'attendrai** (I'm expecting you)	Victor 27475
BS 065672-1	**Le fiacre** (Coachman song)	Victor 27475
BS 065673-1	**I'm misunderstood** (en anglais) (p. & m. Ted Grouya)	Victor 27500

Orch. Paul Baron		New York, 28 mai 1942
70788-A	**Ma mie** (p. Jamblan – m. Henri Herpin)	Decca 23255-A (USA)
		Decca BM 1282-A (Ita.)
		Decca BM 03395
		Brunswick 03395
		Brunswick 03873-A (Ang.)
70789-A	**Sérénade** (Sérénade portugaise) (p. et m. C. Trenet)	Decca 23257-A
		Decca BM 1282-A (Ita.)
		Decca BM 03395
		Brunswick 03395
		Brunswick 03873-B (Ang.)
70790-A	**Dis-lui que je l'aime** (Tristesse de Chopin)	Decca 23256-A
		Decca BM 03692
	(p. Alfred Savoir – m. Frédéric Chopin)	Brunswick 03692

70829-A	**Jean, Jean** (Folklore)	New York, 8 juin 1942
		Decca 23255-B
		Decca BM 03693
		Brunswick 03693
70830-A	**Je n'en connais pas la fin**	Decca 23257-B
	(p. Raymond Asso – m. Marguerite Monnot)	Decca BM 03693
		Brunswick 03693
70831-B	**Elle n'est pas si mal que ça**	Decca 23256-B
	(p. Albert Willemetz – m. H. Christiné)	Decca BM 03692
	De la comédie-opérette « Madame »	Brunswick 03692

Orch. Dajos Bela		Buenos Aires, nov./déc. 1942
C-12431	**Insensiblemente** (Insensiblement)	Odéon 286080-B (Arg.)
	(p. et m. Paul Misraki – Arrgts Antonio Galiana)	Odéon X-288.757-A (Bré.)
C-12432	**Es la primera vez** (C'est la première fois)	Odéon 286081-B (Arg.)
	(p. et m. P. Misraki) Chanté en espagnol	
C-12433	**Una cita bajo la lluvia** (Rendez-vous sous la pluie)	Odéon 286080-A (Arg.)
	(Chanté en espagnol – Arrgts A. Galiana)	Odéon X-288.757-B
C-12434	**Su velo que volo** (Son voile qui volait)	Odéon 286081-A (Arg.)
	(Folklore canadien harm. Charlys – Arrgts A. Galiana)	
	(NB : Le fait de retrouver deux titres Decca sur étiquette Odéon-Argentine (qui fait partie du groupe EMI Pathé-Marconi), nous laisse à penser qu'il devait y avoir un contrat indépendant de celui de Decca, mais en accord entre les deux firmes.)	

Orch. Paul Baron		New York, 18 décembre 1945
W 73252-A	**Symphony** (Symphonie - En français et en anglais)	Decca 40002-A (USA)
	(p. fr. Roger Bernstein, André Tabet – p. angl. Jack Lawrence – m. Alex Alstone)	Decca 240001 (Canada)
W-73253-A	**Symphonie**	Odéon X 288.864 (Brés.)
	(p. fr. R. Bernstein, A. Tabet – m. A. Alstone)	
73252-B	**Symphony** (p. Jack Lawrence – m. A. Alstone)	Decca 3530
		Decca 40.002 (Belg.)
		Brunswick 03630 (Ang.)
		New York, 19 décembre 1945
W-73254-A	**C'est le printemps** (It might as well be spring)	Decca 40.002 (Belg.)
	(p. fr. J. Sablon – m. Richard Rodgers)	Odéon X-288.864 (Brésil)
W 73254-A	**It might as well be spring** (Printemps)	Decca 40002-B (USA)
	(p. ang. G. Tallon, O. Hammerstein – m. R. Rodgers)	*Du film "State fair"*
73254-B	**Printemps** (en anglais)	Decca 3530
		Brunswick 03630 (Ang.)
		New York, 25 février 1946
W 73391-A	**Porque** (En portugais) (p. Dorival Caymmi – m. Carl Sigman)	Decca 40021-A
		Decca 3859
		Brunswick 03859-A (Ang.)
73392	**Pigalle** (p. Géo Koger – m. Georges Ulmer, Guy Luypaerts)	Decca inédit
W-73393-A	**Au revoir (J'attendrai)** I'll be yours (Français et anglais)	Decca 40005-A
	(p. L. Poterat, L. Sievier – m. D. Oliveri)	Decca 3858
		Brunswick 03858-A (Ang.)
W-73394-A	**La chanson des rues**	
	(Just to know you love me)	Decca 40005-B
	(En français et en anglais)	Decca 3858
	(p. frç. M. Vaucaire – p. angl. Al Stillman – m. Rudolph Goehr)	Brunswick 03858-B (Ang.)

Orch. Irving (Roy) Ross		New York, 1er avril 1946
73490	**Vous qui passez sans me voir** (en français et en anglais)	Decca inédit
W-73491-A	**Quand l'amour meurt**	Decca 40021-B
		Decca 3859
		Brunswick 03859 (Ang.)
W-73492-A	**Passé** (En français et en anglais)	Decca 40009-A
	(E. Delange – C. Sigman, J. Meyer – J. Sablon – J. Geiringer)	Decca 3872
		Brunswick 03872-A (Ang.)
73493-A	**These foolish things** (Remind me of you)	Decca 40009-B
	(En français et en anglais)	Decca 3872
	(Strachey – Marvell – Link)	Brunswick 03872-B (Ang.)

Orch. Paul Baron		Paris, 18 mai 1946
OLA 4596-1	**Laura** (p. fr. J. Larue – m. David Raksin)	Gramophone K-8698
		Gramophone DA 4968
		VSM SG-219
OLA 4597-1	**Rhum and Coca-Cola**	Gramophone K-8698
	(p. fr. Francis Blanche – m. Jeri Sullavan, P. Baron)	Gramophone DA 4968
		VSM SG-219
OLA 4598-1	**Quel beau jour pour moi**	Gramophone K-8701
	(p. J. Larue – m. Frankie Carle, Bennie Benjamin, G. Weiss)	Gramophone DA 4990
		HMV JOF-86
OLA 4599-1	**Utrillo** (p. J. Larue – m. J. Lutèce)	Gramophone K-8701
		Gramophone DA 4990

Orch. Guy Luypaerts		Paris, 17 juin 1946

OLA 4633-1	**Libellule** (p. René Rouzaud – m. G. Luypaerts)	Gramophone K-8705
OLA 4634-1	**La maisonnette** (p. J. Larue – m. Rafael Hernandez)	Gramophone K-8705 HMV JOF-17

Orch. Pierre Spiers — Même date

OLA 4635-1	**Pendant que l'amour est là** (p. L. Poterat – m. A. Siniavine)	Gramophone K-8728 HMV JOF-17
OLA 4636-1	**Ca s'est fait simplement** (p. J. Larue – m. A. Siniavine)	Gramophone K-8778
OLA 4637-1	**Mon cher amour, bonjour** (p. et m. D. Stroeva)	Gramophone K-8778
OLA 4638-1	**Ne faites de peine à personne** (p. J. Larue – m. P. Spiers)	Gramophone K-8728

Orch. de la Station XIW, Theatre Reforma — Mexico City, 5 août 1946

Vous qui passez sans me voir — Acétate radio inédit
Qu'est-ce qu'on attend (pour être heureux) ? — Acétate radio inédit
(p. A. Hornez – m. P. Misraki) *Du film « Feux de joie »*
Symphonie — Acétate radio inédit

Radio Programas de Mexico — Mexico City, du 5 au 13 août 1946

RPM DA 57301	**Qu'est-ce qu'on attend (pour être heureux) ?**	Acétate radio inédit
RPM DB 57301	**Le doux caboulot**	Acétate radio inédit
RPM DA 57302	**Pigalle**	Acétate radio inédit

Mexico City, 13 août 1946

La chanson des rues — Acétate radio inédit
Le fiacre — Acétate radio inédit
Laura — Acétate radio inédit

RPM DB 57451	**A la hora de**	Acétate radio inédit
RPM DA 57600	**Amor**	Acétate radio inédit

Orch. Paul Baron, "Special Events" Programme Broadcasting — New York, 18 novembre 1946

AX 8460-A	**These foolish things**	Acétate radio inédit

New York, 12 décembre 1946

Oh ! What I do ! — Acétate radio inédit

Orch. Russell Case — New York, nov./déc. 1946

10872	**A tune for humming** (p. et m. F. Loesser)	RCA Victor 20-2568-A
	RCA Victor LXA-1021	
	Falling in love again (can't help it)	RCA Victor 20-2568-B
	(Frederich Hollander) *Du film "L'Ange bleu"*	RCA Victor LXA-1021

Orch. Paul Baron, radio CBS Broadcasting — New York, 4 février 1947

XR 66078	**That old feeling**	Acétate radio inédit

Orch. Salvador "Toots Tutti" Camarata, Acc. guitare Barney Kessel — New York, 22 avril 1947

D7-VB-502-1	**Insensiblement** (Orchids for Madame)	RCA Victor 25-0101-B RCA Victor 825186 (Bré.) HMV JOF-86

(NB : JOF-86 a pour couplage OLA 4598-1 du 18 mai 1946.)

D7-VB-503-1	**Vous qui passez sans me voir** (Passing by)	RCA Victor 25-0094-A RCA Victor 82-5183-A (Bré.)
D7-VB-504-1	**I wonder who's kissing her now** *Du film* (Hugh – Adams – Howard)	RCA Victor 25-0101-A RCA Victor 82-5186 (Bré.) RCA Victor LXA-1021
D7-VB-505-1	**Roses in the rain** (Frisch, Wise – Carle)	RCA Victor 250094-B RCA Victor 82-5183-B (Bré.) RCA Victor LXA-1021

Orch. Paul Baron, CBS Broadcasting, dir. Paul Baron — New York, 17 mai 1947

Almost like being in love — Acétate radio inédit
De la comédie musicale « Brigadoon »

Hollywood, 17 août 1947
I'm in the mood for love — Acétate radio inédit

Hollywood, 24 août 1947
She's funny that way — Acétate radio inédit

Hollywood, 31 août 1947
As time goes by — Acétate radio inédit
La moindre des choses — Acétate radio inédit

Orch. Russell Case — New York, été 1947

Ah ! Le petit vin blanc — RCA Victor 855277
(p. Jean Dréjac – m. Charles Borel-Clerc) — HMV JOF-26
Two loves have I (J'ai deux amours) — RCA Victor LXA-1021
(p. fr. Géo Koger, Henri Varna – p. angl. Murray, Trivers –
m. Vincent Scotto)
De la Revue du Casino de Paris « Paris qui remue »
(NB : « Two loves have I » est inédit en 78 tours.)
Que le temps me dure (p. et m. Miarka Laparcerie) — RCA Victor 855332

Les feuilles mortes — RCA Victor 855332
(p. Jacques Prévert – m. Joseph Kosma)

Orch. Russell Case — New York, septembre 1947

D7-VB-2027	**Tu sais** (p. José de Berys, Jean Lenoir – m. Serge Walter, Eddy Ervande)	RCA Victor 825294-B (Bré.)
D7-VB-2028-1	**Si tu m'aimes** (p. M. Emer – m. Ordner)	RCA Victor inédit
D7-VB-2028-1	**Utrillo** (p. J. Larue – m. J. Lutèce)	RCA Victor 82-5309-B (Bré.)

New York, 8 octobre 1947

D7-VB-2054-1	**Pigalle**	RCA Victor 267032 HMV B-9758 HMV JOF-14 HMV JK-2611 (Suisse) HMV JP-510 Voce del Padrone HN-2731 Electrola GA-5032
D7-VB-2055-1	**Un air d'accordéon** (p. Henri Contet – m. Paul Durand)	HMV JOF-32 HMV JK-2624 (Suisse) RCA Victor 825294 A (Brésil)
D7-VB-2056-1	**Berceuse** (p. J. Larue – m. A. Siniavine)	RCA Victor 82-5309-A (Bré.) HMV JOF-32 HMV JK-2624 (Suisse) VSM SG-237
	Brésil (p. J. Larue – m. A. Barroso)	RCA Victor 855294

(NB : Electrola, filiale allemande du groupe EMI,
GA-5032 a pour couplage OEA 14554-2 du 30 mars 1950.
VSM SG-237 a pour couplage OLA 5833-1 du 7 juin 1950.)

Orch. du studio NBC Broadcasting, dir. Paul Baron
Emission "Duffy's Tavern" — New York, 27 Novembre 1947

Dialogue avec George Burns et Gracie Allen — Acétate radio inédit
Vous qui passez sans me voir — Acétate radio inédit
Mam'zelle (F. Goulding – Mask Gordon) — Acétate radio inédit

Orch. Salvador "Toots Tutti" Camarata — New York, 2 décembre 1947

D7-VB-2754-1	**Lillette** (p. et m. Jack Gold)	RCA Victor 20-3111-B RCA DJ-576-B HMV B-9758 HMV JOF-14 HMV JK-2611 (Suisse) HMV JP-510 Voce del Padrone HN-2731 RCA Victor LXA-1021

(NB : HMV B-9758 a pour couplage
D7-VB-2054 –1 du 18 octobre 1947.)
Au revoir Again — RCA Victor 20-3050-B (USA)
(Nikki Mason – Teri Josefovits) — RCA Victor 20-8050
— RCA 82-5275-B (Bré.)
Everytime (Walton Farrar – Walter Kent) — RCA Victor 203050-A
— RCA Victor 20-8050
— RCA 82-5275-A (Bré.)

D7-VB-2757-1	**Tell me, Marianne** (A Media Luz) (E. Donato – Musel – Kaye)	RCA Victor 203111-A RCA D5-576-A

Emission « Duffy's Tavern », publicité par Errol Garner
NBC Broadcasting radio, Orch. Paul Baron — New York, 3 décembre 1947

And Mimi (J. Kennedy – Nat Simon) — Acétate radio inédit

Orch. Philip Green — Londres, 27 mars 1948

OEA 12846-1	**Miranda** *Du film* (Hart – Fishman)	HMV B-9667 HMV EA-3812
OEA 12847-1	**Don't take your love from me** (Henry Nemo)	HMV B-9667 HMV EA-3812
OEA 12848-1	**I'll stop loving you** (Taylor – Car)	RCA Victor 82-5304-B (Bré.) RCA Victor 825308 (Brésil)
OEA 12849-1	**Son voile qui volait** (en anglais)	RCA Victor 825308 (Brésil)

Orch. Paul Baron — Paris, 2 avril 1948

OLA 5242-1	**J'ai peur de l'automne**	Gramophone inédit
OLA 5243-1	**L'Octave** (p. Serge Roux – m. P. Durand)	Gramophone K-8865
OLA 5244-1	**Et Mimi** (And Mimi) (p. fr. J. Larue – J. Kennedy, Nat Simon)	Gramophone K-8865
OLA 5245-1	**Porqué** (p. fr. J. Larue – m. D. Caymmi)	Gramophone K-8871
OLA 5246-1	**J'ai peur de l'automne** (September song) (p. fr. Michel Vaucaire – m. Kurt Weill)	Gramophone K-8871 RCA 82-5304-A

Orch. Paul Baron, studios du Ranelagh
Programmes de France Radio Luxembourg — Paris, avril 1948

Mam'zelle — Acétate radio inédit

193

Orch. du studio, Broadcasting Campbell Soup Program		New York, été 1948
C'est le printemps (It might as well be spring)		Acétate radio inédit
Symphonie		Acétate radio inédit
Orch. de la URCA, dir. Nicky Codobban		Rio de Janeiro, été 1948
Près de toi mon amour (p. Ch. Trenet – m. G. Luypaerts)		Acétate radio inédit
Orch. Harry Sosnik		Los Angeles, 1er novembre 1948
Transcription du département du Trésor Service du bar d'épargne avec Jean Sablon et Roger Pryor (50 cm – ND7MM8138.)		

Orch. Vieri Fidanzini, acc. piano Emil Stern			Buenos Aires, 1949 ou 1950
91117	Clopin-clopant (p. Pierre Dudan – m. Bruno Coquatrix)		RCA Victor 82-5237-A (Bré.)
			RCA Victor 911-7 (Bré.)
			RCA Victor 68-0039 (Arg.)
			AM 2291-A
	La vie en rose (p. Edith Piaf – m. Louiguy)		RCA Victor 825191 (Bré.)
			RCA Victor 68-0040–A (Arg.)
	Maladie d'amour (Folklore – Arrgts Henri Salvador)		RCA Victor 825191 (Bré.)
			RCA Victor 68-0040-B (Arg.)
91119	Simple mélodie (p. fr. M. Dabadie – m. F. Freed)		RCA Victor 825237-B (Brésil)
			RCA Victor 911-8 (Bré.)
			RCA Victor 68-0039–A (Arg.)
			AM 2291-B

Acc. Ellis Larkin et son Trio et Quartette Vocal			New York, été 1949
D9-VB-1443-1	Dites-moi (Tell me why)		RCA Victor 203473
	(O. Hammerstein – R. Rodgers)		
	Musical Production "South Pacific"		
D9-VB-1444-1	Paris wakes up and smiles		RCA Victor 20-3473-B
	(Irving Berlin) Musical Production "Miss Liberty"		
	At the café rendez-vous (Sammy Cahn – Jule Styne)		RCA Victor 20-3537-A
	Du film "It's a great feeling"		RCA Victor 47-3026-A (Bré.)
			RCA Victor 825348 (Bré.)
	Simple melody (Fred Wise – Fred Freed)		RCA Victor 20-3537-B
			RCA Victor 47-3026 (Bré.)
			RCA Victor 825348 (Bré.)

Orch. Paul Baron			Paris, 13 novembre 1949
OLA 5659-1	Noël blanc (p. fr. F. Blanche – m. I. Berlin)		VSM SG-186
	Noël blanc (White Christmas)		RCA 26-7056-A (USA)
OLA 5660-1	Ciel de Paris (p. et m. P. Dudan)		VSM SG-193
OLA 5661-1	Chemineau Noël (p. Jean Franc – m. A. Sablon)		VSM SG-186
	Chemineau Noël (Christmas chimes)		RCA 26-7056-B (USA)
OLA 5662-1	Simple mélodie (p. Marcel Dabadie – m. F. Freed)		VSM SG-193

Les Programmes de France, émission «Pirouettes Colgate», Radio Luxembourg		
Avec Henri Salvador s'accompagnant à la guitare		
Studios 22 rue Bayard		Paris, janvier 1950
Pedro Gomez (p. R. Lucchési – m. H. Giraud)		Acétate radio inédit
La bouillabaisse (p. J. Sablon, Roger Lucchési – m. H. Giraud)		Acétate radio inédit
(Duo avec Henri Salvador)		

Orch. Paul Baron			Paris, 16 janvier 1950
OLA 5706-1	C'est merveilleux (They say it's wonderful)		VSM SG-205
	(p. fr. A. Willemetz – m. I. Berlin)		RCA 150257-A
	De l'opérette «Annie get your gun»		
	Du film «Annie Reine du Cirque»		
OLA 5707-1	La fille qui m'épousera		VSM SG-205
	(p. fr. A. Willemetz – m. I. Berlin)		RCA 150257-B
	De l'opérette «Annie get your gun»		
	Du film «Annie Reine du Cirque»		
OLA 5708-1	Arbres de Paris (p. Mireille Brocey – m. R. Lucchési)		VSM SG-213
	RCA 82-5369-B (Bré.)		
OLA 5709-1	La bouillabaisse (avec Milly Mathis et des choristes)		VSM SG-213
OLA 5709-2	La bouillabaisse (avec Milly Mathis et des choristes)		VSM inédit

Orch. Jacques Météhen			Paris, 30 janvier 1950
OLA 5718-1	La chanson de Paris (p. et m. J. Dréjac)		VSM SG-204
	Grand Prix de la Chanson de l'ABC 1950		RCA 82-5369-A (Bré.)
OLA 5718-2	La chanson de Paris		VSM inédit
OLA 5719-	Pedro Gomez		VSM épreuve d'essai
OLA 5719-1	Pedro Gomez		VSM SG-204

Orch. Woolf Phillips			Londres, 30 mars 1950
OEA 14554-2	C'est si bon (It's so good) De «Latin Quarter 1950»		HMV B-9914
	(p. fr. André Hornez – p. ang. Seelen – m. Henri Betti)		Electrola GA-5032
OEA 14555-1	My foolish heart (Washington – Young) Du film		HMV B-9914
	(NB: Electrola GA-5032 a pour couplage		
	D7-VB-2054-1 du 8 octobre 1947.)		

Orch. Jacques Météhen			Paris, 15 mai 1950
OLA 5815-1	Bonsoir, m'amour ! (p. René Le Peltier – m. A. Sablon)		VSM SG-235
	HMV JOF-59		

OLA 5816-1	Ce n'est que votre main, Madame		VSM SG-235
	(Ich küsse Ihre Hand, Madame)		
	De la Revue «Paris Madrid»		
	(p. fr. André Mauprey, Léo Lelièvre, Fernand Rouvray, Henri Varna – m. Ralph Erwin)		

Avec le Trio Do-Ré-Mi (Roger Lucchési, Annie Rouvre et Hubert Giraud), acc. guitare H. Giraud			Paris, 7 juin 1950
OLA 5832-1/2	Pourquoi (p. et m. Bernard Michel)		VSM inédit
OLA 5832-3	Pourquoi		VSM inédit
OLA 5833-1	Aimer comme je t'aime (p. R. Lucchési – m. H. Giraud)		VSM SG-237
			HMV JOF-59
OLA 5833-2	Aimer comme je t'aime		VSM inédit
	(NB: VSM 237 a pour couplage D7-VB-2056-1 du 8 octobre 1947.)		

Les Programmes de France, émission «Pirouettes Colgate», Radio Luxembourg		
Avec Henri Salvador s'accompagnant à la guitare		
Studios 22 rue Bayard		Paris, juin-juillet 1950
Pourquoi (Porque)		Acétate radio inédit
Amélia (Duo ?)		Acétate radio inédit

Orch. Vieri Fidanzini, acc. piano : Emil Stern			Buenos Aires, 23 novembre 1950
925123 B	Les feuilles mortes		RCA Victor 925123-A (Chi.)
	RCA Victor 680112		
925123 A	C'est si bon		RCA Victor 925123-B (Chi.)
	RCA Victor 680112		

JEAN SABLON Discographie (1951-1962)

3e partie: Durant cette période, nous entrons dans l'ère du disque microsillon, de la réédition, de la compilation, donc de l'imprécision et de la confusion. Nous tentons d'apporter un peu de clarté et de chronologie dans la production phonographique de l'artiste, toujours aussi grand voyageur.

Orch. Raymond Legrand Juillet-août 1951
Paris, tu n'as pas changé
Le fiacre
Bande Sonore du film «Paris chante toujours»
(NB: Tourné aux studios de Billancourt du 10 juillet au 24 août 1951. Sortie le 23 janvier 1952.)

33 tours 25 cm Columbia 33 FS 1003 (Octobre 1951) Orch. Emil Stern
XL 108-21 (M3-135977 – Galvano en février 1952): **Tout seul** – **Un poisson dans l'eau** – **Pour vous j'avais fait cette chanson** – **Un seul couvert, please James**.
XL 109-21 (M3-136378- Galvano en mars 1952): **La chanson des rues** – **Vous qui passez sans me voir** – **Ces petites choses** – **Il ne faut pas briser un rêve**.
(NB: Enregistrements microsillons sur bandes magnétiques. Il s'agit du 1er album microsillon de Jean Sablon. Commercialisation en octobre 1952. Les quatres titres «Tout seul», «Un poisson dans l'eau», «Pour vous j'avais fait cette chanson» et «La chanson des rues» ont également été publiés sur microsillon Columbia MFP 5048.)

Orch. Emil Stern, émission «Ma carrière en chansons»		
Radiodiffusion Française		Paris, oct.nov. 1951
And Mimi		Acétate radio inédit
Continental		Acétate radio inédit
Darling je vous aime beaucoup		Acétate radio inédit
Rendez-vous sous la pluie		Acétate radio inédit
Un seul couvert, please James		Acétate radio inédit

Même émission, même orchestre		Même période
Ces petites choses		Acétate radio inédit
Vous qui passez sans me voir		Acétate radio inédit
La chanson des rues		Acétate radio inédit
Pour vous j'avais fait cette chanson		Acétate radio inédit

Orch. Jacques Météhen			Paris, 27 novembre 1951
CPT 8520-21	Au loin dans la plaine (Lejos en la llanura)		Pathé PG 552
	(p. Max François, Ralph Marbot – m. Stéphane Goldmann)		FN 0040 (Arg.)
	Na Planicie Distante		Odeon X-3429-B (Bré.)
CPT 8521-21	Tennessee valse (Tennessee waltz)		Pathé PG 569
	(p. fr. J. Larue – m. PeeWee King, Reed Steward)		FN 0026 (Arg.)

			Paris, 30 novembre 1951
CPT 8533-21	Mon cœur cherche ton cœur (Quando me besas)		Pathé PG 558
	(p. M. Brocey – m. S. D'Esposito)		FN 0040 (Arg.)
CPT 8534-21	Voyage à Cuba (Miami Beach Rumba)		Pathé PG 558
	(p. fr. H. Ithier – p. ang. A. Gamse – m. Irving Fields)		
	Miami Beach rumba		Odeon X-3400-B (Bré.)
CPT 8535-21	Le cœur tranquille (p. P. Dudan – m. E. Stern)		Pathé PG 569
	FN 0026 (Arg.)		

CPT 8536-21	**Môm' de mon cœur** (p. et m. J. Sablon)	Pathé PG 571
	Querida de meu coração	Odeon X-3429-A (Bré.)

Paris, 1er décembre 1951

CPT 8537-21	**Dites-moi un mot gentil**	Pathé inédit
	(p. R. Marbot, Nancy Sinclair – m. N. Sinclair, M. Soulodre)	
CPT 8538-21	**Je vous adore** (p. L. Poterat, Don Diego – m. Roberto Mendoza)	Pathé PG 552
CPT 8539-21	**Et nous** (p. et m. Francis Lemarque)	Pathé PG 571
	E nós	Odeon X-3400-A (Bré.)
CPT 8540-21	**Praline** (p. Bob Astor, Eddie Constantine – m. François Jacques)	Pathé inédit

(NB : L'ensemble de ces 8 derniers enregistrements a été publié sur le 33 tours 25 cm Pathé-Vox FS 1003.)

Acc. Emil Stern et son Trio — Sao Paulo, 7 mars 1952
S-92729	**Que le temps me dure**	RCA Victor 825332 (Bré.)
S-92730	**Les feuilles mortes**	RCA Victor 825332 (Bré.)

Orch. Skitch Henderson, avec groupe vocal et ensemble instrumental — New York (?), 30 mars 1952
9466-D1	**Pretty bride** (Tire l'aiguille)	Capitol 7-15891
	(p. fr. Eddy Marnay – p. ang. Manning – m. Emil Stern, Eddie Barclay)	
9467	**Come back** (Reviens !)	Capitol inédit
	(p. ang. Lipman – m. H. Fragson, H. Christiné)	
9468	**Ave Maria no morro** (p. et m. Herivelto Martins)	Capitol inédit
9469-D1	**Favela** (Hekel Tavares – Joracy Carnargo)	Capitol 7-15890

New York (?), 1er avril 1952
9480-D1	**Le fiacre** (The Cab song) (p. ang. Harold Rome – m. L. Xanrof)	Capitol 7-15890
9481-D1	**My heart's at ease** (Le cœur tranquille)	Capitol 7-15889
	(p. ang. Saul Tepper – m. E. Stern)	
9482-D1	**Que le temps me dure** (p. et m. M. Laparcerie)	Capitol 7-15889
9483-D1	**C'est la vraie de vraie**	Capitol 7-15891
	(p. André Decaye – m. Emile Doloire)	

(NB : Ces 8 titres ont été publiés sur le 33 tours 25 cm Capitol H et L 344 avec pour titre « Songs of a Boulevardier », commercialisé en 1953, ainsi que sur le 33 tours 25 cm Capitol (E) LC 6566. Certains titres feront l'objet d'un 45 tours Capitol KCF 344. Il n'a pas été possible de déterminer avec certitude le lieu d'enregistrement. La série de matrices 9400 se rattache, à la fin décembre 1951, aux studios de Los Angeles. Jean Sablon suggère plutôt New York, où nous trouvons l'enregistrement d'une session inédite du trio Nat « King » Cole, le 31 mars, matrices 9472 à 9479. Cette session sera refaite à Los Angeles, le 18 juillet, avec les mêmes numéros de matrice ! Les matrices 9470 et 9471 Nat « King » Cole, accompagné par l'orchestre Dave Cavanaugh, sont aussi du 31 mars, et gravées à New York !)

Orch. Emil Stern — Paris, février (?) 1953
OLA 6536	**J'attendrai**	VSM FDLP 1007
		VSM 7 EGF 288
OLA 6537	**Symphonie**	VSM FDLP 1007
		RCA Victor LPT 3041
OLA 6538	**Mam'zelle**	VSM FDLP 1007
OLA 6539	**Rêverie** (p. J. Larue – m. A. Siniavine)	VSM FDLP 1007
		RCA Victor LPT 3041
	Je tire ma révérence	inédit en 78 tours
		VSM FDLP 1007
		VSM 7 EGF 288
	Insensiblement	inédit en 78 tours
		VSM FDLP 1007
	Les feuilles mortes	inédit en 78 tours
		VSM FDLP 1007
		MFP 5048
	C'est le printemps	inédit en 78 tours
		VSM FDLP 1007
		VSM 7 EGF 288
	Présentation	VSM FDLP 1007

(NB : VSM 7 EGF 288 est un 45 tours complété par les enregistrements OLA 5815-1 et 5816-1. Les quatre premiers titres, qui devaient être publiés sur 78 tours, se sont vu attribuer un numéro de matrice. Cette publication n'a pas eu lieu. Jean Sablon présente le disque FDLP 1007, accompagné en fond sonore par l'orchestre. Galvano en février 1952 OXLA 103 M3-135204 et OXLA 102 M3-135979. Commercialisation en avril 1953. Référence Australienne : HMV ODLP 7502.)

Acc. George Melachrino and his Strings Orchestra
Abbey Studios, E.M.I — Londres, 30 avril 1953
OEA 17394-6B	**The song from Moulin Rouge** Du film "Moulin Rouge"	HMV B-10496
	(p. ang. Engvick – m. Georges Auric)	
OEA 17395-1A	**For me** (Hoffmann)	HMV B-10496

Orch. Jo Boyer
Part. 18626-21	**Le manège aux souvenirs** M3-147421	Mercury 4226 A
	(p. E. Marnay – m. E. Stern, E. Barclay)	
Part. 18627-21	**Un seul couvert, please, James**	Mercury 4226 B

Orch. Emil Stern — Paris, oct./nov. 1953
Part. 19287-21	**Le monde est gentil** M3-148192	78 t Mercury 4234
	(p. Pierre Delanoë – m. Gilbert Bécaud)	45 t simple Mercury 10013
		45 t Mercury 14006
		33 t 25 cm Mercury 7078
Part. 19288-21	**Le manège aux souvenirs**	45 t Mercury 14006
		Mercury 7078
		45 t Felsted (Ang.)

(NB : Egalement publié sous label Barclay. L'étiquette Mercury est le label utilisé à ses débuts comme producteur par Eddie Barclay, qui avait obtenu la distribution en Europe de la firme américaine Mercury. Les enregistrements étaient réalisés chez Pathé-Marconi, d'où l'indication Part. qui signifie « Particulier », autrement dit extérieur à la firme.)

Part. 19289-21	**Un seul couvert, please James**	45 t Mercury 14006
		Mercury RCP 7078
		45 t Felsted (Ang.)

Orch. Eddie Barclay — Même date
Part. 19290	**Ave Maria no morro**	Mercury inédit
Part. 19291-21	**O Cangaceiro "Mulher Rendeira"** M3-148195	Mercury 4234
	(p. Marc Lanjean – m. Ricardo Do Nascimento)	Mercury 10013
	Du film « O' Cangaceiro »	45 t Mercury 14006
		Mercury 7078

(NB : Pour ces deux derniers titres, Jean Sablon chante sur des orchestrations préenregistrées avec un groupe folklorique brésilien. Date de galvanoplastie des titres : 9 novembre 1953. D'après I. Frésart, les matrices Part. 19288 et 19289 seraient en réalité Part. 18626-21 et 18627-21, donc bien antérieures à la date indiquée.)

Orch. Jo Boyer — Paris, début mars 1954
Part. 20457-21	**Tendrement** (Tenderly) M3-151268	78 t Mercury 4257 B
	(p. J. Plante – m. W. Gross)	45 t simple Mercury 10019
		33 t 25 cm Mercury 7078
Part. 20458-21	**Vaya con Dios** (Que Dieu pense à toi) M3-151269	78 t Mercury 4257 A
	(p. fr. H. Contet – p. ang. et m. L. Russel, I. James, B. Peiffer)	45 t simple Mercury 10019
		33 t 25 cm Mercury 7078

(NB : Date de galvanoplastie : 8 mars 1954.)

Orch. Herman Garst — Paris, mi-septembre 1954
Part. 22481-21	**Le petit déjeuner** (p. F. Charpin – m. C. Kelman)	78 t Mercury 4276
		45 t simple Mercury 10033
		45 t Felsted ESD 3035
		33 t 25 cm Mercury 7078
Part. 22482-21	**Pourquoi ?** (p. et m. Raymond Bernard)	78 t Mercury 4276
		45 t simple Mercury 10033
		45 t Felsted
		33 t 25 cm Mercury 7078

(NB : Date de galvanoplastie : 17 septembre 1954.)

Orch. non identifié — Paris, 1954
	Quand tu dors (p. et m. P. Dudan)	VSM inédit ?

Orch. Frank Cordell, avec acc. piano Emil Stern
Abbey Studios, E.M.I. — Londres, octobre 1954
OEA 18134	**Sur le pavé de Paris** Du film « La fête à Henriette »	HMV B-10788
	(p. J. Larue – Arthur Miller – m. G. Auric)	Odéon 8647-A (Bré.)
OEA 18135	**C'est magnifique** De la comédie musicale « Can-Can »	HMV B-10788
	(p. fr. François Llenas – m. Cole Porter)	Odéon 8647-B (Bré.)

Orch. non identifié, Jean Sablon présente et chante — Londres, automne 1954
	Chanter devant le public	Acétate radio inédit
	(There's no business like show business)	
	C'est magnifique	
	(chanté en anglais avec texte parlé en français)	Acétate radio inédit

Acc. piano : Alec Siniavine — Début 1955
	Fragile (p. Henri Lemarchand – m. Alec Siniavine)	Acétate privé inédit
	Pense à moi (p. & m. Alec Siniavine)	Acétate privé inédit

(NB : Ce dernier titre sera refait pour La Guilde du Jazz en 1960.)

Fin des 78 tours – Microsillons 45 tours 4 titres ou 33 tours uniquement.

Orch. Paul Baron — Paris, 28 mai 1958
7-XLA 1532	**Monsieur Hans** (p. E. Marnay – m. et arrgts E. Stern)	45t. VSM 7 EGF 360

7-XLA 1533	**La Dame en gris** (p. J. Dréjac – m. H. Giraud, arrgts H. Rostaing)	VSM 7 EGF 360
7-XLA 1534	**Pas bon travailler** (p. J. Sablon – m. Georges Tabet)	VSM 7 EGF 360
7-XLA 1535	**En te quittant, Tahiti** (p. A. Rouvre, J. Sablon – m. H. Giraud)	VSM 7 EGF 360

Orch. et arrgts Mario Bua, acc. piano Emil Stern — Paris, 25 juin 1959
7-XLA 1869	**Les voyages** (p. et m. R. Levesque)	45 t. VSM 7 EGF 442
7-XLA 1870	**Cigales** (p. J. Sablon – m. J. Larue)	VSM 7 EGF 442
7-XLA 1871	**Toi, si loin de moi** (p. frç. M. Pon – p. & m. Maysa)	VSM 7 EGF 442
7-XLA 1872	**Manha de Carnaval** (La Chanson d'Orphée) *Du film « Le testament d'Orphée – Orfeu Negro »* (p. Antonio Maria – m. Luiz Bonfa)	VSM 7 EGF 442

Paris, 5 juillet 1960
7-XLA 2517	**Rêverie**	33 t. VSM FFLP 1137
7-XLA 2518	**Je tire ma révérence**	VSM FFLP 1137
7-XLA 2519	**Pour vous j'avais fait cette chanson**	VSM FFLP 1137
	Pense à moi (p. M. Pon – m. François Charpin)	VSM inédit ?

Orch. et arrgts Mario Bua, avec groupe vocal, dir. Jean Mercadier — Paris, 6 juillet 1960
7-XLA 2520	**Laura**	VSM FFLP 1137
7-XLA 2521	**Ciel de Paris**	VSM FFLP 1137
7-XLA 2522	**La chanson des rues**	VSM FFLP 1137
7-XLA 2523	**Un seul couvert, please James**	VSM FFLP 1137

Orch. et arrgts Mario Bua, avec acc. piano Emil Stern — Paris, 7 juillet 1960
7-XLA 2524	**Ces petites choses** (These foolish things)	VSM FFLP 1137
7-XLA 2525	**Vous qui passez sans me voir**	VSM FFLP 1137
7-XLA 2526	**C'est le printemps**	VSM FFLP 1137

Orch. Alec Siniavine, avec acc. accordéon, basse et batterie — Genève, 15 juillet 1960
1	**Quel beau jour pour moi**	Guilde du Jazz POP 1229
2	**Clopin-clopant**	Guilde du Jazz POP 1229
3	**Le doux caboulot**	Guilde du Jazz POP 1229
4	**Pense à moi**	Guilde du Jazz POP 1229
5	**Il ne faut pas briser un rêve** (non chanté)	Guilde du Jazz POP 1229
6	**Les feuilles mortes**	Guilde du Jazz POP 1229
7	**Darling je vous aime beaucoup**	Guilde du Jazz POP 1229
8	**La ballade irlandaise** (p. E. Marnay – m. E. Stern)	Guilde du Jazz POP 1229
9	**Pour vous j'avais fait cette chanson**	Guilde du Jazz POP 1229
10	**Paris, tu n'as pas changé**	Guilde du Jazz POP 1229
11	**J'attendrai**	Guilde du Jazz POP 1229
12	**Seul** (Alone)	Guilde du Jazz POP 1229
13	**Le fiacre**	Guilde du Jazz POP 1229
14	**Vous qui passez sans me voir**	Guilde du Jazz POP 1229
15	**La chanson de Paris**	
16	**Mélancolie**	
17	**Allez lui dire que je l'aime**	
18	**Môm' de mon cœur**	
19	**La maisonnette**	
20	**Comme ci, comme ça** (B. Coquatrix)	
21	**Le jongleur et l'amour** (J. Sablon)	
22	**Quand l'amour meurt**	
23	**Puisque vous partez en voyage**	Vargal G 105
24	**J'ai peur de l'automne** (September song)	Vargal G 105
25	**Reviens**	Vargal G 105
26	**Dans la vie faut pas s'en faire** *De l'opérette « Dédé »* (p. A. Willemetz – m. H. Christiné)	Vargal G 105
27	**Insensiblement**	Vargal G 105

(NB : Acc. piano par Alec Siniavine. Les 22 premiers titres ont été publiés sur un double 33 tours 30 cm Seabird 63535 et 63536. Vargal est un 45 tours de 5 titres, vendu au profit du « Variety-Club » lors d'un gala de bienfaisance de cette organisation charitable. C'est une production de la Guilde Internationale du Disque. Les dates de galvanoplastie sont : 20 juillet 1960 (Guilde du Jazz) et 27 décembre 1960 (Vargal).)

Jean Sablon et Duke Ellington, Télévision Française — Paris, 26 décembre 1960
Solitude — inédit

Enregistrement en public au Théâtre Daunou pour France Inter
Acc. Trio Emil Stern — Paris, mars 1961
There's no business like show business — inédit
(NB : Avec Fred Ermelin à la contrebasse et Guz Wallez à la batterie.)

Orch. Mario Bua, acc. piano Emil Stern — Paris, 4 avril 1961
7-XLA 2770	**Reviens**	45 t. VSM 7 EGF 539
7-XLA 2771	**Rien ne va** (A. Moret – J. Davis)	VSM 7 EGF 539
7-XLA 2772	**Qui vivra verra** (p. J. Sablon – m. D. Caymmi)	VSM 7 EGF 539
7-XLA 2773	**Le fils à son père** (B. Dimey – A. Seggian)	VSM 7 EGF 539

Paris, 11 octobre 1962
7-XLA 3227	**Pour deux** (B. Michel – H. Salvador)	45 t. VSM 7 EGF 613 / VSM 7 GF 875
7-XLA 3228	**Syracuse** (B. Dimey – H. Salvador)	VSM 7 EGF 613 / VSM 7 GF 875
7-XLA 3229	**Jamais plus bel été** (B. Dimey – Francis Lai)	VSM 7 EGF 613
7-XLA 3230	**Merci à vous** (B. Dimey – A. Seggian)	VSM 7 EGF 613

(NB : Jean Sablon récite le poème de Bernard Dimey, accompagné à l'orgue sur le thème « Air pour Jean Tyl » d'Emil Stern.)

JEAN SABLON DISCOGRAPHIE (1963-1984)

4e partie : Dernier chapitre de la discographie de Jean Sablon, des enregistrements publiés commercialement et réalisés tant à la radio qu'à la télévision.

Emission RTBF « Croque Notes » de Bob Jacquemin
Acc. piano Georges Tabet — Uccle, novembre 1963
La partie de bridge — Acétate radio inédit
(Avec Mireille, Jean Nohain et Georges Tabet)
(NB : Uccle est un faubourg de Bruxelles.)

Arrgts et dir. Orch. Paul Mauriat, studio Hoche — Paris, 4 novembre 1963
4486	**Noël blanc** (White Christmas)	Bel Air 211 127 / Score 14054
	(p. fr. F. Blanche – m. I. Berlin)	
4487	**Tout est blanc** (Jingle Bells) (p. et m. J. Sablon)	idem
4488	**Notre Père** (Prière sur l'Adagio d'Albinoni)	idem
4489	**Je vous salue Marie** (Prière sur l'Ave Maria de Schubert)	idem

Arrgts et dir. Orch. Christian Chevallier, studio Hoche — Paris, 2 janvier 1964
4737	**Chanson pour Lili** (B. Dimey – F. Lai)	Bel Air 211 149 / Festival SPX 164-B
4740	**J'attendrai**	Bel Air 211 149
	Merci à vous	Festival SPX 164-A

(NB : 4738 et 4739 sont attribués à un autre chanteur.)

Arrgts et dir. Orch. Pierre Spiers, studio Hoche — Paris, 21 janvier 1964
4791	**Deux enfants pauvres**	inédit
4792	**Puisque je t'aime**	inédit

Arrgts et dir. Orch. Paul Mauriat, studio Hoche — Paris, 15 février 1964
4884	**Dans la vie, faut pas s'en faire** *De l'opérette « Dédé »*	Bel Air 211 149
4885	**Sur le pont d'Avignon**	idem

Orchestrations préenregistrées Hubert Rostaing, studio Hoche — Paris, 23 mai 1964
5208	**Clopin-clopant**	Bel Air 211 185
5209	**Quel beau jour pour moi**	idem
5210	**Venez donc chez moi** (p. Jean Féline – m. Paul Misraki)	idem

Orchestrations préenregistrées Paul Mauriat, studio Hoche — Même séance
5211	**Avril à Paris** (April in Paris) (J. Sablon, L. Palex, L. Hennevé – V. Duke, E. Y. Harburg)	idem

(NB : Tous ces titres publiés sur LP 30 cm Bel Air 411 054, puis 7003, réédités sur LP 30 cm Musidisc 30 CV 1143, puis Festival 259.)

Orchestrations préenregistrées Paul Mauriat, studio Hoche — Paris, 23 juin 1964
5268	**Les feuilles mortes**

Orchestrations préenregistrées Hubert Rostaing, studio Hoche — Même séance
5269	**Il ne faut pas briser un rêve**	Bel Air 211 185
5270	**La vie en rose**	

Orchestrations préenregistrées Pierre Spiers, studio Hoche — Même séance
5271	**Mélancolie**

Orchestrations préenregistrées François Rauber, studio Hoche — Même séance
5272	**Utrillo**
5273	**Allez lui dire que je l'aime**

(NB : Tous ces titres publiés sur LP 30 cm Bel Air 411 054, puis 7003, réédités sur LP 30 cm Musidisc 30 CV 1143, puis Festival 259.)

Orchestrations préenregistrées Paul Mauriat, studio Hoche — Paris, 30 juin 1964
5281	**Pigalle**

Orchestrations préenregistrées Pierre Spiers, studio Hoche — Même séance
5282	**Insensiblement**

(NB : Ces deux titres publiés sur LP 30 cm Bel Air 411 054, puis 7003, réédités sur LP 30 cm Musidisc 30 CV 1143, puis Festival 259.)

Avec acc. d'orchestre — Octobre 1964
	Puisque vous partez en voyage — Pyral RDF
	Bonsoir chérie — Pyral RDF

| | Show Business | Pyral RDF |
| | Alone | Pyral RDF |

Arrgts et dir. Orch. Hubert Rostaing, studio Hoche — Paris, 17 novembre 1964
5515	**La fille d'Ipanema** (The girl from Ipanema) (p. fr. E. Marnay – m. A. C. Jobim)	Bel air 211 251
5516	**Brésil** (Brasil)	idem
5517	**La pluie** (p. J. Sablon – m. Gérard La Viny)	idem
5518	**Ouai, ouai, le Tiaré** (p. et m. J. Sablon)	idem

Orchestrations préenregistrées Jo Boyer — Paris, fin 1964 / début 1965
| | **Ca c'est une chose (qu'on n'peut pas oublier)** | RCA 535 022 |
| | | RCA 535 015 |

De l'opérette « Ta bouche »
(p. A. Willemetz, Y. Mirande – m. M. Yvain)

Orchestrations préenregistrées Jean Claudric — Même période
| | **Ici l'on pêche** (p. et m. Jean Tranchant) | RCA 535 015 |
| | **Couchés dans le foin** (p. J. Nohain – m. Mireille) | RCA 535 015 |

Orchestrations préenregistrées Armand Miggiani — Même période
| | **La mer** (p. C. Trenet – m. C. Trenet, A. Lasry) | RCA 535 016 |
| | **Symphonie** | RCA 535 016 |
(NB : Cette série d'enregistrements RCA sur LP 30 cm appartient à la collection « Panorama de la Chanson Française ».)

Acc. Emil Stern et ses Rythmes — Tokyo, mai 1966
	J'attendrai	Polydor SLPM 1336
	La mer	Polydor SLPM 1336
	Les feuilles mortes	Polydor SLPM 1336
	For me, formidable (p. J. Plante – m. C. Aznavour)	Polydor SLPM 1336
	Clopin-clopant	Polydor SLPM 1336
	Le doux caboulot	Polydor SLPM 1336
	Le fiacre	Polydor SLPM 1336
	C'est si bon	Polydor SLPM 1336
	Symphonie	Polydor SLPM 1336
	Cigales	Polydor SLPM 1336
	Utrillo	Polydor SLPM 1336
	Sayonara Tokyo (p. et m. J. Sablon)	Polydor SLPM 1336
(NB : LP 30 cm Polydor-Japon destiné au marché japonais.)

Arrgts et dir. Orch. Jean-Michel Defaye, acc. piano Emil Stern — Paris, fin 1971
| | **Le temps des souvenirs** (p. E. Marnay – m. Philippe Sarde) | 45 t PEMA Music 90 504 |

Bande sonore du film « Le Chat »

Arrgts et dir. Orch. Pierre Porte — Paris, 1973
| | **Si vous étiez venue** (P. Sevran – S. Lebrail – P. Auriat) | 45 t simple Briand BR 130 011-J |
| | **Quand Paris** (p. B. Michel, J. Sablon – J. Sablon) | idem |

Emission TV « Ticket de Rétro » de J. C. Averty — Paris, 23 août 1976
| | Interview, avec passages chantés et joués au piano | inédit |
| | **Je tire ma révérence** | inédit |

Acc. violon Stéphane Grappelli, piano Maurice Vander, basse Luigi Trussardi et batterie Daniel Humair
Studio Davout Paris, 13 décembre 1976
| | **Tout seul** (Alone) | Festival 259, 100 330 |
| | **Oui, je m'en vais** (Some of these days) | idem |
(J. Sablon – S. Brooks)
| | **Tu sais** | idem |
| | **La dernière chanson** | idem |
(p. H. Christiné – m. Herman Finck, H. Fragson)
(NB : LP 30 cm.)

Arrgts et dir. Orch. Lucien Lavoute, avec acc. piano Maurice Vander
Studio Davout Paris, fin 1976
	Rose d'Ispahan (J. Sablon – André Salvet)	Festival 259, 100 330
	Adieu tristesse (A Felicidade) (A. Salvet – A. Jobin)	idem
	Ces petites choses	idem
	La solution (Nao tem solução) (J. Sablon – D. Cayme)	idem
	Les gens heureux (B. Michel – H. Salvador)	idem
	Amélia (J. Sablon – M. Lago)	idem
	J'attendrai	idem
(NB : Peut-être Orch. Pierre Spiers ?)
| | **Quand Paris** | idem |
| | **Connais-tu ce pays ?** (p. J. Sablon – m. A. Salvet) | inédit |

Orch. Maurice Vander, émission TV
Enregistrée en avril 1979 et diffusée en septembre 1979
Puisque vous partez en voyage | I.N.A. inédit
(En duo avec Joëlle, du groupe Il Etait Une Fois)

Jean Sablon et Georges Brassens en duo
Emission TF1 Paris, 1er août 1979
	Mon village au clair de lune	I.N.A. inédit
	Paris, tu n'as pas changé	I.N.A. inédit
	Vous qui passez sans me voir	I.N.A. inédit
	Ce petit chemin	I.N.A. inédit
	La chanson des rues	I.N.A. inédit
	Mélancolie	I.N.A. inédit
	Cette chanson est pour vous Madame	I.N.A. inédit

Acc. Maurice Vander et son Trio, studio Davout
D'après la bande sonore originale de la production « De France ou bien d'ailleurs »
Réalisation J. C. Averty — Paris, 13 décembre 1979
	Présentation	Festival FLD 710
	Je suis un bon garçon (p. et m. P. Bastia)	idem
	Ukulélé	idem
	Plus rien (qu'un chien)	idem
	Stardust (en anglais)	idem
	Ce petit chemin	idem
	Quand on est au volant (avec Evelyne Pagès)	idem
	Je tire ma révérence	idem
(NB : LP 30 cm. Jean Sablon présente le programme avec en fond sonore « Ces petites choses » joué au piano. Au cours de cette présentation, une séquence fait entendre l'enregistrement de « You're driving me crazy » par Mistinguett, du 21 février 1936.)

Même production, arrgts et dir. Orch. Hubert Rostaing, avec acc. piano Maurice Vander, studio Davout — Paris, décembre 1979
	Blue skies (en anglais) (p. et m. I. Berlin)	Festival FLD 710
	Qué Maravilla	idem
	Une girl, c'est gentil	idem
(Marf – H. Varna – L. Lelièvre – De Lima)
De la Revue du Casino de Paris « Paris qui brille »
	Rendez-vous sous la pluie	idem
	Paris, tu n'as pas changé	idem
	Béguin-biguine	idem
	Sur le pont d'Avignon	idem
	Alleluia (p. R. Grey – V. Youmans)	idem
(NB : Version orchestrée.)
	Parce que je vous aime (avec Evelyne Pagès)	Festival inédit
	Mon village au clair de lune	inédit
	La chanson des rues	inédit
	Jean-Jean	inédit
	Bonsoir M'amour	inédit
	Pas sur la bouche	inédit

Production TV « Jean Sablon loves Paris »
Emission publique présentée par Evelyne Pagès
Orch. Hubert Rostaing, acc. piano Maurice Vander
Studio du Pavillon Gabriel — Paris, 25 novembre 1982
	Une girl c'est gentil	I.N.A. Inédit
	Quand Paris	I.N.A. Inédit
	La chanson des rues	I.N.A. Inédit
	Ca c'est une chose *De l'opérette « Ta bouche »*	I.N.A. Inédit
	Machinalement *De l'opérette « Ta bouche »*	I.N.A. Inédit
	Elle n'est pas si mal que ça *De l'opérette « Madame »*	I.N.A. Inédit
	Ces petites choses	I.N.A. Inédit
	Le même coup *De l'opérette « Dix-neuf ans »*	I.N.A. Inédit
	C'est le printemps	I.N.A. Inédit
	Le fiacre	I.N.A. Inédit
	Un seul couvert, please James	I.N.A. Inédit
	Syracuse	I.N.A. Inédit
	Merci à vous	I.N.A. Inédit
	Manha de Carnaval *Du film « Orfeu Negro »*	I.N.A. Inédit
	Ave Maria no morro	I.N.A. Inédit
	Brésil	I.N.A. Inédit
	Ce petit chemin	I.N.A. Inédit
	Vous qui passez sans me voir	I.N.A. Inédit
	Je tire ma révérence	I.N.A. Inédit

Emission publique « L'Oreille en coin », France Inter
Acc. piano Christian Rémy — Paris, 23 septembre 1984
| | **Vous qui passez sans me voir** | I.N.A. Inédit |
(NB : Sur une orchestration préenregistrée de Mario Bua.)
	Wonder (Parodie de « Syracuse »)	I.N.A. Inédit
	La défense (Parodie de « Je tire ma révérence »)	I.N.A. Inédit
	Tout seul (Alone)	I.N.A. Inédit
	Sur le pont d'Avignon	I.N.A. Inédit

197

DISCOGRAPHIE CD SÉLECTIVE

Frémeaux FA 062	Jean Sablon (1933-1946)
Frémeaux FA 5034	Jean Sablon « The World Famous Crooner » Enregistrements français, américains, argentins, brésiliens, anglais (1931-1950)
Frémeaux FA 043	Intégrale Mireille, avec Jean Sablon, Pills et Tabet (1929-1939) Titres : « Le petit bureau de poste » (inédit)
Frémeaux CMH 29	Les Cinglés du Music-Hall 1929 Titre : « Ukulélé »
Frémeaux CMH 31	Les Cinglés du Music-Hall 1931 Titres : « Ché, Qué Maravilla » (Columbia), « Quand l'amour meurt » (Duo, Discolor inédit), « Un cocktail » (Discolor)
Frémeaux CMH 32	Les Cinglés du Music-Hall 1932 Titres : « Béguin-biguine », « Quand on est au volant », « Vous ne savez pas »
Frémeaux CMH 33	Les Cinglés du Music-Hall 1933 Titres : « Plus rien » (inédit), « Le joli pharmacien » CL 4080-1 (inédit), « C'est un jardinier qui boite », « Parce que je vous aime »
Frémeaux CMH 35	Les Cinglés du Music-Hall 1935 Titre : « Darling je vous aime beaucoup » CL 5488-2 (inédit)
Chansophone 154	Germaine Sablon (1932-1939) Titres : « Vous ne savez pas », « Un amour comme le nôtre », « La petite île »
Chansophone 158	Jean Sablon (1932-1939)
Music-Memoria 724383951321	Jean Sablon (1933-1942)
Music Memoria 724384447328	Jean Sablon Vol. 2 (1933-1946)
EMI Jazz Time N°794 248-2	Titres : « Pas sur la bouche » (inédit), « Continental », « Un baiser », « Cette chanson est pour vous » CL 5487-1 (inédit), « Darling je vous aime beaucoup » CL 5488-2 (inédit)
EPM 983422	Folies-Bergère (1902-1942) Titre : « Continental »
33 tours Festival FLD 710	Titre : « You're driving me crazy » (inédit)
Frémeaux FA 062	Jean Sablon (1933-1946)
Frémeaux FA 5034	Jean Sablon « The World Famous Crooner » Enregistrements français, américains, argentins, brésiliens, anglais (1931-1950)
Frémeaux CMH 38	Les Cinglés du Music-Hall 1938 Titre : « J'attendrai » (épreuve radio, inédit)
Chansophone 158	Jean Sablon (1932-1939)
Music-Memoria 724383951321	Jean Sablon (1933-1942)
Music Memoria 724384447328	Jean Sablon Vol. 2 (1933-1946)
Universal N° 017392-2	Titres Decca de 1942 à 1946, Odéon de 1942 : « Ma mie », « Sérénade », « Dis-lui que je l'aime », « Jean-Jean », « Je n'en connais pas la fin », « Elle n'est pas si mal que ça », « Insensiblement », « C'est la première fois », « Rendez-vous sous la pluie », « Porque », « J'attendrai », « La chanson des rues », « Quand l'amour meurt », « Ces petites choses »…
LP Decca (US) 25 cm DL 5398	« Songs of Paris » : « Ma mie », « Sérénade », « Dis-lui que je l'aime », « Jean-Jean », « Je n'en connais pas la fin », « Elle n'est pas si mal que ça »
CD Universal	Inédits : « Deux enfants pauvres », « Puisque je t'aime »

Discographie établie par de nombreux collectionneurs, qui ont conçu, relu, complété, corrigé cette présente liste : Gérard Roig, Daniel Nevers, Marc Monneraye, Iwan Frésart, Jacques Lubin, Alain Boulanger, Michel Ruppli, mise en page par Matthieu Moulin.
Qu'ils soient tous remerciés, ainsi que Jean Sablon, qui a accordé plusieurs entretiens aux discographes, permettant éclaircissements et compléments.
Remerciements enfin aux services de la Phonothèque Nationale.

Films auxquels Jean Sablon a participé

MADAME SANS GÊNE, 1925, de Léonce Perret avec Gloria Swanson
Jean Sablon y fait de la figuration en compagnie de Pierre Brasseur.
CHACUN SA CHANCE, 1930, de René Pujol avec Jean Gabin
TANTE AURÉLIE (court métrage), 1932, de Henri Diamant-Berger avec Charlotte Lysès et Germaine Sablon
LE PETIT CHEMIN (court métrage), 1936, de Maurice Diamant-Berger avec Mireille
THE STORY OF VERNON AND IRENE CASTLE (La Grande Farandole), 1939, de H.C. Potter avec Fred Astaire et Ginger Rogers.
Bande originale du film. Jean Sablon renonce finalement à apparaître à l'écran. On l'y entend cependant accompagné par le RKO Orchestra (direction Victor Baravalle).
PARIS CHANTE TOUJOURS, 1951, de Pierre Montazel avec Yves Montand, Édith Piaf, Tino Rossi, Luis Mariano, André Dassary, Line Renaud, Georges Ulmer etc.
NOM D'UNE PIPE (court métrage), 1961, de Michel Fermaud
Jean Sablon y apparaît dans son spectacle au Théâtre Daunou.

Synchronisations cinématographiques de la voix de Jean Sablon

LE CHAT, 1971, de Pierre Granier Deferre avec Jean Gabin, Simone Signoret et Annie Cordy.
Chanson : Le Temps des souvenirs
L'AMOUR EN HÉRITAGE (Mistral's Daughter), série télévisée, 1984, de Kevin Connor avec Stephanie Powers, Lee Remick, Harrison Ford et Patrick Swayze.
Chanson : Avril à Paris
GRAFTERS (série télévisée, Granada Television), 1999, de Maria Malone
PASSIONNÉMENT, 2000, de Bruno Nuytten avec Gérard Lanvin et Charlotte Gainsbourg.
Chanson : Brésil
VICTOIRE OU LA DOULEUR DES FEMMES, 2000, de Nadine Trintignant, avec Marie Trintignant et Marina Vlady
Chanson : Le Temps des Souvenirs
UNE HIRONDELLE A FAIT LE PRINTEMPS, 2001, de Christian Carion avec Michel Serrault et Mathilde Seignier
Chansons : La Valse au village, Vous qui passez sans me voir
LE CHOCOLAT 2001, de Lasse Hallström, avec Juliette Boniche, Johnny Depp, Judi Dench et Leslie Caron.
Chanson : Two Sleepy People
RUE DES PLAISIRS, 2002, de Patrice Leconte avec Laetitia Casta, Patrick Timsitt et Vincent
LES AMANTS DU NIL, 2002, d'Éric Neumann avec Emma de Caunes, Éric Cavaca et Bernadette Lafont
Chanson : Un Amour comme le nôtre
L'ADOPTION, 2003, d'Alain Paul Mallard
Chanson : Il ne faut pas briser un rêve
NOUS ÉTIONS LIBRES (HEAD IN THE CLOUDS), 2004, de John Duigan avec Charlize Theron et Penelope Cruz
Chanson : Vous qui passez sans me voir
DANS LA PEAU DE JACQUES CHIRAC, documentaire, 2006 de Michel Royer et Karl Zéro
Chanson : Depuis que je suis à Paris
A GOOD YEAR (UNE GRANDE ANNÉE), 2006, de Ridley Scott, avec Russell Crowe et Marion Cotillard

Chanson : Vous qui passez sans me voir, J'attendrai
NOTHING IS PRIVATE (PURETÉ VOLÉE), 2007, d'Alan Ball
Chanson : Ciel de Paris
À BORD DU NORMANDIE (documentaire Lobster Films – France Télévisions) 2008, de Éric Lange et Claude Villers
Chanson : Ces Petites choses
FAUBOURG 36, 2008 de Christophe Barratier, avec Gérard Jugnot, Clovis Cornillac, Pierre Richers et Kad Merad

Publicités contenant la voix de Jean Sablon

LOTERIE NATIONALE, 1933, pour Gaumont

RENAULT, 1999, pour la télévision française
Chanson : Misunderstood

Ses surnoms et qualificatifs en soixante ans de carrière

Le prince charmant de la chanson
The French Troubadour
France's number one modern singer
The French Bing Crosby
The French Rudy Vallée
The Frank Sinatra of France
The Parisian Sinatra
The Whispering Baritone
The Singing Poet of Paris
The French King of Rhythm
Le Roi du Micro
Le Charmeur nonchalant
Le Fred Astaire du micro
Le Chanteur confidentiel
O Principe da cançao elegante
El idolo de Paris
La Voz de Oro de Montmartre
El Trovator frances
The Croon Prince of Paris
The French Pop Singer
El Rey de los cantantes franceses
The International Ambassador of Song
Million Dollar Voice
The Debonair Frenchman
L'Ambassadeur de la chanson française
The French Heartthrob
The French Heartthrob of Paris
The French Heartthrob of four continents
The Long Playing Charmer
L'Astro Maximo de la cancion francesa
Le Chevalier du micro
L'inventeur de la voix radiophonique
El Astro de la simpatia francesa
The Gallic Glamor Boy
L'idole des Yanks et de la France

The Boulevardier of Song
Le Trouvère de la douceur de vivre
L'inventeur de la romance-jazz
The Flying Frenchman
Le Prince de la chanson
Le Globe-trotter de la chanson
Monsieur Micro
World famous balladeer
Le Roi de la chanson tendre
Le Roi des chanteurs de charme
L'Aznavour 1925
El trovador de Francia

Filmography

MADAME SANS GÊNE, 1925, by Léonce Perret with Gloria Swanson
Jean Sablon appeared as an extra with Pierre Brasseur.
CHACUN SA CHANCE, 1930, by René Pujol with Jean Gabin
TANTE AURÉLIE (short), 1932, by Henri Diamant-Berger with Charlotte Lysès and Germaine Sablon
LE PETIT CHEMIN (court métrage), 1937, by Maurice Diamant-Berger with Mireille
THE STORY OF VERNON AND IRENE CASTLE, 1939, by H.C. Potter with Fred Astaire and Ginger Rogers.
Original sound track. In the end, Jean Sablon refused to appear on screen. He is heard accompanied by RKO Orchestra (conducted by Victor Baravalle).
PARIS CHANTE TOUJOURS, 1951, by Pierre Montazel with Yves Montand, Edith Piaf, Tino Rossi, Luis Mariano, André Dassary, Line Renaud, Georges Ulmer etc.
NOM D'UNE PIPE (short), 1961, by Michel Fermaud
Jean Sablon appeared in performance at the Théâtre Daunou.

Voice Overs

LE CHAT, 1971, by Pierre Granier Deferre with Jean Gabin, Simone Signoret and Annie Cordy.
Le Temps des souvenirs
MISTRAL'S DAUGHTER, television series, 1984, by Kevin Connor
with Stephanie Powers, Lee Remick, Harrison Ford and Patrick Swayze.
Avril à Paris
GRAFTERS, television series (Granada Television), 1999, by Maria Malone
PASSIONNÉMENT, 2000, by Bruno Nuytten with Gérard Lanvin and Charlotte Gainsbourg.
Brésil
VICTOIRE OU LA DOULEUR DES FEMMES, 2000, by Nadine Trintignant, with Marie Trintignant and Marina Vlady
Le Temps des Souvenirs
UNE HIRONDELLE A FAIT LE PRINTEMPS, 2001, by Christian Carion with Michel Serrault and Mathilde Seignier
La Valse au village, Vous qui passez sans me voir
CHOCOLAT, 2001, by Lasse Hallström, with Juliette Boniche, Johnny Depp, Judi Dench and Leslie Caron.
Two Sleepy People
RUE DES PLAISIRS, 2002, by Patrice Leconte with Laetitia Casta, Patrick Timsitt and Vincent

199

LES AMANTS DU NIL, 2002, by Eric Neumann with Emma de Caunes,
Eric Cavaca and Bernadette Lafont
Un Amour comme le nôtre
L'ADOPTION, 2003, by Alain Paul Mallard
Il ne faut pas briser un rêve
HEAD IN THE CLOUDS, 2004, by John Duigan with Charlize Theron and Penelope Cruz
Vous qui passez sans me voir
DANS LA PEAU DE JACQUES CHIRAC, documentary, 2006, by Michel Royer
and Karl Zéro
Depuis que je suis à Paris
A GOOD YEAR, 2006, by Ridley Scott, with Russell Crowe and Marion Cotillard
Vous qui passez sans me voir, J'attendrai
NOTHING IS PRIVATE, 2007, by Alan Ball
Ciel de Paris
À BORD DU NORMANDIE, documentary (Lobster Films/France Télévisions), 2008,
by Eric Lange and Claude Villers
Ces Petites choses
FAUBOURG 36, 2008, by Christophe Barratier, with Gérard Jugnot, Clovis Cornillac,
Pierre Richers and Kad Merad

Advertisements featuring the voice of Jean Sablon

LOTERIE NATIONALE, 1933, for Gaumont

RENAULT, 1999, for French television
Misunderstood

Nicknames and sobriquets

Le prince charmant de la chanson
The French Troubadour
France's number one modern singer
The French Bing Crosby
The French Rudy Vallée
The Frank Sinatra of France
The Parisian Sinatra
The Whispering Baritone
The Singing Poet of Paris
The French King of Rhythm
Le Roi du Micro
Le Charmeur nonchalant
Le Fred Astaire du micro
Le Chanteur confidentiel
O Principe da cançao elegante
El idolo de Paris
La Voz de Oro de Montmartre
El Trovator frances
The Croon Prince of Paris
The French Pop Singer
El Rey de los cantantes franceses
The International Ambassador of Song
Million Dollar Voice
The Debonair Frenchman

L'Ambassadeur de la chanson française
The French Heartthrob
The Heartthrob of Paris
The Heartthrob of Four Continents
The Long-Playing Charmer
L'Astro Maximo de la cancion francesa
Le Chevalier du micro
L'inventeur de la voix radiophonique
El Astro de la simpatia francesa
The Gallic Glamor Boy
L'idole des Yanks et de la France
The Boulevardier of Song
Le Trouvère de la douceur de vivre
L'inventeur de la romance-jazz
The Flying Frenchman
Le Prince de la chanson
Le Globe-trotter de la chanson
Monsieur Micro
World famous balladeer
Le Roi de la chanson tendre
Le Roi des chanteurs de charme
L'Aznavour 1925
El trovador de Francia

Mireille et Jean, extrait du court-métrage *Le Petit chemin*, 1932.
Mireille and Jean Sablon, still from the short film *Le Petit chemin*, 1932.

200

DISCOGRAPHIE ET AFFICHES
DISCOGRAPHY AND POSTERS

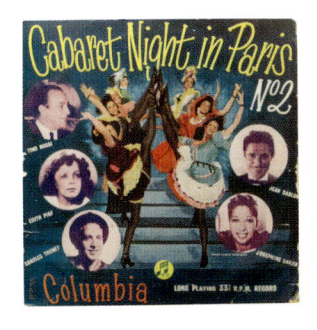

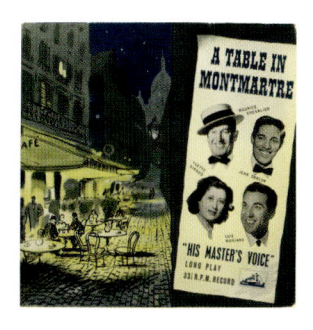

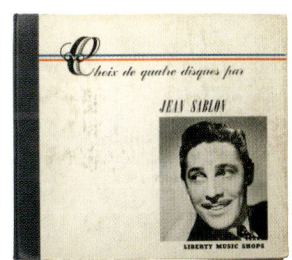

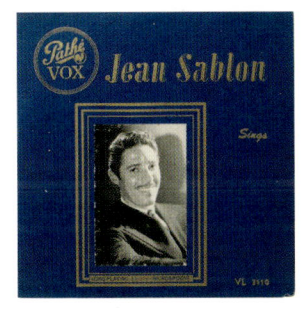

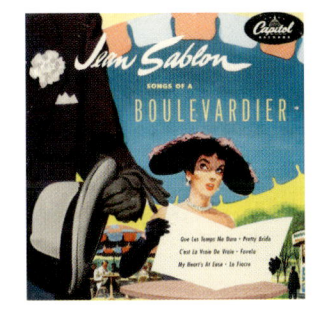

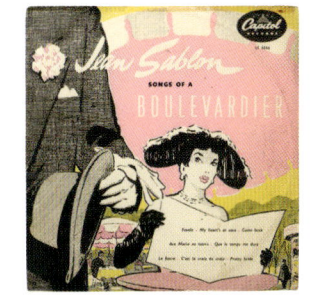

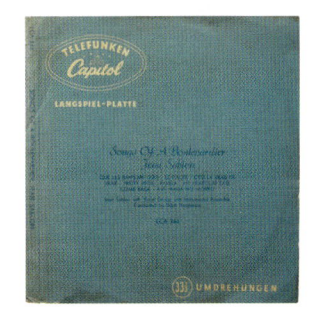

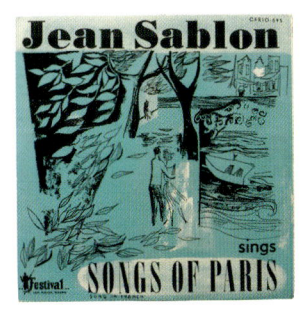

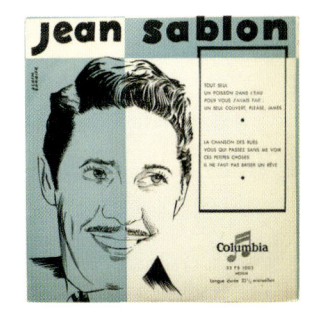

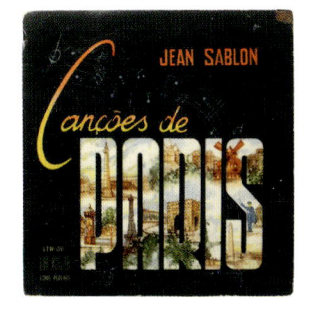

202

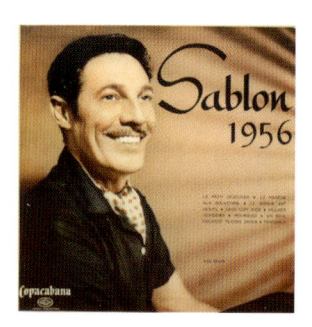

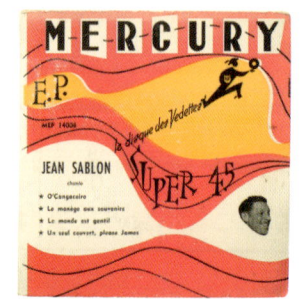

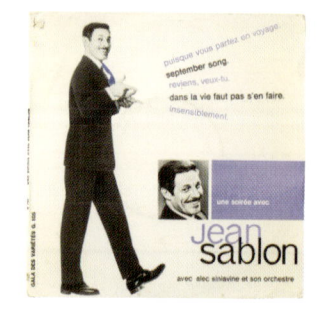

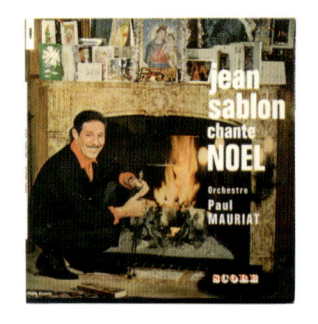

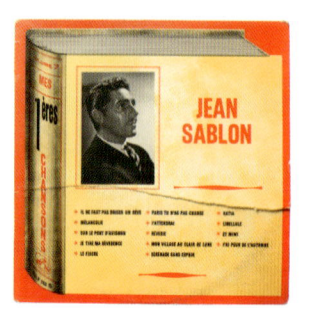

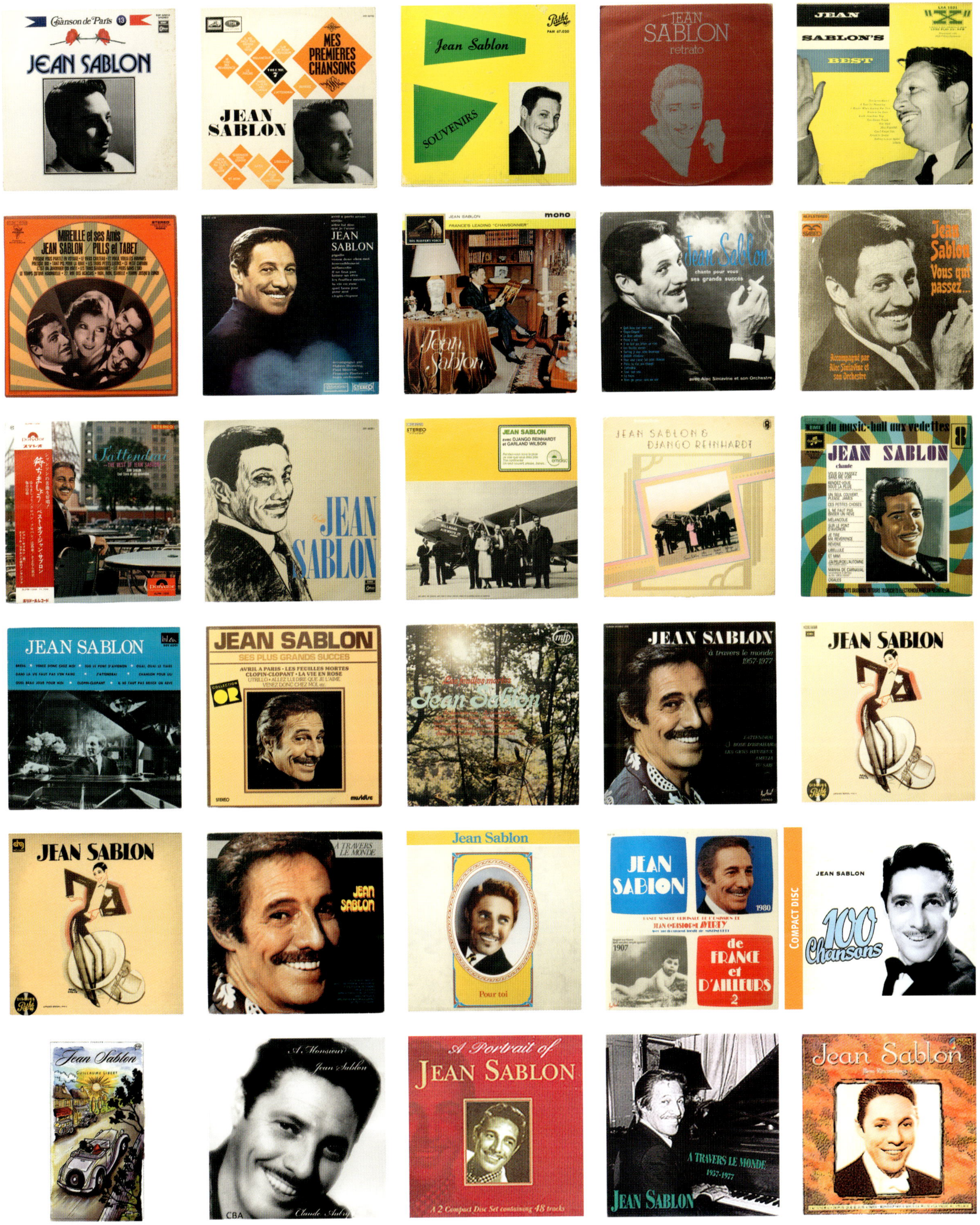
Chanson de Paris
JEAN SABLON
MES PREMIERES CHANSONS
JEAN SABLON
Jean Sablon
SOUVENIRS
Pathé
JEAN SABLON
retrato
JEAN SABLON'S BEST
MIREILLE et ses Amis
JEAN SABLON / PILLS et TABET
JEAN SABLON
mono
Jean Sablon
Jean Sablon
chante pour vous ses grands succès
avec Alec Siniavine et son Orchestre
Jean Sablon
Vous qui passez...
Accompagné par Alec Siniavine et son Orchestre
J'attendrai
THE BEST OF JEAN SABLON
JEAN SABLON
JEAN SABLON
avec DJANGO REINHARDT
et GARLAND WILSON
JEAN SABLON & DJANGO REINHARDT
du music-hall aux vedettes
JEAN SABLON
chante
JEAN SABLON
JEAN SABLON
SES PLUS GRANDS SUCCÈS
AVRIL A PARIS · LES FEUILLES MORTES
CLOPIN-CLOPANT · LA VIE EN ROSE
OR
STEREO
Les feuilles mortes
Jean Sablon
JEAN SABLON
à travers le monde
1957-1977
JEAN SABLON
JEAN SABLON
A TRAVERS LE MONDE
JEAN SABLON
Jean Sablon
Pour toi
JEAN SABLON
1980
1907
de FRANCE et D'AILLEURS
2
COMPACT DISC
JEAN SABLON
100 Chansons
Jean Sablon
A Monsieur Jean Sablon
CBA
Claude Autry
A Portrait of
JEAN SABLON
A 2 Compact Disc Set containing 48 tracks
A TRAVERS LE MONDE
1957-1977
JEAN SABLON
Jean Sablon

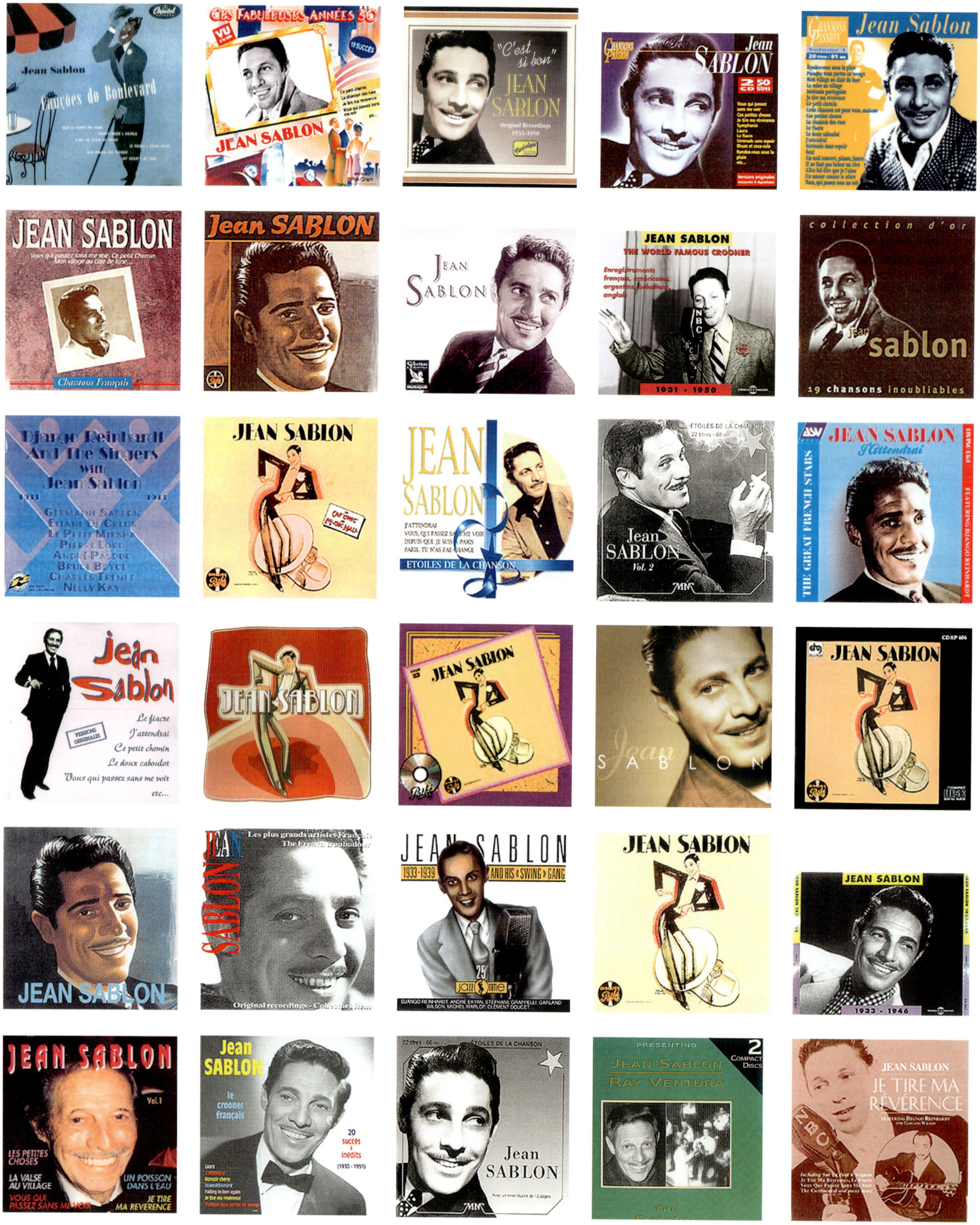
Jean Sablon
Canções do Boulevard
Ces Fabuleuses Années 30
JEAN SABLON
"C'est si bon"
JEAN SABLON
Original Recordings 1933-1950
Jean SABLON
Chansons Passion
Jean Sablon
JEAN SABLON
Vous qui passez sans me voir, Ce petit Chemin, Mon village au clair de lune...
Chansons Français
Jean SABLON
JEAN SABLON
JEAN SABLON
THE WORLD FAMOUS CROONER
1931 - 1950
collection d'or
jean sablon
19 chansons inoubliables
Django Reinhardt And The Singers with Jean Sablon
JEAN SABLON
JEAN SABLON
ETOILES DE LA CHANSON
Jean SABLON
Vol. 2
JEAN SABLON
J'attendrai
THE GREAT FRENCH STARS
jean Sablon
Le fiacre
J'attendrai
Ce petit chemin
Le doux caboulot
Vous qui passez sans me voir
etc...
JEAN SABLON
JEAN SABLON
Jean SABLON
JEAN SABLON
JEAN SABLON
JEAN SABLON
Original recordings
JEAN SABLON
1933-1939
AND HIS « SWING » GANG
JEAN SABLON
JEAN SABLON
1933 - 1946
JEAN SABLON
Vol. 1
LES PETITES CHOSES
LA VALSE AU VILLAGE
VOUS QUI PASSEZ SANS ME VOIR
UN POISSON DANS L'EAU
JE TIRE MA REVERENCE
Jean SABLON
le crooner français
20 succès & inédits
(1950 - 1951)
ETOILES DE LA CHANSON
Jean SABLON
PRESENTING
2 COMPACT DISCS
JEAN SABLON
RAY VENTURA
JEAN SABLON
JE TIRE MA RÉVÉRENCE

205

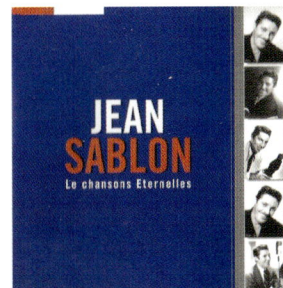

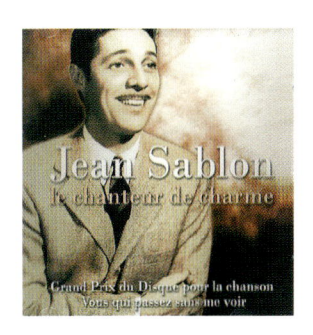

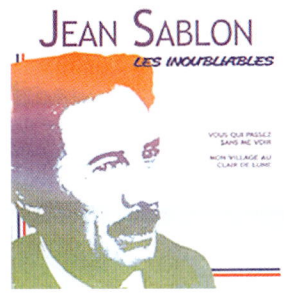

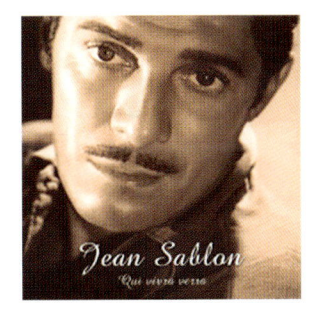

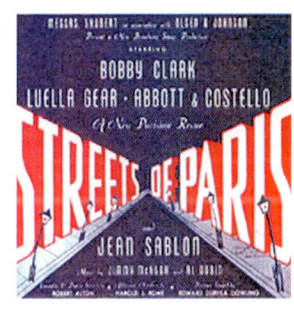

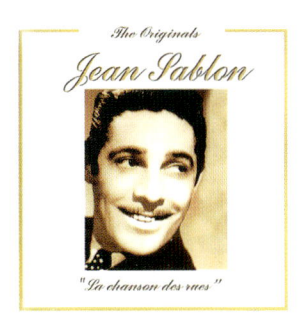

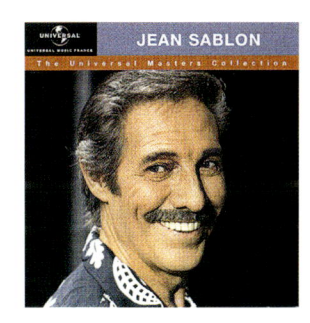

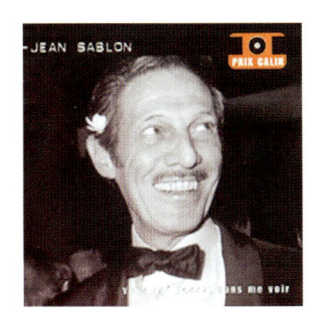

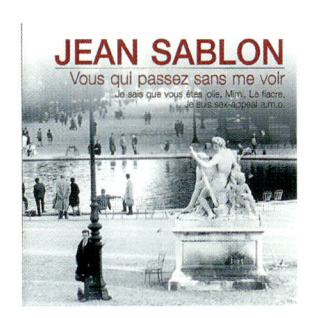

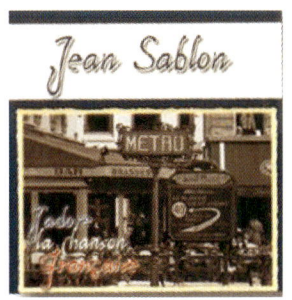

206

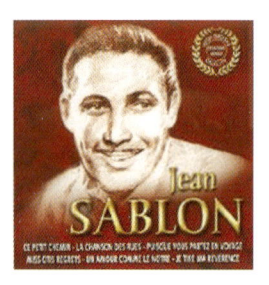

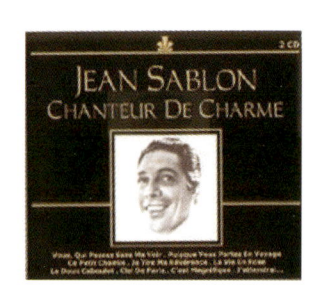

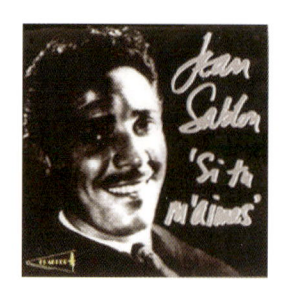

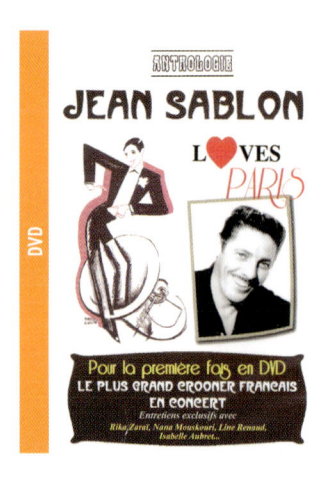

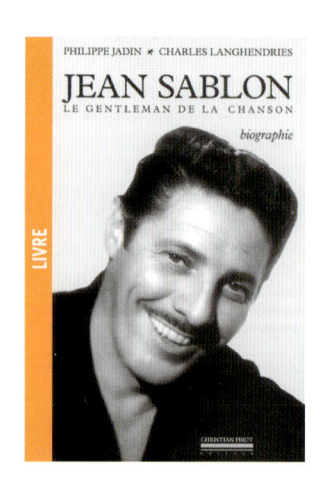

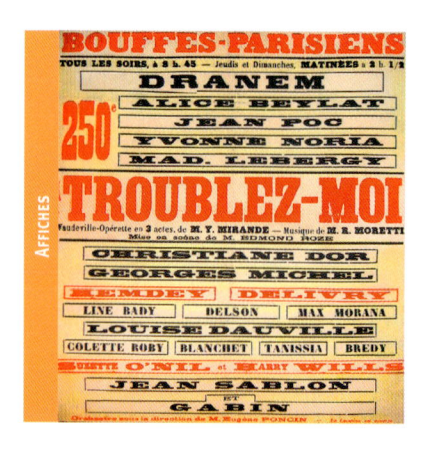

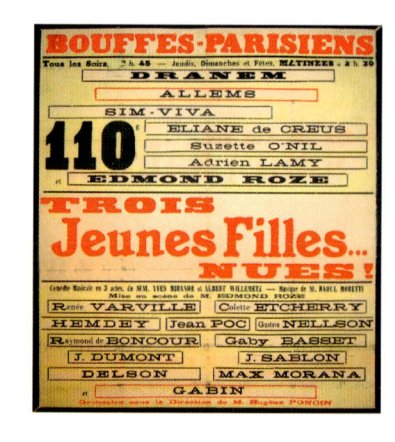

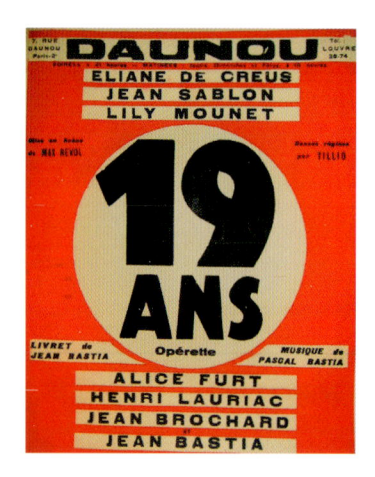

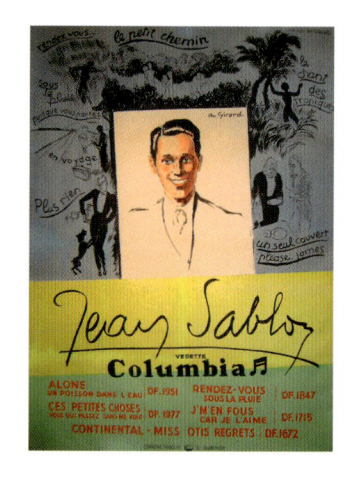

MOSS' Empire
THEATRE LEEDS
6.0 MARCH 13TH FOR ONE WEEK ONLY 8.15
JEAN
SABLON
FRANCES DUNCAN
TERRY HALL
VALETTOS
ALAN CLIVE
JIMMY WHEELER
DON SAUNDERS
SHERIDAN BROTHERS

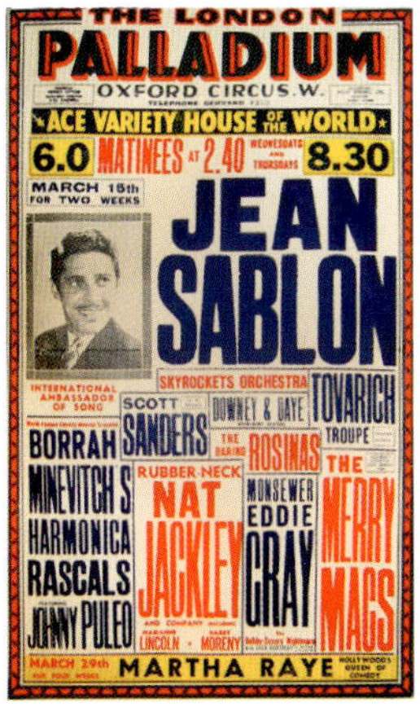
THE LONDON
PALLADIUM
OXFORD CIRCUS W.
ACE VARIETY HOUSE OF THE WORLD
6.0 MATINEES 2.40 8.30
JEAN
SABLON
SKYROCKETS ORCHESTRA
TOVARICH TROUPE
SCOTT SANDERS
BORRAH MINEVITCH'S HARMONICA RASCALS
ROSINAS
NAT JACKLEY
EDDIE GRAY
THE MERRY MACS
JOHNNY PULEO
MARTHA RAYE

MOSS' EMPIRES Celebrate
50 YEARS of SHOW BUSINESS
GOLDEN Jubilee WEEK
EMPIRE
THEATRE SHEFFIELD
6.15 MARCH 20TH FOR ONE WEEK ONLY 8.30
JEAN
SABLON
SUMA LAMONTE
HACKFORD & DOYLE
MACDONALD & GRAHAM
THE MYRONS
SLIM RHYDER
BOBBIE KIMBER
JOHNNY LOCKWOOD

HIPPODROME
MANCHESTER ARDWICK GREEN
6.25 MONDAY, MAY 25th 8.40
JEAN
SABLON
Sur le Pont d'Avignon · J'attendrai · Last time I saw Paris
ROBERT MAXWELL
3 KELROYS
LESTER SHARPE & IRIS
JOAN & ERNEST
DAISY MAY SAVEEN
DEVINE & KING
EDDIE ARNOLD

MOSS' Hippodrome
THEATRE BIRMINGHAM
6.15 MARCH 27TH FOR ONE WEEK ONLY 8.30
JEAN
SABLON
ERIKSON
JOHNNY LAWSON TRIO
BEMAND'S PIGEONS
CHRYSIS DE LA GRANGE
ERNEST ARNLEY AND GLORIA DAY
THE GREAT ALEXANDERS
BOBBIE KIMBER

MOSS' Hippodrome
BRIGHTON
6.15 MONDAY, JUNE 15th 8.30
JEAN
SABLON
JACK WATSON
TATTERSALL
THREE LEROYS
MACDONALD AND GRAHAM
IRIS SADLER
ANDREE JAN
THE NORDICS

GARRICK THEATRE
SOUTHPORT
6.20 MONDAY, JUNE 22nd 8.30
JEAN
SABLON
CONWAY & DAY
DON PHILLIPE & MARTA
HACKFORD AND DOYLE
PAUL & PETA PAGE
LESLIE RANDALL
ARTHUR WORSLEY
HENDERSON & KEMP

GRAND OPERA HOUSE BELFAST
MON. 11. MAY
NIGHTLY 6·40 8·55
SATURDAY 6·8·15
INTERNATIONAL AMBASSADOR OF SONG
JEAN
SABLON
RENOWNED FOR HIS HMV RECORDINGS
BOB ANDREWS COMEDIAN
DANCING DUVALS
THE YOLANDAS
DAISY MAY with SAVEEN VENTRILOQUIST
DEVINE and KING COMEDY MUSICIANS
THE THREE RETHLENS
LESTER SHARPE & IRIS

le meilleur spectacle les meilleurs prix
l'Olympia
... votre Music-hall !
DU 25 JUIN AU 8 JUILLET
PROGRAMME DU GRAND PRIX
JEAN
SABLON
Accompagné par EMILE STERN
CARMEN TORRES
MICHÈLE MARCONI
ANDRÉ RANCY
MARY LOU WILLIAMS
KANSAS FIELDS
JACQUES MEYRAN
Raphaël

LE PROVENÇAL
JUAN-LES-PINS
SAMEDI 16 AOUT, à 21 h.
sur ses Terrasses fleuries
LA SOIRÉE LANSON
" Champagne Lanson à volonté "
GRAND DINER DE GALA
avec en grande exclusivité
JEAN
SABLON
MARCEL BIANCHI et son ensemble
avec DENISE VARENE
Cadeaux des Parfums Carven

L'ANCIENNE
BELGIQUE
Du 3 au 8 NOVEMBRE 1962
JEAN
SABLON
LES "401"
Les ARRANDOS
Le TRIO ASTORIS
Les BERGERS ALLEMANDS de Siegmund
ANNE
SYLVESTRE

une soirée...
au Daunou
Jean Sablon
l'orchestre et les Choeurs de MARIO BUA
au piano EMIL STERN
Location au Théâtre DAUNOU 7, rue Daunou : OPE 64-30

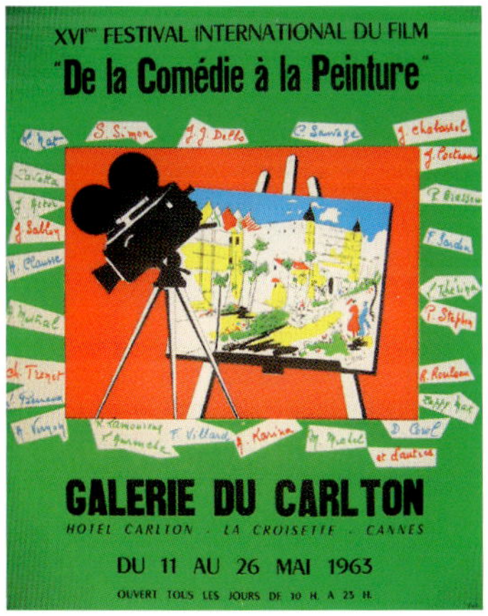
XVIme FESTIVAL INTERNATIONAL DU FILM
"De la Comédie à la Peinture"
GALERIE DU CARLTON
HOTEL CARLTON - LA CROISETTE - CANNES
DU 11 AU 26 MAI 1963
OUVERT TOUS LES JOURS DE 10 H. A 23 H.

JEAN SABLON
YVETTE GIRAUD
イベット・ジロー
ジャン・サブロン
パリ祭
7月20日(水)6時半
神戸国際会館
YOSIKO ISII
TOKO KISI
ベルのベレー子を

jean sablon
Disques
La Voix de son Maître

THÉATRE DU
PALAIS-ROYAL
BERNARD GAVOTY
MIREILLE
JEAN WIENER
E. CHARLES-ROUX
J.-P. CRESPELLE
JEAN SABLON
LES RENCONTRES
PALAIS-ROYAL
" LA CHANSON DES ANNÉES FOLLES "
CLAUDE BRULÉ
GEORGES DURBAN
JEAN-LAURENT COCHET
ANDRÉ LEVASSEUR

Remerciements / Acknowledgments

Mesdames Carmen Saint, Daphné Catroux, Michèle Illarine, Josy Asselin, Aurea et Andrea del Duca.
Messieurs Carl Galm, François Bellair, Matthieu Moulin, Jean-Pierre Cappelle et Jean-Pierre Léonard,
Jean-Pascal Hesse, Pierre Cardin.

Retrouvez Jean Sablon sur le site internet / Find Jean Sablon online at www.jeansablon.com

Les documents et photographies figurant dans cet ouvrage font partie de la collection des « Amis de Jean Sablon ».
© Amis de Jean Sablon, Philippe Jadin, Charles Langhendries

Crédits photographiques : © DR ; © ADAGP, Paris 2014 pour Paul Colin, André Girard, Georges Breitel et Raymond Peynet.

Conception et réalisation STIP'ART pour **PAPIER** AND CO

Pour les Éditions Gourcuff Gradenigo

GOURCUFF GRADENIGO

Achevé d'imprimer en mars 2014
Impression : STIPA Montreuil (Seine-Saint-Denis)

Jean Sablon

Jean Sablon